国家社会科学基金项目（14BGL051）

我国大型国有企业混合所有制改革中的利益机制重构及其有效治理模式研究

李东升　等著

中国财经出版传媒集团

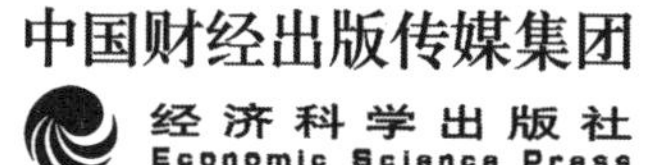

图书在版编目（CIP）数据

我国大型国有企业混合所有制改革中的利益机制重构及其有效治理模式研究/李东升等著．—北京：经济科学出版社，2020．7

ISBN 978－7－5218－1689－1

Ⅰ．①我…　Ⅱ．①李…　Ⅲ．①国有企业－混合所有制－企业改革－研究－中国　Ⅳ．①F279．241

中国版本图书馆 CIP 数据核字（2020）第 123934 号

责任编辑：宋　涛
责任校对：蒋子明
责任印制：李　鹏　范　艳

我国大型国有企业混合所有制改革中的利益
机制重构及其有效治理模式研究
李东升　等著
经济科学出版社出版、发行　新华书店经销
社址：北京市海淀区阜成路甲 28 号　邮编：100142
总编部电话：010－88191217　发行部电话：010－88191522
网址：www．esp．com．cn
电子邮箱：esp@esp．com．cn
天猫网店：经济科学出版社旗舰店
网址：http：//jjkxcbs．tmall．com
北京季蜂印刷有限公司印装
710×1000　16 开　13 印张　220000 字
2020 年 8 月第 1 版　2020 年 8 月第 1 次印刷
ISBN 978－7－5218－1689－1　定价：52．00 元
（图书出现印装问题，本社负责调换。电话：010－88191510）

前　　言

一、研究目的和意义

混合所有制企业是混合所有制经济在微观上的具体表现形式，党的十八届三中全会以来的国有企业改革涵盖“国有企业加强党组织建设、积极发展混合所有制经济、改革国有资本授权经营体制、深化国有资本收益分配制度、推进国有企业分类改革、建立职业经理人制度、实行员工持股计划”等重大部署的落实，均涉及国有企业不同主体利益关系调整与重构。因此，研究中国大型国有企业混合所有制改革过程中，不同主体利益关系演化、重构及其有效治理模式，对深化国有企业改革具有重大理论价值与现实意义。

尽管国内外学者围绕着国有企业性质、董事会、监事会、经营者、大股东（代表）、机构投资者、独立董事、内部人控制、外部竞争市场等方面从治理主体、治理结构、治理动力、治理绩效等角度对大型国有企业与上市公司进行了相关研究。但在中国大型国有企业混合所有制改革过程中，各种利益冲突经常是混杂在一起的，不经深入研究很难厘清背后的利益关系。而现有研究对不同主体各自与生俱来的利益诉求以及由此所产生的利益多元性、层次性、动态性重视不够，导致中国大型国有企业出现改革动力源不足等亟待解决的问题。本书以企业内外不同主体之间的利益冲突与协调为切入点，将利益矛盾分析贯穿研究全过程，通过探究我国大型国有企业混合所有制改造中不同主体的利益关系及其重构机制，构建国有企业治理转型过程中的有效治理模式具有重要的理论与实践指导意义。

二、主要内容

（1）制度变迁、权力结构变动与企业利益机制重构及其治理转型的理论框架。在分析制度变迁、企业权力结构变动与不同主体利益关系调整的交互关系、企业利益关系重构过程中的治理失灵及其转型的基础上，构建产权演变过程中企业利益机制重构与治理转型的理论框架。

(2) 我国大型国有企业混合所有制改造中利益机制重构及其治理转型的实证研究。在数理分析、数据收集与问卷调查的基础上，运用博弈论、多元统计分析、固定效应模型、门限面板模型等方法对产权演变过程中不同主体的利益关系，异质性非控股股东控制权配置、股权混合度、董事会特征对国有混合所有制企业经营效应的影响等问题进行定量实证分析。

(3) 国有大型企业混合所有制改革中利益重构及其治理模式选择的典型案例研究。以万科管理层同宝能系的股权之争为背景，采用案例研究方法，从利益冲突与重构视角构建了控制权争夺动因、争夺路径与解决机制的理论分析框架。

(4) 产权演变过程中国有企业利益重构机制及其治理转型的国际比较与借鉴。通过比较分析英国、俄罗斯等典型国家，不同时期产权演变过程中企业利益关系重构的发生机理，剖析影响其利益机制重构的关键因素与治理转型的动力源，探寻企业利益机制重构与治理转型的内在规律。

(5) 我国大型国有企业混合所有制改造中有效治理模式的构建。通过对中国大型国有企业利益关系整合低效、利益代表虚化、利益表达阻塞、利益分配机制缺失、利益补偿机制弱化等现实问题的剖析。提出通过有效整合利益关系、实化利益代表、畅通利益表达渠道、完善利益分配机制、强化利益补偿机制等制度安排，实现利益分享与平衡，满足不同主体的合理利益诉求，构建中国大型国有企业的有效治理模式，实现企业价值创造最大化。

三、重要观点

(1) 利益冲突是相关利益主体在现有利益格局内自身利益诉求无法得以实现，不同主体之间进行利益争夺的过程，利益冲突是制度变迁的根本原因。通过对我国改革开放以来制度变迁的演进历程观察，经济社会体制改革带来社会各阶层利益矛盾与争夺，利益冲突导致利益关系调整并引发利益格局改变，这其中起决定性作用的是我国社会主义初级阶段经济社会发展的内在规律。因此，不应把大型国有企业混合所有制改革看作是政府外在干预的刻意安排，而是顺应我国经济进入新常态遵循经济发展内在规律的必然要求。国有企业混合所有制改革成功的关键是最大限度地发挥各种资源要素的优势，通过利益机制的重构解决混合所有制改造中出现的各种利益冲突，减少改革的阻力与内耗，最大限度地增加改革的红利与受众，在融合共生中实现互利双赢。利益机制重构是不同利益主体权力博弈的结果，重构过程本身也是对企业价值创造的再利用，利益重构结果是否公平有效，反过来也会直接影响到企业价值的创造能力。

(2) 公司治理通过恰当的利益配置实现企业价值创造，通过各参与主体权、责、利的相互制衡对企业价值进行合理的分配，公司治理转型的过程就是不同主体利益格局重构的过程，国有企业混合所有制改革战略运作过程，实际上就是各相关主体利益不断调整平衡的治理转型过程。在国有企业混合所有制改革的治理转型过程中，既得利益群体与因改革而获得利益增量的群体以及改革红利在不同群体之间的分配所引发的利益冲突是必然存在的，而不同利益群体对关键性资源的掌控、组织化程度及其表达、谈判能力存在差异，博弈力量呈现不均衡状态，利益冲突主体之间的矛盾运动呈现对立态势，若任由自行调节将会导致改革过程中出现利益格局失衡的局面。如何在发挥市场积极作用的同时，发挥政府“有形手”的有效干预功能，并通过利益机制重构实现不同主体之间权、责、利对称，从利益格局失衡走向利益均衡的良性互动，成为国有企业混合所有制改革成败的关键所在。

(3) 应通过利益整合机制产生新的利益增量，为不同利益主体之间的合作创造红利空间。通过重构利益代表机制形成在企业中真正维护不同群体利益的代表者，平衡相关群体在利益配置中的话语权。通过健全利益表达机制实现相关群体各自利益表达的组织化与有效性。通过强化利益分享机制缓解不同主体之间的利益对立关系，最终实现改革成果普遍分享的价值诉求。各类出资人的利益整合关系，重点是处理控制权配置与红利分配比例。国有企业混合所有制的改革利益关系整合应遵从：各类要素拥有者自愿参与的原则，不搞强迫命令与“拉郎配”；各类要素拥有者权、责、利对称原则；各类要素拥有者自由退出的原则。

(4) 当前的中国企业正处于公司治理转型以及大力推进企业混合所有制改革的时代背景下，需重点关注在混合所有制改革过程中，控股股东与异质性非控股股东之间围绕着控制权配置出现的利益冲突、争夺问题。非国有异质性股东加入之后，只要国有企业混合所有制改革后企业经济效益增加，利益的非均衡分配在可接受的范围内，非国有股东仍会积极参与到国有企业混合所有制改革中来。因此，国有企业混合所有制改革中的重点需通过利益整合机制不断进行利益增量创造，充分发挥利益因素的激励动力作用。其中，经营绩效改善、股价提升和利益分享是符合激励相容原则且能够维持企业控制权稳定的有效举措。

四、学术价值和应用价值

这项成果立足中国经济发展与企业改革中的重大理论问题，力求理论与实践紧密结合，为大型国有企业顺利推进混合所有制改革探索新思路。本书研究成果建立在前期深入进行文献分析，掌握大量的现场调研、一手问卷调查以及大量统计数据、典型案例基础上，构建制度环境变迁、权力结构变动与企业利益机制重构及其治理转型互动关系的理论框架，应用该理论框架分析国内外企业利益机制重构及其治理转型的内在机理，实证检验国有企业混合所有制改革中股东控制配置效率，深入分析我国大型国有企业深化改革过程中出现利益关系整合低效、利益代表主体虚化、利益表达机制阻塞、利益分配机制残缺、利益补偿机制弱化等现实困境问题，提出在利益关系重构过程中，通过利益分享平衡不同主体的利益诉求，构建起中国大型国有企业的有效治理模式。该项成果结合国有企业混合所有制改革中利益关系调整及重构的现实需要，探寻国有企业混合所有制改革中利益机制重构的内在机理。

目　　录

第 1 章

引　　言

1.1 研究背景

改革开放以后，我国经济体制由计划经济向市场经济转轨，单一公有制条件下的国有企业暴露出如政府干预、缺乏激励与约束机制、经营管理体制僵化等种种弊端，已经不能适应国有企业的发展需要，在此背景下，混合所有制经济应运而生。混合所有制经济并不是现在才提出的一条改革路径，早在 20 世纪 80 年代人们就开始关注关于混合所有制经济的一些相关问题。我国于 1997 年党的十五大第一次正式提出了混合所有制的概念。党的十六大报告提出要适应经济市场化转轨的需求，就是要大力发展混合所有制经济，实现投资主体多元化，增强公有制经济的活力，进一步明确了混合所有制经济的地位和作用。2013 年，党的十八届三中全会通过的《中共中央关于全面深化改革若干重大问题的决定》进一步确了混合所有制经济作为我国基本经济制度的重要实现形式。

混合所有制的出现从表面上看是国家政策实施的结果，事实上，混合所有制是由于我国经济市场化转轨的需要应运而生的，是生产力与生产关系相互作用的结果，可以促进我国生产力的发展，符合我国处在社会主义初级阶段基本国情的需要，适应我国现阶段生产力发展的需求。混合所有制经济包含了两种不同性质的经济成分，打破了不同所有制之间自我封闭、相互隔绝的状态，实现了国有资本与非国有资本的相互渗透、相互融合，突破了单一所有制筹集资金渠道的局限性，能够解决企业规模与经营风险之间不对称的问题，推进人力资源和市场配置生产要素制度化，从而能够促进产业结构、企业结构和所有制结构的调整。国有企业实行混合所有制改革，是我国经济体制转轨的必然选择，能够将不同主体的利益诉求内部化，实现企业价值最大化，通过不同所有制的相互促进、相互发展，实现两者的共存共赢，并最终实现国有经济的快速发展。

我国国有企业经过数十年发展出现国有资产规模庞大、资产回报率低和流动性差的局面，对国有企业实行混合所有制改革可以实现国有资产的保值、增值，有利于推进企业内部利益均衡，优化资源配置。国有企业实行混合所有制改革能够充分发挥国有经济与非国有经济在功能上的互补效应，国有企业可以借助非国有资本在体制上的优势，突破政府干预的束缚，改善国有企业效率低下，增强企业活力，提升国有企业的竞争优势，提高国有资本运营效率，同时，非国有企业也可以借助国有资本的社会信用优势消除壁垒拓宽非国有企业的融资渠道。

国有企业实行混合所有制改革已经取得了一些成就，但是在混合所有制改革的过程中同样也遇到了一些新的问题和挑战。国有资本和非国有资本的产权边界不清，不同利益主体之间的利益分配机制尚未建立，在推行混合所有制的过程中，随着国有资本的一部分退出，非国有资本的一部分引入，扩大了利益寻租空间，极有可能造成国有资本新的流失。同时，国有企业只有协调好企业内部国有资本与非国有资本之间的利益关系，消除非国有资本的顾虑，才能吸引民企和外企的投资，真正实现国有企业混合所有制改革。因此，实行混合所有制改革的关键问题在于协调公司内部不同利益主体之间利益冲突，完善企业内部不同主体之间利益共享机制，本书基于国有企业混合所有制这一背景下，研究国有企业内部利益关系，寻求企业内部不同利益主体利益均衡分配之路。

1.2 研究意义

混合所有制企业是混合所有制经济在微观上的具体表现形式，十八届三中全会以来的国有企业改革涵盖“国有企业加强党组织建设、积极发展混合所有制经济、改革国有资本授权经营体制、深化国有资本收益分配制度、推进国有企业分类改革、建立职业经理人制度、实行员工持股计划”等重大部署的落实，均涉及国有企业不同主体利益关系的调整与重构。因此，研究中国大型国有企业混合所有制改革过程中不同主体利益关系演化、重构及其有效治理模式，对深化国有企业改革具有重大理论价值与现实意义。

尽管国内外学者围绕着国有企业性质、董事会、监事会、经营者、大股东（代表）、机构投资者、独立董事、内部人控制、外部竞争市场等方面从治理主体、治理结构、治理动力、治理绩效等角度对大型国有企业与上市公司进行了相关研究。但在中国大型国有企业混合所有制改革过程中，各种利益冲突经常是混杂在一起的，不经深入研究很难厘清背后的利益关系。而现有研究对不同主体各自与生俱来的利益诉求以及由此所产生的利益多元性、层次性、动态性重视不够，导致中国大型国有企业出现改革动力源不足等亟待解决的问题。

国有资本与非国有资本的持股比例难以确定，如何协调好国有股东与非国有股东的利益分配问题是我国国有企业混合所有制改革所面临的最大阻碍。非国有股东持股过高，国有企业可能会丧失国有性质，也可能会造成国有资产的大量流失；非国有股东的持股比例过低，则难以调动非国有股东参与混合所有制改革的积极性，非国有资产容易被国有化，非国有股东的利益难以得到保障。尽管我国已经制定了相关法律，但是产权交易机制尚未完善，如何避免国有企业混合所有制改革中国有资本流失问题仍然没有得到可供实施的方案。此外，国有股东持股比例居高不下，多元化产权主体的实质构建问题仍然没有得到解决，国有企业内部不同经济成分难以实现有效融合，形成统一整体。

国有企业混合所有制改革顺利推进的关键在于协调企业内部各利益主体之间的利益分配问题。只有协调好企业内部不同主体之间利益关系，完善国有股东与非国有股东的利益共享机制，实现企业内部利益均衡，保障国有股东的权利，打消非国有股东的顾虑，通过优势互补来实现企业价值最大化，保证国有企业混合所有制改革的贯彻落实。本书的立项立足中国经济发展与企业改革中的重大理论问题，力求理论与实践紧密结合，为大型国有企业顺利推进混合所有制改革探索新思路。本书研究成果建立在前期深入进行文献分析，掌握大量的现场调研、一手问卷调查以及大量统计数据、典型案例基础上，构建制度环境变迁、权力结构变动与企业利益机制重构及其治理转型互动关系的理论框架，应用该理论框架分析国内外企业利益机制重构及其治理转型的内在机理，实证检验国有企业混合所有制改革中股东控制配置效率，深入分析我国大型国有企业深化改革过程中出现利益关系整合低效、利益代表主体虚化、利益表达机制阻塞、利益分配机制残缺、利益补偿机制弱化等现实困境问题，提出在利益关系重构过程中，通过利益分享平衡不同主体的利益诉求，构建起中国大型国有企业的有效治理模式。提出中国不同功能定位的大型国有企业利益机制重构与有效治理模式选择的可行路径。上述研究将丰富企业理论、管理经济学、公司治理等相关研究。同时，本书紧密结合国有企业混合所有制改革中利益关系调整及重构的现实需要，探寻国有企业混合所有制改革中利益机制重构的内在机理及其有效治理模式，对各级政府、大型国有企业制定科学合理有效的混合所有制改革方案也具有较强的社会效应。

1.3 研究的主要内容

1.3.1 制度变迁、权力结构变动与企业利益机制重构及其治理转型的理论框架

在分析制度变迁、企业权力结构变动与不同主体利益关系调整的交互关系、企业利益关系重构过程中的治理失灵及其转型的基础上，构建产权演变过程中企业利益机制重构与治理转型的理论框架。

1.3.2 我国大型国有企业混合所有制改革中利益机制重构及其治理转型的实证研究

在数理分析、数据收集与问卷调查的基础上，运用博弈论、多元统计分析、固定效应模型、门限面板模型等方法对产权演变过程中不同主体的利益关系，异质性非控股股东控制权配置、股权混合度、董事会特征对国有混合所有制企业经营效应的影响等问题进行定量实证分析。

1.3.3 我国国有大型企业混合所有制改革中利益重构及其治理模式选择的典型案例研究

以万科管理层同宝能系的股权之争为背景，采用案例研究方法，从利益冲突与重构视角构建了控制权争夺动因、争夺路径与解决机制的理论分

析框架。

1.3.4 产权演变过程中国有企业利益重构机制及其治理转型的国际比较与借鉴

通过比较分析英国、俄罗斯等典型国家，不同时期产权演变过程中企业利益关系重构的发生机理，剖析影响其利益机制重构的关键因素与治理转型的动力源，探寻企业利益机制重构与治理转型的内在规律。

1.3.5 我国大型国有企业混合所有制改革中有效治理模式的构建

通过对中国大型国有企业利益关系整合低效、利益代表虚化、利益表达阻塞、利益分配机制缺失、利益补偿机制弱化等现实问题的剖析。提出通过有效整合利益关系、实化利益代表、畅通利益表达渠道、完善利益分配机制、强化利益补偿机制等制度安排，实现利益分享与平衡，满足不同主体的合理利益诉求，构建中国大型国有企业的有效治理模式，实现企业价值创造最大化。

1.4 研究框架

本书以中国大型国有企业混合所有制改革所面临的现实问题为导向，将企业性质作为研究的起点，探究制度环境变迁、企业内部权力结构变动与不同主体利益关系重构的机制，比较分析产权制度演进过程中不同国家、不同时期、不同功能属性企业利益关系的重构机制及其治理转型的发生机理，并选取代表性企业进行问卷调查、深度访谈、案例研究，在此基础上设计中国大型国有企业的有效治理模式。本书研究以利益矛盾论、制度经济学、公司治理等为理论基础，综合运用文献研究、比较制度分析、博弈论、多元统计分析、案例研究等方法进行系统研究，技术路线如图1－1所示。

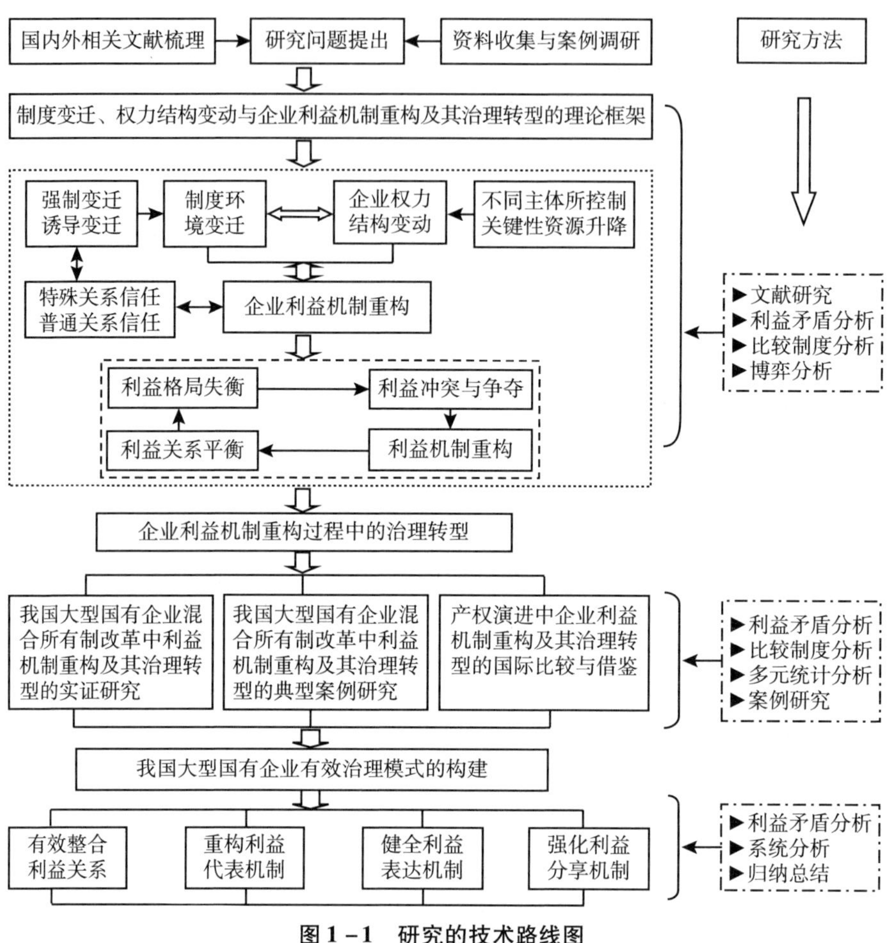

图 1-1　研究的技术路线图

1.5　研究的创新之处

1.5.1　研究视角与内容的创新之处

本书以企业内外不同主体之间的利益冲突与协调为切入点，将利益矛盾分析贯穿研究全过程，将企业看作是利益关系网络构成的契约组织，企业治理转型与优化就是不同主体利益博弈与重构过程。从制度变迁、企业权力结构变动与不同主体利益关系调整的交互视角展开，构建产权演变过程中企业利益机制重构与治理转型的理论框架，实证分析异质性非控股股东介入后不同主体利益关系及其控制配置与绩效的内在关系，把握企业利益机制重构及其治理转型的内在机理与规律。通过产权演变过程中企业利益重构机制及其治理转型的国际比较，在深入剖析我国大型国有企业混合所有制改革过程中存在整合低效、利益代表虚化、利益表达阻塞、利益分配机制缺失、利益补偿机制弱化等现实问题的基础上，提出在中国大型国有企业混合所有制改革过程中，不同利益主体的利益冲突甚至利益对立是现实存在的，必须通过有效整合利益关系、实化利益代表、畅通利益表达渠道、完善利益分配机制、强化利益补偿机制等制度安排，实现利益分享与平衡，满足不同主体的合理利益诉求，实现企业价值创造最大化。本书构建了制度环境变迁、权力结构变动与企业利益机制重构及其治理转型互动关系的理论框架，应用该理论框架分析国内外企业利益机制重构及其治理转型的内在机理，提出我国大型国有企业利益机制重构与有效治理模式选择的可行路径，在研究视角与内容具有独特性与新颖性。

1.5.2　研究方法的独特之处

本书将利益矛盾分析法贯穿研究全过程，企业作为一个有机体求得价值创造最大化和永续发展，面对转型期复杂多变的制度环境，必须将制度环境变化形成的动力与压力，迅速地传递给企业有机体。伴随企业关键性资源的升降变化，企业利益相关者之间权力组合发生位移与重新配置，这个过程实质是不同主体之间相互博弈与利益的重构过程，并引起企业治理失灵与转型。从制度变迁视角系统分析我国大型国有企业利益关系调整，通过对中国大型国有企业利益关系整合低效、利益代表虚化、利益表达阻塞、利益分配机制缺失、利益补偿机制弱化等现实问题的深度剖析，从利益冲突、分化、整合等角度，分析不同主体的利益关系、利益格局变化等。同时，本书综合运用博弈论、比较制度分析法、多元统计分析、固定效应模型、门限面板模型、典型案例研究等方法对产权演变过程中不同主体的利益关系、异质性股东控制权配置、董事会社会资本与独立性等进行定量实证分析。同时，通过对俄罗斯、英国等国有企业混合所有制改革中利益机制重构的国际比较，探究不同时期产权演变过程中企业利益关系重构的发生机理。以万科管理层同宝能系的股权之争事件为例进行典型案例研究方法，构建了控制权争夺动因、争夺路径与解决机制的理论分析框架。在研究方法上具有独特性，所采用的方法适合所研究的对象。

第 2 章

国有企业混合所有制改革中利益机制重构的理论逻辑分析

2.1 国有企业混合所有制改革研究综述

所有制是所有者对生产资料的占有形式，是所有人行使其对生产资料所有权活动的社会规范，它反映了人与人在生产过程中对生产资料占有方面的经济关系。1998 年《关于统计上划分经济成分的规定》指出，所有制按照资产所有权可以分为公有制经济和非公有制经济，按照结构可以分为单一的所有制经济和混合所有制经济。混合所有制从宏观上就是指由国有、民营、集体、外资等构成的混合所有制经济，微观上是指不同所有制相互交叉、共同经营的混合所有制企业，混合所有制企业是由不同所有制相互交叉持股而形成的企业（黄速建，2014）。现阶段出现的混合所有制企业主要有股份制企业、股份合作制企业、中外合资企业和中外合作企业，以及其他资本联合和劳动联合相结合的企业，其中最典型、最具有代表性的企业是国有股权和非国有股权融合的股份制企业。

李济广（2015）通过研究发现，国有企业实行混合所有制的目的是为了提升公有制的地位，一味追求公有资本与非公有资本同等地位会降低社会资本的资源配置效率，非公有资本也并非越低越好。余菁（2014）指出，为避免国有企业推行混合所有制改革而陷入私有化的陷阱，要加快培养职业经理人市场，建立有效的监管机制，约束企业内部各主体之间的关系，构建均衡、平等的公司治理结构。汤吉军（2014）基于不完全契约视角通过研究发现，简单私有化并不能解决国有企业目前的问题，需要改善公司治理结构，完善市场结构，促进企业公平发展，提高非公有资本加入之后的混合所有制企业的运转效率，从而使国有企业摆脱目前的困境。博吉奥（Boggio，2016）通过构建两阶段的多项选择模型，选取意大利提供公共服务的公司数据作为样本研究发现，混合所有制改革可以提高企业的经营效率，促进当地公共服务的发展。张东明等（2015）则提出，由于现有的交易成本较高，对国有企业实行私有化改革并不会使国有资本彻底流失，实行混合所有制改革能够提升企业活力，对企业发展具有促进作用，是我国国有企业发展改革的正确选择。

中共十八大明确提出国有企业要实行分类改革，并明确界定了不同国有企业的功能。高明华等（2014）根据国有企业的目标与功能对国有企业进行划分，分为功能性、垄断性和竞争性国有企业，通过实地调研发现国有企业要实行分类改革，这三类企业基于功能和目标上的差异在公司治理机制方面并没有得到明显的体现。黄群慧等（2013）通过研究提出，国有企业混合所有制改革是为了保障国民经济的地位，促进国有资产的保值增值，协调好企业营利性使命和公共性使命之间的冲突，解决国有企业混合所有制改革的问题需要将国有企业按照功能性划分构建不同类别的治理机制实现国有企业分类改革。勒特（Leutert，2016）通过研究发现，发展混合所有制要按照功能对国有企业进行划分，重组国有企业的功能，在做到巩固国有企业资产的同时，放宽对于国有企业的行政管理权限，调整高管的激励机制，加强内部监督，保证国有企业混合所有制的顺利推进。

陈俊龙等（2016）通过构建双寡头垄断竞争模型提出，国有企业进行混合所有制改革要按照企业类别分类改革，优化企业内部股权结构，同时通过研究证明国有股东最优持股比例是一个动态变量，受到企业类别、市场环境、非国有资本等多种因素影响。阿尔赛迪等（Alsaidi et al.，2015）运用最小二乘法选取科威特非金融企业2005～2010年的数据通过实证研究发现，股权的集中化不利于企业的发展，大股东的整体集中对于企业绩效没有影响，加强对中小股东的保护和对大股东的监管，有助于多元化股权结构的形成，提升企业绩效。西雷加尔（Siregar，2015）采用印度尼西亚国有企业的面板数据进行研究发现，多元化的股权结构对于企业价值产生负面影响，企业规模和企业成长机会对企业价值呈现正向作用；何等（He et al.，2016）通过选取42家国家在2002～2007年国有企业样本通过实证研究发现，加入机构投资者的多元化股权结构可以起到制衡国有股权的目的，能够提高企业的公司治理效率。迪伦等（Dhillon et al.，2006）

基于股东投票权这一视角通过研究发现，企业内部多元化的股东放弃投票权时，多元化的股权结构可以缓解企业内部与某一大股东之间利益冲突，而且这一大股东更喜欢低风险的投资。郑（Zheng，2014）则通过研究发现，国有企业混合所有制改革的目的在于多元化股权结构的构建，而多元化股权结构的构建关键在于要吸引非国有资本的进入，建立监督机制和法律法规维护非公有资本的权益，消除非国有资本的顾虑，提升非公有资本的参与程度。张兆国等（2016）基于资本结构视角，通过研究提出国有企业效率低下可以通过完善资本结构来解决，而完善资本结构就必须引入非公有资本，实现股权结构多元化，完善股权激励机制，推行国有企业混合所有制改革。

2.2 国有企业混合所有制改革中的治理问题研究综述

美国学者伯利和米恩斯（Berle and Means）于20世纪30年代初提出公司治理以来，国内外众多学者基于不同角度对公司治理进行研究，掀起公司治理的热潮。最早使用公司治理这个概念的学者之一是经济学家威廉森（Williamson），他认为公司治理是公司管理者与所有者之间的利益关系和权力结构。蒂罗尔（Tirole，2001）认为传统的以股东利益为中心来定义公司治理对经济分析而言过于狭窄，他把公司治理定义为诱使或迫使经理层将利益相关者的利益内生化的制度设计，他认为好的治理结构是能被公司选择的。

谢淑萍等（2011）通过对国有企业治理结构30年的回顾发现，行政干预和内部人控制问题仍然是我国国有企业治理结构存在的主要问题，我们可以通过股权主体多元化，提高董事会的监督职能，拓宽监督渠道，来完善国有企业的治理结构。郝书辰等（2011）则通过选取山东省国有企业作为样本，通过因子综合评价模型进行研究发现，提高国有企业治理效率关键在于推进多元化的所有制结构，同时要保证国有资本的实际控制地位，在一些不需要承担社会责任的国有企业逐步推进私有化、民营化。佟健等（2016）通过研究发现，国有企业引入非公有资本进行混合所有制改革，有利于企业内部的资源配置，强化企业内部监管，提升企业活力，在一定程度上能够解决或者缓解国有企业目前面临的治理问题，提升国有企业的治理效率。张敏捷（2013）通过分析我国国有企业混合所有制公司治理过程中的问题，并结合国内外的相关经验认为，可以通过优化董事会结构，增加专业监事的比例，强化监管机制，来缓解企业内部治理问题。还有学者通过对现有关于国有企业混合所有制相关文献的梳理，界定了内部治理的概念，构建"股东—董事会—经理人"的代理关系，认为国有企业混合所有制改革中要从董事会治理机制、权力制衡方面来改善国有企业现有的公司治理状况，为解决国有企业公司治理遇到的问题提供理论参考。

雅各布等（Yaacob et al.，2014）通过研究发现公司治理的效率决定企业的成败，运用案例研究法发现董事会成员由政府或由政府官员选定及委任，代表和维护本公司利益，董事会结构、董事会角色、监管框架会在一定程度上影响公司治理效率。另外，基于印度家族企业的背景下，通过研究国有企业公司治理的做法，分析五个国有企业和五个家族私营企业的董事会行为选择，研究发现董事会结构差异和董事的薪酬结构会影响公司治理效率。而阿利尼等（Allini et al.，2016）则通过选取意大利国有企业的数据作为样本实证研究发现，具有财务资格的董事会对公司风险披露产生负面影响，董事会不能实现对公司的有效监管，公司规模、互联网知名度与公司风险披露呈正相关，有助于公开公司信息，加强对企业的监管，进而来提高公司治理效率。辛普森等（Simpson et al.，2014）采用问卷调查的方法通过实证研究发现，国有企业董事会董事任职的标准不符合公司法对董事任职的规定，董事会没有建立有效的绩效评估体系，国有企业需均衡独立董事与非独立董事之间的关系，建立董事会的绩效评估体系，使董事会能够确保企业有一个良好的公司治理框架。海德尔等（Haider et al.，2016）通过实证研究发现，当董事会规模与企业风险呈负相关时，企业股票价格和现金流量波动，大股东会影响企业内部管理者决策，影响公司治理效率，并且国有企业股权集中度对此的调节作用不大。

童露等（2015）基于中国建材集团的案例分析研究发现，对于国有企业进行联合重组有利于推进混合所有制改革，可以提升企业业绩，完善国有企业的内部治理结构，实现国有企业的持续发展。而夏等（Xia et al.，2017）选取 850 家国有上市公司通过实证研究发现，所有权对国有企业绩效没有显著影响，两权分离程度与公司绩效呈现显著的倒 U 形关系，股权结构存在某种程度上的内生性，且这种倒 U 形关系只存在于制度环境比较差的地区。此外，通过文献梳理分析国有企业和民营企业在治理实践之间的差异性发现，公司治理实践与制度所有制之间的关系是反作用的，公司治理与企业绩效之间存在正相关关系。张立民等（2017）通过实证研究发现，公司持续经营时期的审计意见和公司治理水平会影响面临财务困境时公司的价值，使公司价值减小，但是公司治理水平的提高会减弱持续经营时期的审计意见对于企业价值的影响。

林等（Lin et al.，2010）通过研究发现，我国国有企业高度集中的股权会对公司财务产生影响，现金股利偏好与国家所有权之间在企业投资机会较低时存在正相关关系，员工持股比例与现金股利偏好呈显著负相关。刘晓华（2016）通过实证研究发现，公司的股权集中度越低，独立董事的监管效率和企业内部两权分离程度越高，能够提高企业的资源配置效率和公司治理效率。殷军等（2016）通过研究发现，国有企业实行混合所有制改革中，国有资本与非国有资本的混合比例取决于其承担的社会责任大小，同时混合比例要考虑到区域差异，因地制宜才能发挥混合所有制的作用。陈等（Chen et al.，2016）通过研究发现，解除对限售股的限制有效激励了管理者工作的积极性，这一经济激励，促进了国有企业公司治理，减少了企业内部经营者的利益侵占行为。纳吉（Nengzih，2016）采用调查问卷和访谈搜集位于印度尼西亚的 83 家国有企业的数据，通过结构方程和最小二乘法进行分析，实证研究结果表明公司治理和经理人个人积分卡对于国有企业价值链的影响不显著，环境管理会计对企业价值链的影响显著。郝晓雁等（2017）通过实证研究发现，公司前五大股东的持股比例、负债比率和人力资本会正向影响公司治理效应，中央企业应重视企业内部人力资本的研究开发。而且，国有股权持股比例的适当下降，非国有股东的有效参与，能够充分发挥非国有资本的监督作用和激励作用，降低委托代理成本，提高公司治理的效率。

2.3 国有企业混合所有制改革中利益关系研究综述

约翰·庞德（1992）认为，为了各自的利益而产生摩擦、冲突和达成均衡实际上就是所谓的公司政治机制，即各利益人的力量相互作用，这种相互作用确定权利分布和改变权利分布。有学者在分析企业制度时非常精辟地指出，不同的利益群体，无论是大股东和小股东，还是管理层，以及债权人等利益相关者，他们都在进行斗争，斗争的结果决定了企业的权利配置和各自的利益分配。同时还强调公司治理要解决的核心问题是谁和谁应该从公司决策中受益。国有企业混合所有制改革的关键问题在于协调企业内部不同主体之间利益来实现企业价值最大化。所以，混合所有制企业的公司治理的关键在于均衡企业内部各利益相关者之间的关系。

最早使用利益相关者一词的经济学家是安索夫，他认为利益相关者包括股东、管理人员、供应商以及分销商，要制定理想的企业目标，必须均衡好企业内部不同利益相关者之间的利益矛盾。随着经济全球化和企业竞争的日益加剧，到了 20 世纪 80 年代以后，人们开始对利益相关者理论提出了新的要求。

利益相关者理论是随着企业理论的发展而发展的，由于划分依据不同，其分类也会不同。关于利益相关者的分类，目前，主要有以下五种：（1）从所有权、社会利益和经济依赖性三个层次对利益相关者进行了划分，从所有权角度将利益相关者划分为股东、管理者、董事等，从社会利益角度将利益相关者划分为特殊利益群体和政府管理机构等，从经济依赖性角度将利益相关者划分为管理者、客户、供应商和分销商等。（2）将利益相关者按照利益关系和对企业经营决策的影响程度分为直接利益相关者和间接利益相关者，主要包括股东、职工、债权人、供应商、政府、社会公众和媒体等。（3）按照企业与利益相关者之间的合同关系将利益相关者分为契约型利益相关者和公众类利益相关者，其中，公众类利益相关者主要包括政府、客户、监管者和社区等，而契约型利益相关者主要包括股东、职工、供应商等。（4）克拉克森（Clarkson，1995）则提出了按照承担公司经营决策风险和公司联系紧密性两种的分类方式对企业利益相关者进行划分。（5）将利益相关者分为确定型、预期型和潜在型利益相关者，需要时刻关注利益相关者的利益诉求，设法提高他们对公司的满意度。综合以上观点，我们认为企业利益相关者主要包括股东、董事、管理者、职工、债权人、政府和社会公众等。

因为国有企业受到政治庇护的影响，所以研究国有企业混合所有制改革需要考虑政治关联性对企业的影响。法乔（Faccio，2006）第一个提出政治关联企业这一概念，并将其界定为企业中至少有一个股东或高管与政府部门存在密切联系的企业。杜等（Du et al.，2012）也通过对国有企业财务总监和国资委的深入研究表明国有企业拥有政治联系的财务总监会影响国资委对公司绩效的评价。曾萍等（2012）则采用 Meta 分析研究国内外有关政治关联与企业绩效的文献发现，政治关联对我国企业价值和某些财务绩效都有显著正面影响。刘丹（2017）基于企业创新生态系统研究发现，通过参与国有企业混合所有制改革，民营企业努力建立各种显性或隐性的政治纽带，用以降低创新风险增加企业和个人的收益。但是，具有政治联系的公司同样又面临一定的风险。此外，相关文献通过对政治联系影响的研究发现，拥有政治联系的地方国有企业与私营企业相比企业价值更低；国有企业董事会内部拥有政治联系的董事会对企业的财务绩效产生显著的负面影响。而通过对企业管理成本采用实证分析和对比仿真实验方法表明，政治庇佑会显著增加国有企业的管理成本，降低企业管理效率；类似的，通过研究混合所有制改革后的国有企业发现，高管政治关联带来的政策性负担和政治依附会损害企业投资效率。

混合所有制企业股东从所有制性质上可以分为公有性质的国有股东和非公有性质的非国有股东。这两类不同性质的股东由于目标函数的不同对公司有不同的利益诉求，因而企业内部存在两种不同性质股东之间的利益冲突。江等（Jiang et al.，2010）则通过研究发现，当企业处于财务困境时，大股东越容易挪用上市公司的资金，侵害小股东权益。马连福等（2014）通过实证分析发现，国有企业混合所有制改革中非国有股东的引入有利于协调企业内部不同利益主体的相互制衡，降低企业获取资源的成本，提升公司绩效。国有企业引入非国有股东对国有股东有一定的制衡作用，有利于缓解国有股东“一股独大”的问题，国有股东同时也面临丧失控制权的危险，在股权相对集中时，容易引发控制权之争。股东之间相互制衡和中小股东参与公司治理能显著提高企业绩效，有效缓解企业代理问题，提高公司治理效率。徐细雄（2012）基于大股东利益侵占和控制权风险补偿效应双重视角和连燕玲等（2012）基于危机冲击视角都发现，对公司和中小股东存在掏空行为。俞红海等（2011）通过文献回顾发现，提高投资者法律监管程度，会减少控股股东通过关联交易和影响公司融资渠道等方式对中小股东及公司利益的侵占，提高公司治理效率。刘冰等（2011）通过实证研究发现，减持股份的股东与第一大股东之间的关系越密切，两者合谋的可能性越大；地区治理环境有助于抑制其合谋行为。

目前，我国的混合所有制企业无论是国有控股还是非国有控股均按照现代企业制度的要求实现了两权分离。在所有权和经营权分离及理性人假说的条件下，股东与经营者由于目标函数的不一致容易造成利益冲突。由于经营者在委托代理关系中具有信息优势，在信息不对称条件下，具有信息优势的经营者会存在严重的道德风险，损害企业利益和股东利益。国有企业的经理人在经营过程中不能享有剩余索取权，因此，理性的经理人会利用控制权来扩大自身权益。控制权的大小受分红比例的影响，当国有企业的分红比例过低时，经理人会因为自身的利益不足而产生道德风险问题或通过在职消费来维护个人私利。

在中国企业高管激励补偿措施可供选择不多的情况下，通过在职消费来协调经理人与企业利益关系的这种方式已逐渐被股权激励所替代，股权激励有助于改进国有上市公司高管薪酬契约的有效性。周仁俊等（2012）基于控制权角度通过实证研究发现，管理层持有股份比例较低，而国有控股企业第一大股东持股比例越高，管理层激励效果越强。这说明股权激励有助于改善股东与经营者之间的利益冲突，降低高管更换概率，提高股权激励的高管人员所占比例会显著提高企业绩效。徐宁等（2010）基于股权激励角度研究发现，除外部制度环境因素外，债务融资、独立董事与大股东等对股票期权激励契约有显著约束作用。罗进辉（2014）基于高管薪酬业绩敏感性这一视角通过实证研究发现，在中国社会声誉机制不健全的情况下与仅有普通独董的上市公司相比，拥有明星独董的上市公司高管薪酬——绩效敏感性差，没有发挥独立董事的治理作用，加剧了公司治理问题，降低了高管薪酬契约的有效性。并且，高管持有股票会加重高管对股票期权激励的风险规避程度。陈等（Chen et al.，2014）则基于社交网络的视角通过研究发现作为第三方监管部门的独立董事可以通过董事会网络发挥其监督管理作用来减少大股东对中小股东的隧道效应。王等（Wang et al.，2016）通过实证研究发现，有专业背景的董事会成员比例对企业绩效呈显著负相关，表明有政治背景的董事会成员并不能提升企业绩效，而董事会成员提出异议或者发表不同意见的国有企业反而能够取得更好的绩效。

现代公司理论将公司视为人力资本与物质资本的集合体。公司并非是简单的实物资本的集合，而是一种法律框架，公司治理的作用在于协调为企业创造财富的各种特殊投资主体之间的相互关系，投资主体不仅局限于股东，职工投入了人力资本也属于企业的投资主体。职工直接参与到企业中工作，与公司的关联性高于股东，真正参与到公司治理中去。与股东相比，由于职工在企业工作时间长，投入成本较大，职工从企业辞职撤回投资的可能性较小，面临风险更大。混合所有制企业中的国有资本属于全体人民，作为全体人民的一员，混合所有制企业员工理所应当是混合所有制企业中国有资本的终极所有者，职工有权参与公司治理。黄群慧等（2014）认为，员工持股制度在混合所有制改革的新时期对于推进员工持股应实行激励相容和长期导向原则，对国有资产增量实行利益共享分配。

2.4 简要评论

总体来看，国内外关于国有企业混合所有制的研究已相当成熟，现有的文献主要基于对国有企业混合所有制的分类改革、国有企业的功能定位、国有企业内部股权多元化、政治关联对国有企业绩效影响、国有企业内部股东之间利益侵占和高管股权激励等方面进行研究，分行业、分区域的研究已经形成了比较系统的研究体系，通过研究我们发现国有企业混合所有制改革仍然存在行政干预、内部人控制问题，对于国有资本与非国有资本的混合比例一直未得到解决，并且非国有资本参与到混合所有制改革中如何缓解经营者、国有控股股东、非国有股东之间的矛盾冲突也尚未得到解决，这些问题导致国有企业混合所有制的治理效率较低，而治理效率的提高在于均衡企业内部不同主体之间的利益关系，所以国有企业混合所有制的关键问题是企业内部利益关系调整与重构。

综观国内外研究的不足，主要可以归纳以下几点：(1) 现有的关于国有企业混合所有制改革中利益关系的研究比较少，大多基于股权多元化、高管股权激励等方面的研究，基于利益关系这一视角研究的文献较少；(2) 现有的文献研究大多基于国有企业混合所有制改革理论研究、实证研究，没有采用博弈论的方法对国有企业混合所有制改革利益关系的研究；(3) 现有文献采用实证方法基于利益关系视角研究的文献较少，缺少实证方法对国有企业混合所有制改革中企业利益关系进行验证。

针对既有研究的不足，本书基于国有企业混合所有制改革这一制度背景下，选取利益关系这一研究视角，在分析制度变迁、企业权力结构变动与不同主体利益关系调整的交互关系、企业利益关系重构过程中的治理失灵及其转型的基础上，构建产权演变过程中企业利益机制重构与治理转型的理论框架。在数理分析、数据收集与问卷调查的基础上，运用博弈论、多元统计分析、固定效应模型、门限面板模型等方法对产权演变过程中不同主体的利益关系，并以万科管理层同宝能系的股权之争为背景，采用案例研究方法，从利益冲突与重构视角构建了控制权争夺动因、争夺路径与解决机制的理论分析框架。以大型国有名优白酒企业为例，分析大型国有名优白酒企业混合所有制改革的治理路径选择与有待解决难点问题。

同时，通过对俄罗斯、英国等国有企业混合所有制改革中利益机制重构的国际比较，探究不同时期产权演变过程中企业利益关系重构的发生机理，剖析影响其利益机制重构的关键因素与治理转型的动力源，探寻企业利益机制重构与治理转型的内在规律。在此基础上，从制度变迁视角系统分析我国大型国有企业利益关系调整，通过对中国大型国有企业利益机制重构的现实困境及其转型机理的分析，提出构建中国大型国有企业的有效治理模式构建国有企业内部利益主体相关博弈模型，并在此基础上实证分析国有企业混合所有制改革后经济效益的变化，以期通过整合国有企业内部利益关系，重构利益代表机构，协调企业内部利益关系，完善企业内部利益分享机制，缓解不同利益关系主体之间的利益对立关系，实现企业价值最大化。

2.5　制度变迁、权力结构变动与企业利益机制重构的理论逻辑

论及利益，无论中国古代先哲还是西方哲人都分别从不同的角度进行诠释思考。利益，是利益主体为获取自身的满足在社会生产实践活动中形成的一种相互影响的社会关系，体现着社会的发展阶段，受社会关系的约束，是利益主体通过社会关系表现出的不同利益诉求。

通常人们将制度理解为多数成员认可，约束相关群体行为的系列规范。从短期看，有效的制度安排必须与现存的制度环境相匹配，彼此间形成一种相对均衡状态。在制度变迁过程中，由于制度供给受到领导层对局势掌控能力、改变现存秩序的愿望与迫切程度、社会公众对变革采取态度预期、新制度设计与实施成本、风险预期、既有制度约束、各参与主体之间博弈力量等因素影响，导致制度变迁通常呈现出渐变与路径依赖性等特性，出现有效制度供给滞后甚至严重不足等，奥尔森（2007）将其称为“制度僵化症”。诺思（1990）则从惯例的视角出发提出，已有制度或行为方式对制度变迁的潜在影响非常显著，制度变迁的路径依赖性会导致制度被锁定。但从长期的角度观察，制度环境也处于不断演变的过程中，表现为：当新的制度安排被引入现存的制度环境中，制度安排与制度环境之间不一致的矛盾显现，原有的相对均衡状态被打破，需要制度环境的动态调整。因此，制度安排与制度环境之间呈

现出由不均衡到相对均衡再到非均衡的动态运动过程，不均衡是常态，而相对均衡是暂时短期的状态。

从利益的角度来看，制度也处于不断变化和更替的过程之中。科斯认为若新制度供给带来的收益超过制度设计、实施等过程中产生的成本，或是在现有制度下产生更高的交易成本时，制度变迁就有发生的可能性。通过制度变迁，一些利益主体特别是积极推动制度变迁的群体可以获得在现有制度安排框架内无法实现的利益诉求。因此，制度变迁的内在动力是潜在利益的存在，这种利益既可以是制度变迁红利的出现，也可能是原有利益的重新分配，通常产生利益增量的制度变迁更易推行。若制度变迁仅仅是对现存利益总量的再分配，则制度变迁遇到的阻力将为非常巨大。

无论是利益增量还是再分配的制度变迁，都将会引起相关主体绝对利益量以及不同利益主体之间相对力量与地位的变化，围绕着新的利益分配不同利益主体之间的博弈随之展开，最终达到纳什均衡。因此，制度变迁实质是现有制度安排无法满足相关利益群体的诉求，利益分配失衡导致利益争夺与冲突出现，打破现存的利益关系格局，各利益相关主体之间相互博弈并最终达到新利益关系均衡的过程。

利益冲突是相关利益主体在现有利益格局内自身利益诉求无法得以实现，不同主体间进行利益争夺的过程，利益冲突是制度变迁的根本原因（王伟光，2010）。通过对我国改革开放以来制度变迁的演进历程观察，经济社会体制改革带来社会各阶层利益矛盾与争夺，利益冲突导致利益关系调整并引发利益格局改变，这其中起决定性作用的是我国社会主义初级阶段经济社会发展的内在规律。因此，不应把国有企业混合所有制改革看作是政府外在干预的刻意安排，而是顺应我国经济进入新常态遵循经济发展内在规律的必然要求。

企业与市场的区别在于企业实质上是围绕关键资源而建立的生产性契约组织，权力的存在是建立在对资源控制基础之上，谁掌握了决定企业准租金生产的异质性资源，谁就获得了对应的权力，对关键性资源的控制构成了权力的主要来源。利益机制重构是不同利益主体权力博弈的结果，重构过程本身也是对企业价值创造的再利用，利益重构结果是否公平有效，反过来也会直接影响到企业价值的创造能力。国有企业混合所有制改革成功的关键是最大限度地发挥各种资源要素的优势，通过利益机制的重构解决混合所有制改革中出现的各种利益冲突，减少改革的阻力与内耗，最大限度地增加改革的红利与受众，在融合共生中实现互利双赢。

公司治理作为企业顶层的制度安排本质是协调企业利益关系的规则，是调节不同参与主体利益关系的配置机制。公司治理关注的重点不应该简单定位为如何确保企业的健全经营，而更应该关注在环境动态变化过程中，何种制度安排更有利于企业在竞争性市场上获得可持续发展能力。公司治理通过恰当的利益配置实现企业价值创造，通过各参与主体权、责、利的相互制衡对企业价值进行合理的分配，保证企业做出科学的决策，实现各相关主体之间的利益平衡。

公司治理转型的过程就是不同主体利益格局重构的过程，国有企业混合所有制改革战略运作过程，实际上就是各相关主体利益不断调整平衡的治理转型过程。在国有企业混合所有制改革的治理转型过程中，既得利益群体与因改革而获得利益增量的群体以及改革红利在不同群体之间的分配所引发的利益冲突是必然存在的，而不同利益群体对关键性资源的掌控、组织化程度及其表达、谈判能力存在差异，博弈力量呈现不均衡状态，利益冲突主体之间的矛盾运动呈现对立态势，若任由自行调节将会导致改革过程中出现利益格局失衡的局面（汤吉军，2014）。而市场机制、政府调控均存在两面性的问题，如何在发挥市场积极作用的同时，发挥政府“有形手”的有效干预功能，并通过利益机制重构实现不同主体之间权、责、利对称，从利益格局失衡走向利益均衡的良性互动，成为国有企业混合所有制改革成败的关键所在，制度变迁、企业权力结构变动与不同主体利益关系调整的互动过程如图2－1所示。为此，应通过利益整合机制产生新的利益增量，为不同利益主体之间的合作创造红利空间。通过重构利益代表机制形成在企业中真正维护不同群体利益的代表者，平衡相关群体在利益配置中的话语权。通过健全利益表达机制实现相关群体各自利益表达的组织化与有效性。通过强化利益分享机制缓解不同主体之间的利益对立关系，最终实现改革成果普遍分享的价值诉求（李跃平，2015）。

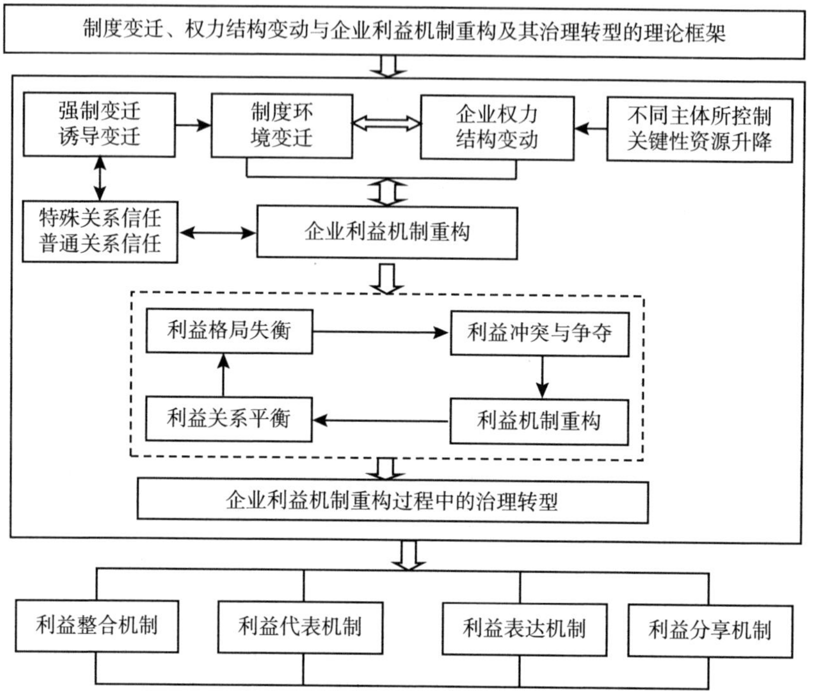

图 2-1　制度变迁、企业权力结构变动与利益机制重构理论逻辑框架

第 3 章

国有企业混合所有制改革中的利益关系博弈分析

企业内部利益相关者主体为向企业投入资本或影响企业生产经营的个体或组织，主要包括股东、经营者、职工等。整合国有企业混合所有制改革中的利益关系的关键在于调整企业内部不同主体之间的利益关系，股东、经营者、职工对企业的利益诉求不同，且不同利益主体对企业的影响程度不同。本章主要研究股东、经营者的利益关系，其中股东又分为国有股东和非国有股东，相关论述围绕着国有股东与非国有股东之间的利益关系、股东与经营者之间的利益关系展开。

3.1 国有股东与非国有股东之间利益关系博弈分析

3.1.1 国有股东与非国有股东之间利益关系

国有企业股东按照所有制性质可以分为公有性质的国有股东和私有性质的非国有股东。国有企业改革 40 多年，仍然存在内部人控制、公司治理效率低下的问题，引入非公有资本之后，有利于企业内部的资源配置，提升企业活力，能在一定程度上缓解国有企业面临的治理问题，提升国有企业的治理效率，所以国有股东希望通过引入民营资本、非公有资本的非国有股东来改变国有企业现状，促进企业内部的资金流动，提高企业经营业绩。民营企业在与银行或者其他金融机构贷款时，由于民营企业的身份，会使其还款能力和贷款资格受到质疑，融资时会受到各种阻力，融资方面比较困难，同时，由于民营企业在整个市场环境下处于劣势，可供掌握和了解的社会资源有限，难以根据经济形势把握企业的进一步走向，所以民营资本加入国有企业混合所有制改革一方面可以借助国有企业这个良好的平台更好地帮助企业筹集到企业所需资金；另一方面也可以利用国有企业的政治联系得到有效的社会资源，使其更好地发展。但是民营资本加入国有企业混合所有制改革中，由于持股比例较低或者民营资本的持有者分散，话语权较低，很容易受到国有股东的利益的非均衡配置，这也是民营资本的非国有股东的顾虑所在。

国有股东对非国有股东的利益非均衡配置方式主要有以下四种：(1）股利分配。由于我国国有上市公司普遍存在“一股独大”的现象，国有股东利用其在股权上的优势，选择更有利的分配时机，制定更有利于自身的股利分配方式，分配企业利润。由于国有股东选取股利分配侵占股市利益和中小股东利益更为隐蔽，使得股利分配成为国有股东侵占公司利益、挤占中小股东利益的一种重要方式。(2）资金占用。由于我国公司治理体制还不健全，很多公司在上市前还没有形成独立的管理体系，企业募集到的资金多由国有股东代为管理。国有股东由于持股比例较大享有公司的实际控制权，通常会利用职务之便选取截留企业资金、转移企业资金等方式占用国有企业资金，截留、挪用的企业资金为自己所用，影响企业的经营业绩，损害了中小股东的利益。(3）关联交易。国有股东由于其所持股权上具有明显的优势，凭借其与关联方之间交易所具有的信息优势，通过关联交易以明显不合理的价格进行资产、股权的转让或者置换，严重损害公司利益，侵害中小股东利益。现有的治理机制还不完善，国有股东由于持有股份较高，能够控制公司股东大会的表决，而且在资本多数决定原则下，公司董事、监事的任职多由国有股东选派的代表兼任，而其他中小股东由于所占份额较小，在董事、监事的选派上没有优势，无法实施对国有股东的有效制约，这样就使得国有股东获得控制权收益。(4）上市公司收购。上市公司收购实质是指各利益主体基于公司制度安排所做的一种股权转让。国有股东往往决定公司收购的一切活动，国有股东可能为了获得公司的高额补偿或者某种承诺而做出抵制收购的决定，小股东由于所持股份太低，没有发言权，小股东的利益被忽略，这也造成了国有股东与中小股东之间的利益矛盾激化。

国有股东的目标除了追求企业利润最大化，还需要承担一部分社会责任，非国有股东一般只考虑自身利益最大化，由于目标函数的不同具有不同的利益诉求，国有股东由于其持股比例较高，对于企业有较多的话语权，所以国有股东会通过各种方式侵占处于劣势的非公有的中小股东利益，进而来满足自己的利益需求。非国有股东加入混合所有制改革能为其带来一定的经济利益，可以帮助其拓宽融资渠道，但是国有股东的这种行为严重损害了非公有资本的中小股东的利益，本章结合现有法律法规对于非国有股东的保护程度和非国有股东的利益非均衡配置成本及诉讼收益，构建国有股东与非国有股东之间的博弈模型，分析他们之间利益关系的均衡问题。

3.1.2 基本假设及符号说明

假设1：一家混合所有制企业的总利润为 π，国有股东的持股比例为 α，非国有股东为 $\beta(\alpha>\beta)$。由于国有股东、非国有股东之间利益的非均衡配置要受到法律制度对这种利益侵占行为的约束，所以用 $C(k, s)$ 来表示国有股东侵占非国有股东所付出的成本函数，k 表示法律制度对非国有股东的保护程度，s 表示国有股东对非国有股东利益的侵占比例；国有股东侵占非国有股东利益时，国有股东获得的额外收益为 $s\beta\pi-C(k, s)$，非国有股东利益受到侵占的损失为 $s\beta\pi$。

假设2：当国有股东侵占非国有股东利益时，被监管部门查出时的惩罚损失为 $\delta_s[s\beta\pi-C(k, s)]$，其中，$\delta_s$ 为惩罚系数且 $\delta_s>1$。

假设3：非国有股东向有关部门诉讼的成本为 C_1，监管部门查处国有股东侵占行为发生的成本为 C_2。

假设4：当非国有股东上诉监管部门查出国有股东的侵占行为时，没收的罚款收益归监管部门和非国有股东共同所有，监管部门可以获得的收益为 $\varphi\delta_s[s\beta\pi-C(k, s)]$，非国有股东获得的收益 $(1-\varphi)\delta_s[s\beta\pi-C(k, s)]$，其中，$\varphi$ 为监督管理部门获得罚款收益的比例；若非国有股东不上诉而由监管部门独立查出国有股东的侵占行为时，罚款收益全部归监管部门所有。

假设5：非国有股东针对国有股东侵占行为提起诉讼而被监管部门查处，能够为非国有股东追回的侵占收益为 $R_s=\phi\times s\beta\pi$，其中，ϕ 为非国有股东追回侵占收益比例。

假设6：当国有股东未侵占非国有股东利益而受到非国有股东的诉讼，对国有股东造成不良影响，非国有股东应对国有股东支付补偿，赔偿额为 F。

假设 7：国有股东侵占非国有股东利益的概率为 q_1，则不侵占非国有股东利益的概率为 $1-q_1$；非国有股东向有关部门诉讼的概率为 q_2，则不诉讼的概率为 $1-q_2$；国有股东侵占非国有股东利益被监督管理部门查出的概率为 q_3，则不被查出的概率为 $1-q_3$。

假定 8：参与主体为：国有股东、非国有股东、监管机构，国有股东的行为分为侵占与不侵占，非国有股东在利益受损时行为分为上诉、不上诉，而监管机构的行为分为查出、未能查出，各行为主体的行为次序为：国有股东行动→非国有股东行动→监管机构行动。具体变量设置如表 3－1 所示。

表 3－1　　变量及其含义

变量	含义
π	总利润
α	国有股东的持股比例
β	非国有股东的持股比例
k	法律制度对非国有股东的保护程度
s	国有股东对非国有股东利益的侵占比例
C(k, s)	国有股东侵占非国有股东所付出的成本函数
C_1	非国有股东向有关部门上诉的成本
C_2	监管部门查处国有股东的侵占行为发生的成本
δ_s	惩罚系数
φ	监管部门可以获得的罚款收益比例
R_s	非国有股东诉讼可追回的侵占收益
ϕ	非国有股东诉讼追回的侵占收益比例
F	非国有股东诉讼的赔偿损失
q_1	国有股东侵占非国有股东利益的概率
$1-q_1$	国有股东不侵占非国有股东利益的概率

续表

变量	含义
q_2	非国有股东向有关部门诉讼的概率
$1-q_2$	非国有股东不向有关部门诉讼的概率
q_3	国有股东侵占非国有股东利益被监管部门查出的概率
$1-q_3$	国有股东侵占非国有股东利益不被监管部门查出的概率

由模型假定得到博弈三方的收益矩阵，依次表示国有股东收益、非国有股东收益、监管机构收益，如表3－2所示。

表3－2　　博弈矩阵表

<table>
<tr><td colspan="4">博弈方</td><td colspan="2">监管部门</td></tr>
<tr><td rowspan="5">国有股东</td><td></td><td></td><td></td><td>查出(q_3)</td><td>未查出($1-q_3$)</td></tr>
<tr><td rowspan="2">侵占(q_1)</td><td rowspan="2">非国有股东</td><td>上诉(q_2)</td><td>$(1-\delta_s)[s\beta\pi-C(k, s)]-\phi s\beta\pi$
$(1-\varphi)\delta_s[s\beta\pi-C(k, s)]$
$+(\phi-1)s\beta\pi-C_1$
$\varphi\delta_s[s\beta\pi-C(k, s)]-C_2$</td><td>$s\beta\pi-C(k, s)$
$-s\beta\pi-C_1$
0</td></tr>
<tr><td>不上诉($1-q_2$)</td><td>$(1-\delta_s)[s\beta\pi-C(k, s)]$
$-s\beta\pi$
$\delta_s[s\beta\pi-C(k, s)]-C_2$</td><td>$s\beta\pi-C(k, s)-s\beta\pi$
0</td></tr>
<tr><td rowspan="2">不侵占($1-q_1$)</td><td rowspan="2">非国有股东</td><td>上诉(q_2)</td><td>F
$-C_1-F$
$-C_2$</td><td>F
$-C_1-F$
0</td></tr>
<tr><td>不上诉($1-q_2$)</td><td>0
0
$-C_2$</td><td>0
0
0</td></tr>
</table>

3.1.3　博弈模型分析

1. 国有股东的期望收益为：$E(U_D)=q_1\times U_1+(1-q_1)\times U_2$　　(3－1)

其中，　$U_1=q_2q_3\{(1-\delta_s)[s\beta\pi-C(k, s)]-\phi\times s\beta\pi\}$

$$+q_2(1-q_3)[s\beta\pi-C(k,s)]+(1-q_2)q_3(1-\delta_s)[s\beta\pi-C(k,s)]+(1-q_2)(1-q_3)[s\beta\pi-C(k,s)]$$

$$U_2=q_2q_3\times F+q_2(1-q_3)\times F$$

化简得到：$E(U_D)=q_1q_3(1-\delta_s)[s\beta\pi-C(k,s)]+q_1(1-q_3)[s\beta\pi-C(k,s)]-q_1q_2q_3\times\phi s\beta\pi+(1-q_1)q_2F$

$$(3-2)$$

根据现有的法律保护程度、惩罚力度及监管程度使其自身的期望效用最大，即求式（3－2）的一阶导数为零：

$$\frac{\partial E(E_D)}{\partial q_1}=q_3(1-\delta_s)[s\beta\pi-C(k,s)]+(1-q_3)[s\beta\pi-C(k,s)]-q_2q_3\times\phi s\beta\pi-q_2F=0 \quad (3-3)$$

解得：

$$q_3=\frac{s\beta\pi-C(k,s)-q_2F}{\delta_s[s\beta\pi-C(k,s)]-q_2\times\phi s\beta\pi} \quad (3-4)$$

由式（3－4）可知：

（1）监管部门查出国有股东侵占非国有股东的概率 q_3 与 $q_2\times\phi s\beta\pi$、$s\beta\pi-C(k,s)$、δ_s、和 q_2F 有关，与 q_1 无关；

（2）q_3 与国有股东的侵占收益 $s\beta\pi-C(k,s)$ 呈正相关关系。当国有股东侵占非国有股东的侵占收益 $s\beta\pi-C(k,s)$ 越大，国有股东侵占非国有股东利益的可能性 q_1 越大，监管部门查出的可能性 q_3 越大；

（3）q_3 与 $q_2\times\phi s\beta\pi$ 呈正相关关系。当非国有股东诉讼可追回的侵占收益 $\phi\times s\beta\pi$ 越大时，非国有股东提出诉讼的积极性 q_2 越高，监管部门查出侵占行为的难度越小，监管部门查出的可能性 q_3 越大，反之，其查出的可能性越小；

（4）q_3 与惩罚力度 $\delta_s[s\beta\pi-C(k,s)]$ 呈负相关关系。当惩罚系数 δ_s 越大，国有股东侵占非国有股东付出的惩罚损失 $\delta_s[s\beta\pi-C(k,s)]$ 越高，国有股东侵占非国有股东的可能性 q_1 越小，监管部门查出的可能性 q_3 越小；

（5）q_3 与 q_2F 呈负相关关系。当非国有股东诉讼国有股东需要付出的诉讼赔偿损失 q_2F 越高，非国有股东上诉的可能性 q_2 越小，监管部门查出该侵占行为的难度加大，相应地，监管部门查出的可能性 q_3 越小。

2. 非国有股东的期望收益为：$E(U_Q)=q_2\times U_3+(1-q_2)\times U_4$

$$(3-5)$$

其中，$U_3=q_1q_3\{(1-\varphi)\delta_s[s\beta\pi-C(k,s)]+(\phi-1)s\beta\pi-C_1\}$

$$+q_1(1-q_3)(-s\beta\pi-C_1)+(1-q_1)q_3(-C_1-F)$$
$$+(1-q_1)(1-q_3)(-C_1-F)$$
$$U_4=-q_1q_3\times s\beta\pi-q_1(1-q_3)\times s\beta\pi$$

化简得到： $E(U_Q)=q_1q_2q_3(1-\varphi)\delta_s[s\beta\pi-C(k,\ s)]+q_1q_2q_3\times\phi s\beta\pi-q_1\times s\beta\pi-q_2C_1-q_2(1-q_1)F$ （3-6）

非国有股东按照预期国有股东可能的侵占概率做出决策，并使其自身的期望绩效最大化，即求式（3-6）的一阶导数为零：

$$\frac{\partial E(U_Q)}{\partial q_2}=q_1q_3(1-\varphi)\delta_s[s\beta\pi-C(k,\ s)]+q_1q_3\times\phi s\beta\pi-C_1-(1-q_1)F=0 \quad (3-7)$$

解得： $$C_1=q_1q_3(1-\varphi)\delta_s[s\beta\pi-C(k,\ s)]+q_1q_3\times\phi s\beta\pi+(1-q_1)F \quad (3-8)$$

由式（3-8）可知：

（1）非国有股东向有关部门上诉的成本 C_1 与 q_1、q_3、$s\beta\pi$、$C(k,\ s)$、δ_s、F、ϕ 有关，与 q_2 无关；

（2）当惩罚系数 δ_s 越大，国有股东侵占非国有股东利益付出的惩罚损失 $\delta_s[s\beta\pi-C(k,\ s)]$ 越大，国有股东侵占非国有股东利益的可能性 q_1 越小，则非国有股东的诉讼成本 C_1 越高；

（3）当国有股东侵占非国有股东利益被监管部门查出时，非国有股东因诉讼可追回的侵占收益 $q_1q_3\times\phi s\beta\pi$ 越大，国有股东支付给非国有股东的惩罚损失 $q_1q_3(1-\varphi)\delta_s[s\beta\pi-C(k,\ s)]$ 越大，国有股东侵占非国有股东的可能性 q_1 越小，则非国有股东诉讼成本 C_1 越高，非国有股东针对该利益侵占行为上诉的可能性 q_2 越小；

（4）当非国有股东支付给国有股东的诉讼赔偿损失 $(1-q_1)F$ 越大时，非国有股东上诉的可能性 q_2 越小，非国有股东上诉成本 C_1 越高。

3. 监督管理部门的期望收益为： $E(U_W)=q_3\times U_5+(1-q_3)\times U_6$ （3-9）

其中：$U_5=q_1q_2\{\varphi\delta_s[s\beta\pi-C(k,\ s)]-C_2\}+q_1(1-q_2)\{\delta_s[s\beta\pi-C(k,\ s)]-C_2\}-(1-q_1)q_2C_2-(1-q_1)(1-q_2)C_2$，$U_6=0$

化简得到： $$E(U_W)=q_1q_2q_3(\varphi-1)\delta_s[s\beta\pi-C(k,\ s)]+q_1q_3\delta_s[s\beta\pi-C(k,\ s)]-q_3C_2 \quad (3-10)$$

监管部门根据其监管要付出的成本及获得的收益做出决策，使其自身的期望收益最大，即求式（3－10）的一阶导数为零：

$$\frac{\partial E(U_W)}{\partial q_3}=q_1\delta_s[s\beta\pi-C(k,\ s)]+q_1q_2(\varphi-1)\delta_s[s\beta\pi-C(k,\ s)]-C_2=0 \qquad (3-11)$$

解得：

$$q_1=\frac{C_2}{\delta_s[s\beta\pi-C(k,\ s)]-q_2(1-\varphi)\delta_s[s\beta\pi-C(k,\ s)]} \qquad (3-12)$$

由式（3－12）可知：

（1）国有股东侵占非国有股东利益的概率 q_1 与 q_3、C_1、F、α 无关，与 π、s、q_2、β、$C(k,\ s)$、C_2、φ、δ_s 有关；

（2）q_1 与惩罚系数 δ_s 与成反比例关系。当惩罚系数 δ_s 越大，国有股东侵占非国有股东利益的惩罚损失 $\delta_s[s\beta\pi-C(k,\ s)]$ 越大，则国有股东侵占非国有股东的可能性 q_1 越小；

（3）q_1 和 $q_2(1-\varphi)\delta_s[s\beta\pi-C(k,\ s)]$ 呈正相关关系。当监管部门的罚款收益比例 φ 越大，非国有股东通过诉讼可获得的罚款收益越小，国有股东侵占非国有股东的可能性 q_1 越小时，则非国有股东针对国有股东的侵占行为上诉的可能性 q_2 越小；

（4）q_1 与监管成本 C_2 成正比例关系。当监管部门的监管成本 C_2 越高时，监管部门查处国有股东侵占行为的可能性 q_3 越小，则国有股东侵占非国有股东的可能性 q_1 越大；

（5）国有股东侵占非国有股东获得的收益大于其付出的成本，但监管部门的监管力度和相关法律法规的惩罚强度较大，侵占非国有股东付出的成本 $C(k,\ s)$ 越高时，国有股东侵占非国有股东的可能性 q_1 越小。

3.1.4 博弈结论综合分析

通过对混合所有制企业中国有股东与非国有股东进行博弈分析，得到国有股东、非国有股东和监管部门三方动态博弈的均衡解为：

$$\left(q_1=\frac{C_2}{\delta_s[s\beta\pi-C(k,\ s)]-q_2(1-\varphi)\delta_s[s\beta\pi-C(k,\ s)]},\ q_2\to 0,\ q_3=\frac{s\beta\pi-C(k,\ s)-q_2F}{\delta_s[s\beta\pi-C(k,\ s)]-q_2\times\phi s\beta\pi}\right)$$

从博弈均衡解中可以得到如下结论：

（1）国有股东侵占非国有股东利益的概率 q_1 与惩罚力度 $\delta_s[s\beta\pi - C(k, s)]$ 成反比例关系；而与监管机构的查处成本 C_2 和非国有股东获得的罚没收益 $q_2(1-\varphi)\delta_s[s\beta\pi - C(k, s)]$ 呈正相关关系。即监管机构惩罚力度 $\delta_s[s\beta\pi - C(k, s)]$ 越大对国有股东的震慑力越强；国有股东侵占概率 q_1 与监管机构的查处成本 C_2 正相关，与监管机构查处国有股东侵占行为所获得的收益比例 φ 负相关。所以，应通过提高惩罚力度，增加监管机构执法收益，降低监管机构的查处成本，有效地抑制国有股东利益的非均衡配置行为。

（2）非国有股东针对侵占行为的上诉成本与非国有股东因诉讼可追回的侵占利益 $q_1q_3 \times \phi s\beta\pi$、非国有股东诉讼付出的赔偿损失 $(1-q_1)F$ 和国有股东对非国有股东支付的惩罚损失 $q_1q_3(1-\varphi)\delta_s[s\beta\pi - C(k, s)]$ 呈正相关关系。当前，国有股东为获得高额的侵占收益所采取的侵占方式越来越隐蔽，手法越来越娴熟，增加了监管机构查处难度，导致非国有股东的上诉成本越来越高。在信息披露标准化、透明化较低的背景下，非国有股东针对国有股东对其利益的非均衡配置行为上诉与否，会综合考虑自身成本以及上诉后被监管机构查处的可能性。

（3）监管机构查出国有股东侵占行为的概率 q_3 与国有股东的侵占收益 $s\beta\pi - C(k, s)$ 和非国有股东因诉讼可追回的侵占收益 $q_2 \times \phi s\beta\pi$ 呈正相关关系，而与惩罚力度 $\delta_s[s\beta\pi - C(k, s)]$ 和非国有股东的诉讼赔偿损失 q_2F 呈负相关关系。即对国有股东的惩罚力度 $\delta_s[s\beta\pi - C(k, s)]$ 越大，国有股东选择侵占非国有股东利益的可能性 q_1 越小，非国有股东诉讼赔偿损失 q_2F 越多，非国有股东诉讼的可能性 q_2 越小，监管机构查出概率 q_3 越低；国有股东的侵占收益 $s\beta\pi - C(k, s)$ 越大，国有股东选择侵占非国有股东利益的可能性 q_1 越大，而非国有股东因诉讼可追回的侵占收益 $q_2 \times \phi s\beta\pi$ 越大，非国有股东诉讼的可能性 q_2 越大，监管机构查处的难度也随之降低，其查出的可能性 q_3 越大。所以，对于监管机构而言，如何把握对国有股东的惩罚力度，提高非国有股东因诉讼可追回的侵占收益，调动其诉讼积极性关系到监管机构工作动力及行为的可执行性。

（4）侵占比例 s 正向影响处罚力度 $\delta_s[s\beta\pi - C(k, s)]$，处罚力度越大国有股东的侵占概率 q_1 越小，而非国有股东的上诉成本随着惩罚损失 $q_1q_3(1-\varphi)\delta_s[s\beta\pi - C(k, s)]$ 和诉讼损失 $q_1q_3 \times \phi s\beta\pi$ 的上升而上升，非国有股东的上诉概率 q_2 也随之降低。监管机构查出侵占行为的概率 q_3 受到惩罚系数的影响，惩罚系数也受到侵权比例 s 的影响，提高侵占比例

s 会降低国有股东的侵占概率，相应地非国有股东的上诉概率也随之降低。因此，国有股东的侵占概率 q_1、非国有股东的上诉概率 q_2 以及监管机构查处概率 q_3 都受到侵权比例 s 的影响，判定国有股东对非国有股东的侵权比例是否在可容忍范围，并通过混合所有制改造使得国有企业具有价值创造的功能，实现各个利益主体不同程度上可以分享混合所有制改革的红利，是顺利推进国有企业混合所有制改造的前置基础。

3.2 股东与经营者之间利益关系博弈分析

3.2.1 股东与经营者之间利益关系

国有企业混合所有制改造中企业内部利益主体主要包括股东、经营者、董事、监事等，股东又分为国有股东和非国有股东，而国有股东由于持股较大可以控制董事、监事的选举而实际掌握着公司的实际控制权。经营者努力工作虽然会实现公司业绩的增加，但公司业绩的增加并不能帮助其实现自身价值最大化，因为国有企业对于经营者的工资具有明确的界定，经营者努力工作并不会满足其个人利益诉求。国有企业进行混合所有制改革引入了非公有资本，提升了企业活力，能够帮助国有企业尽快实现企业资产的增值。由于经营者实际经营管理企业，占据明显的信息优势，具有信息优势的经营者很可能为了追求自身利益最大化而产生侵占股东和企业利益的动机。国有股东和非国有股东会对经营者的行为进行监管，国有股东付出一定的监管成本会帮助企业挽回这部分损失，但是若国有股东放松对经营者的监管，国有股东可以获得正常收益，还可以获得一部分中小股东收益，获得控制权私利，国有股东能够获得更多的收益，因此国有股东会产生与经营者合谋的动机。非国有股东由于持股比例较低，在企业中的话语权较低，对于利益受到侵占，虽然有现有的法律制度和股东诉讼制度保护非国有股东权益，非国有股东对国有股东和经营者诉讼可以获得一定的诉讼收益，但是需要付出一定的诉讼成本，所以非国有股东需要综合考虑。

国有股东与经营者的合谋行为主要采取以下几种方式：（1）资金占用。上市公司及其母公司之间没有实现财务分离，国有股东直接将上市公司募集到的资金用于自己或者控股子公司或者利用控制权向上市公司借款，长期不还将导致上市公司资金运营周转困难，影响公司经济效益，损害中小股东利益。(2) 违规担保。国有股东实际掌握着企业的控制权，经营者直接参与公司的经营管理，两者合谋使得上市公司及其子公司为国有股东提供担保变得更为便捷，当国有股东无力支付价款，则由上市公司或其子公司代为偿还，这种行为损害了公司利益和中小股东利益。(3) 内幕交易。公司经营者直接参与企业经营管理，比股东更了解企业的收益、盈利能力、发展能力等影响股票价格的信息，经营者可以告知国有股东关于企业未对外公布的内幕信息，国有股东进行内幕交易，经营者和国有股东都可以获得额外收益。(4) 关联交易。由于经营者直接参与企业经营管理，熟悉企业内部信息，国有股东与经营者合谋以低于市场价格购买或高于市场价格出售上市产品、以低劣资产套取企业的优质资产等方式实施不公平交易，来获得私下收益。(5) 财务造假。经营者和国有股东合谋通过虚增利润或者增资配股时未履行或未全面履行出资义务来侵占非国有股东利益，经营者会对外隐瞒合谋获得的私人收益，并对外公布虚假的财务会计报告。

国有股东与经营者会基于利益诉求而产生合谋的动机，非国有股东对于这种情况会综合考虑诉讼成本和追回收益，所以我们结合现有法律法规对于非国有股东的保护程度和非国有股东的诉讼成本、诉讼收益，构建国有股东、非国有股东与经营者三者之间的博弈模型，分析他们之间利益关系的均衡问题。

3.2.2 基本假设及符号说明

假设1：一个国有企业由经营者经营，股东由国有股东、非国有股东两部分构成，且股东和经营者都是理性经济人。国有股东的持股比例为 γ ($\gamma \in (0, 1)$)，非国有股东持股比例为 $1-\gamma$。

假设2：公司在一个经营周期内的收益水平受到经营者努力水平 e 及其工作能力 H 影响，即 $r(e) = e \times H + \mu$，其中 μ 为随机变量，且 $\mu \sim N(0, \delta^2)$。

假设3：参照帕加诺等（Pagano et al.，1998）和西崎健司等（2002）关于监管成本的研究，假定股东的监管成本为 $C_m = c(m)r(e)$，其中 $c(m) = \frac{1}{2}\omega m^2$，$m$ 为监管强度，ω 为监管成本系数。

假设 4：由于经营者对公司的实际经营运作非常熟悉，现有的法律制度对经营者的监管不能做到面面俱到，经营者可以将一定的经营收益转化为自己的私下收益。我们假定经营者可以攫取的私人控制权收益为 R。

假设 5：由于经营者的努力水平无法通过显著性指标来检测，但通过对经营者行为的监管，可以在一定程度上了解经营者攫取私人控制权收益情况，对经营者的行为进行监管。当监管的强度为 $m(0 \leq m < 1)$ 时，股东在其私下收益中可以掌控的比例也为 m，经营者攫取的私人控制权收益 mR 必须返还给股东。

假设6：股东与经营者签订合约 $C(W_c, W_p, c(e))$，其中 W_c 为股东为经营者支付的固定收益，W_p 为经营者获得的绩效收益，c(e) 为经营者的努力成本，则经营者在非合谋状态下的收益为 $W = W_c + W_p + (1-m)R - c(e)$，$W_p = \eta \times [r(e) - C_m - R]$，其中 η 为经营者的激励程度。

假设 7：国有股东与经营者合谋的概率为 p_c，则不合谋的概率为 $1-p_c$。当国有股东与经营者合谋的情况下，国有股东将放弃对经营者的监管，此时国有股东和经营者能够获得的额外收益为 $W_1(W_1 > R)$，这部分收益也是公司收益的一部分。假定国有股东能获得的讨价还价能力为 $\theta(0 < \gamma < \theta \leq 1)$，则经营者的讨价还价能力为 $1-\theta$。国有股东和经营者获得这部分额外收益需要损耗一部分成本，假定在这一部分付出的成本为 C_3，而成本是由国有股东和非国有股东承担的，则国有股东承担的成本为 γC_3，非国有股东需要承担的成本为 $(1-\gamma)C_3$。

假设 8：国有股东与经营者的合谋行为被非国有股东诉讼的概率为 p，非国有股东发生的诉讼成本为 C_4，非国有股东胜诉 p_s 能够为其带来的收益为 R_1，经营者和国有股东合谋行为被非国有股东诉讼查处需要支付的惩罚损失为 V_M 和 V_S；若国有股东与经营者不合谋而受到非国有股东诉讼，则非国有股东需要对经营者和国有股东的诉讼赔偿分别为 F_1 和 F_2。

假定 9：参与主体为：国有股东、非国有股东与经营者，国有股东的行为分为合谋与不合谋，非国有股东利益受损时行为分为诉讼、不诉讼，其中诉讼又分为胜诉和败诉，而经营者的行为分为合谋、不合谋，各行为主体的行为次序为：经营者行动→国有股东行动、国有股东和经营者行动→非国有股东行动。具体变量设置如表 3-3 所示。

表3-3 变量及其含义

γ	国有股东的持股比例
e	经营者的努力水平
H	经营者的工作能力
r(e)	公司在一个经营周期内的收益水平
μ	随机变量，且 $\mu \sim N(0, \delta^2)$
C_m	股东的监管成本
m	监管强度
ω	监管成本系数
R	经营者攫取的私人控制权收益
W_p	经营者获得的绩效收益
η	经营者的激励程度
W_1	国有股东和经营者在合谋中获得的额外收益
θ	国有股东合谋的讨价还价能力
C_3	国有股东和经营者合谋获得额外收益的成本
p_c	国有股东与经营者合谋的概率
p	非国有股东诉讼的概率
p_s	非国有股东胜诉的概率
R_1	非国有股东胜诉为其带来的诉讼收益
C_4	非国有股东的诉讼成本
V_M	经营者合谋行为被查处付出的惩罚成本
V_S	国有股东合谋行为被查处付出的惩罚成本
F_1	经营者获得非国有股东的诉讼赔偿
F_2	国有股东获得非国有股东的诉讼赔偿

由上述基本假设可以得到国有股东与经营者的博弈矩阵（见表3-4）、经营者和国有股东合谋与非国有股东的博弈矩阵（见表3-5）。

表 3-4　　　　国有股东与经营者的博弈矩阵

		国有股东	
		合谋（p_c）	不合谋（$1-p_c$）
经营者	合谋（p_c）	U_1，U_2	U_1'，U_2'
	不合谋（$1-p_c$）	U_1'，U_2'	U_1'，U_2'

其中：

$$U_1 = W_c + \eta\left[e \times H - (1-\gamma) \times \frac{1}{2}\omega m^2 \times eH - R\right] + (1-\theta)W_1 - p_s V_M - c(e)$$

$$U_2 = \gamma\left\{e \times H - (1-\gamma) \times \frac{1}{2}\omega m^2 \times eH - R - W_c - \eta\left[e \times H - (1-\gamma) \times \frac{1}{2}\omega m^2 \times eH - R\right]\right\} + \theta W_1 - p_s V_S - \gamma C_3$$

$$U_1' = W_c + \eta\left[e \times H - \frac{1}{2}\omega m^2 \times eH - R\right] + (1-m)R + pF_1 - c(e)$$

$$U_2' = \gamma\left\{r(e) - \frac{1}{2}\omega m^2 \times eH - R - W_c - \eta\left[e \times H - \frac{1}{2}\omega m^2 \times eH - R\right]\right\} + \gamma mR + pF_2$$

表 3-5　　　　国有股东和经营者合谋与非国有股东的博弈矩阵

			国有股东和经营者	
			合谋（p_c）	不合谋（$1-p_c$）
非国有股东	诉讼（p）	胜诉（p_s）	U_3，U_4	U_3'，U_4'
		败诉（$1-p_s$）	U''_3，U''_4	U_3'，U_4'
	不诉讼（$1-p$）		U'''_3，U''_4	U''''_3，U'''_4

其中：

$$U_3 = (1-\gamma)\left\{e \times H - (1-\gamma) \times \frac{1}{2}\omega m^2 \times eH - R - W_c - \eta\left[e \times H - (1-\gamma) \times \frac{1}{2}\omega m^2 \times eH - R\right]\right\} + R_1 - C_4 - (1-\gamma)C_3$$

$$U_3' = (1-\gamma)\left\{e \times H - \frac{1}{2}\omega m^2 \times eH - R - W_c - \eta\left[e \times H - \frac{1}{2}\omega m^2 \times eH - R\right]\right\}$$

$$+(1-\gamma)mR-C_4-F_1-F_2$$

$$U_3''=(1-\gamma)\left\{e\times H-(1-\gamma)\times\frac{1}{2}\omega m^2\times eH-R-W_c-\eta\left[e\times H-(1-\gamma)\times\frac{1}{2}\omega m^2\times eH-R\right]\right\}-C_4-(1-\gamma)C_3$$

$$U_3'''=(1-\gamma)\left\{e\times H-(1-\gamma)\times\frac{1}{2}\omega m^2\times eH-R-W_c-\eta\left[e\times H-(1-\gamma)\times\frac{1}{2}\omega m^2\times eH-R\right]\right\}-(1-\gamma)C_3$$

$$U_3''''=(1-\gamma)\left\{e\times H-\frac{1}{2}\omega m^2\times eH-R-W_c-\eta\left[e\times H-\frac{1}{2}\omega m^2\times eH-R\right]\right\}+(1-\gamma)mR$$

$$U_4=\gamma\times\left\{e\times H-(1-\gamma)\times\frac{1}{2}\omega m^2\times eH-R-W_c-\eta\left[e\times H-(1-\gamma)\times\frac{1}{2}\omega m^2\times eH-R\right]\right\}+W_c+\eta\left[e\times H-(1-\gamma)\times\frac{1}{2}\omega m^2\times eH-R\right]+W_1-V_M-V_S-\gamma C_3$$

$$U_4'=\gamma\times\left\{e\times H-\frac{1}{2}\omega m^2\times eH-R-W_c-\eta\left[e\times H-\frac{1}{2}\omega m^2\times eH-R\right]\right\}+\gamma mR+F_2+W_c+\eta\left[e\times H-\frac{1}{2}\omega m^2\times eH-R\right]+(1-m)R+F_1$$

$$U_4''=\gamma\times\left\{e\times H-(1-\gamma)\times\frac{1}{2}\omega m^2\times eH-R-W_c-\eta\left[e\times H-(1-\gamma)\times\frac{1}{2}\omega m^2\times eH-R\right]\right\}+W_c+\eta\left[e\times H-(1-\gamma)\times\frac{1}{2}\omega m^2\times eH-R\right]+W_1-\gamma C_3$$

$$U_4'''=\gamma\times\left\{e\times H-\frac{1}{2}\omega m^2\times eH-R-W_c-\eta\left[e\times H-\frac{1}{2}km^2\times eH-R\right]\right\}+\gamma mR+W_c+\eta\left[e\times H-\frac{1}{2}\omega m^2\times eH-R\right]+(1-m)R$$

3.2.3 博弈模型分析

1. 国有股东与经营者的博弈模型分析

国有股东与经营者合谋的产生取决于双方互相传递合谋讯息，双方如果协商一致，合谋则产生。从上面的分析可以看出，不论合谋由谁发起，合谋均衡的条件是：

$$U_1 > U_1', \ U_2 > U_2'$$

即：$(1-\theta)W_1 + \eta \times \gamma \times \frac{1}{2}\omega m^2 \times eH - p_s V_M - (1-m)R - pF_1 > 0$

$$\theta W_1 + \gamma^2(1-\eta) \times \frac{1}{2}\omega m^2 \times eH - p_s V_S - \gamma mR - pF_2 - \gamma C_3 > 0$$

设 ΔU_M 为经营者在合谋过程中的净收益，ΔU_S 为国有股东的合谋净收益。根据以上分析，可知：

$$\Delta U_M = (1-\theta)W_1 + \eta \times \gamma \times \frac{1}{2}\omega m^2 \times eH - p_s V_M - (1-m)R - pF_1 \tag{3-13}$$

$$\Delta U_S = \theta W_1 + \gamma^2(1-\eta) \times \frac{1}{2}\omega m^2 \times eH - p_s V_S - \gamma mR - pF_2 - \gamma C_3 \tag{3-14}$$

当 $\Delta U_S \geqslant 0$、$\Delta U_M \geqslant 0$ 时，作为理性经济人的国有股东和经营者出于实现自身利益最大化的考虑会选择合谋。ΔU_S、ΔU_M 越大，国有股东和经营者通过合谋取得的收益越多，合谋的可能性越大。从式（3－13）和式（3－14）可以看出，国有股东和经营者合谋的主要影响因素有：θ、p_s、F_1、F_2、m、η。

（1）当国有股东的讨价还价能力 θ 越强，国有股东在合谋过程中获得的净收益 ΔU_S 越多，相对而言，经营者在合谋过程中的净收益 ΔU_M 越少。因此，如何协调国有股东和经营者合谋之间的利益分配问题对于合谋与否至关重要；

（2）当国有企业对于经营者的激励程度 η 越大时，经营者在不合谋状态下的收入越高，能满足经营者的利益诉求，而与国有股东合谋后，虽然能够获得一部分额外收益，非国有股东对于两者合谋胜诉的可能性 p_s 越大，但是一旦被发现会受到惩罚，国有股东和经营者在合谋过程中可能要承担的惩罚损失 $p_s V_M$、$p_s V_S$ 越多，国有股东与经营者合谋的净收益越少，合谋的可能性越小；

（3）当国有股东与经营者在非合谋状态下获得非国有股东的诉讼赔偿 pF_1、pF_2 越多，非国有股东越不会对国有股东与经营者进行诉讼，但是国有股东与经营者合谋一旦被非国有股东诉讼，追回的额外收益越大，合谋后获得的净收益越小，则合谋的可能性越小；

（4）当国有股东与经营者不合谋时，企业的监督程度 m 越高，股东对经营者的监督效率越高，经营者很难获得额外收益，而合谋后国有股东放松对经营者的监管，监督效率降低，监管成本大大降低，与合谋前相比企业可供分配的利润也越多，合谋可供侵占的利益空间越大，经营者和国有控股股东合谋净收益越大，合谋的可能性越大。

2. 国有股东和经营者合谋与非国有股东的博弈模型分析

（1）非国有股东的期望收益：

$$U_M = p \times [p_s p_c \times U_3 + p_c(1-p) \times U_3'' + (1-p_c)U_3'] + (1-p)[p_c U_3''' + (1-p_c)U_3'''']$$

将 U_3、U'_3、U''_3、U'''_3、U''''_3 代入化简可得：

$$U_M = (1-\gamma)(1-\eta)\left[eH - \frac{1}{2}\omega m^2 \times eH - R\right] - (1-\gamma)W_c + p_c \times \gamma(1-\gamma)(1-\eta) \times \frac{1}{2}\omega m^2 eH + pp_c p_s R_1 + (1-p_c)(1-\gamma)mR - pC_4 - p_c(1-\gamma)C_3 - (1-p_c)p(F_1+F_2) \tag{3-15}$$

非国有股东根据国有股东与经营者合谋的可能性使其诉讼后的期望收益最大化，即求式（3-15）的一阶求导为零：

$$\frac{\partial U_M}{\partial p} = p_s p_c R_1 - C_4 - (1-p_c)(F_1+F_2) = 0$$

$$解得：R_1 = \frac{C_4 + (1-p_c)(F_1+F_2)}{p_s p_c} \tag{3-16}$$

从式（3-16）可知：

①非国有股东的诉讼收益 R_1 与 C_4、p_c、F_1、F_2、p_s 有关，与 C_3、p、m 无关；

②非国有股东的诉讼收益至少能够弥补诉讼成本 C_4 和诉讼赔偿 $(1-p_c)(F_1+F_2)$，非国有股东才会考虑对经营者和国有股东的合谋行为提起诉讼；

③国有股东与经营者合谋的概率 p_c 越小，非国有股东针对国有股东与经营者非合谋付出的诉讼赔偿损失 F_1、F_2 越大，非国有股东诉讼的可能性越小，诉讼成本 C_4 越高，非国有股东期望的诉讼收益越大；

④非国有股东胜诉的概率 p_s 越小，国有股东与经营者合谋后被非国有股东查处付出的惩罚成本越低，非国有股东诉讼的可能性越小，合谋的可能性越大，只有非国有股东诉讼能获得的诉讼收益足够大时，非国有股

东才有可能诉讼。

（2）国有股东和经营者合谋的期望收益：

$$U_C = p_c \times [p_s p U_4 + p_s(1-p)U_4'' + (1-p_s)U_4''] + (1-p_c)[p_s U_4' + (1-p_s)U_4''']$$

将 U_4、U_4'、U_4''、U_4'''代入化简可得：

$$\begin{aligned} U_C = & [\gamma(1-\eta)+\eta]\left[eH - \frac{1}{2}\omega m^2 \times eH - R\right] + (1-\gamma)W_c + p_c W_1 \\ & + p_c[\gamma^2(1-\eta)+\gamma\eta] \times \frac{1}{2}\omega m^2 \times eH + (1-p_c)[1-m(1-\gamma)]R \\ & + p(1-p_c)(F_1+F_2) - p_c \times \gamma C_3 - pp_s p_c(V_M+V_S) \end{aligned} \quad (3-17)$$

国有股东与经营者合谋根据现有非国有股东对这种合谋行为的控告情况使其合谋后的期望收益最大化，即求式（3－17）的一阶求导为零：

$$\begin{aligned} \frac{\partial U_C}{\partial p_c} = & W_1 + [\gamma^2(1-\eta)+\gamma\eta] \times \frac{1}{2}\omega m^2 \times eH - [1-m(1-\gamma)]R \\ & - p(F_1+F_2) - \gamma C_3 - pp_s(V_M+V_S) = 0 \end{aligned}$$

解得：

$$\begin{aligned} W_1 = & [1-m(1-\gamma)]R + p(F_1+F_2) + \gamma C_3 + pp_s(V_M+V_S) \\ & - [\gamma^2(1-\eta)+\gamma\eta] \times \frac{1}{2}\omega m^2 \times eH \end{aligned} \quad (3-18)$$

从式（3－18）可知：

①合谋收益 W_1 与 m、F_1、F_2、p、C_3、e 有关，与 p_c、p_s、C_4、R_1 无关；

②合谋收益 W_1 至少要等于合谋前经营者和国有股东获得的诉讼赔偿 $p(F_1+F_2)$ 和控制权收益 $[1-m(1-\gamma)]R - [\gamma^2(1-\eta)+\gamma\eta] \times \frac{1}{2}\omega m^2 \times eH$，能够弥补合谋成本 αC_3 和惩罚损失 $pp_s(V_M+V_S)$，国有股东与经营者才会考虑合谋；

③合谋前的监管程度 m 越大，经营者越难获得额外收益，而只有选择与国有股东合谋才能获得额外收益，合谋后国有股东放弃对经营者的监督，监督效率降低，合谋可供侵占的利益空间越大，国有股东与经营者合谋的可能性越大；

④经营者越努力工作，企业经济效益越好，随着企业整体经济绩效的增加，经营者能够获得的收入越高，与国有股东合谋后虽然能够获得一定的额外收益，但是一旦被发现，面临的诉讼损失越大，经营者选择与国有股东合谋的可能性越小；

⑤非国有股东胜诉的概率 p_s 越大，国有股东与经营者合谋行为被非

国有股东查出的惩罚损失 $pp_s(V_M + V_S)$ 越大，国有股东合谋成本 γC_3 越高，国有股东与经营者合谋的可能性越低，合谋收益 W_1 足够大时国有股东与非国有股东才有可能合谋。

3.2.4 博弈结论综合分析

通过对混合所有制企业中国有股东与经营者合谋、国有股东和经营者合谋与非国有股东进行博弈分析，可以得到如下结论：

（1）非国有股东胜诉的可能性越大，能够获得的诉讼收益越多，诉讼积极性越高。国有股东和经营者在合谋过程中承担的惩罚成本越高，在非合谋状态下获得的诉讼赔偿越大，合谋的可能性越小。在此状态下非国有股东要对国有股东和经营者上诉付出的成本较高，只有诉讼收益足够大时非国有股东才有可能诉讼。因此，对于非国有股东而言，如何提升非国有股东的诉讼收益，降低其对国有股东与经营者的诉讼赔偿，增强国有股东与经营者的惩罚力度关系到非国有股东诉讼的积极性及其行为的可操作性。

（2）经营者的绩效激励程度越高，激励经营者努力工作，企业绩效的增加使得经营者能够获得的收入越大，能够很大程度地满足经营者的利益诉求，而与国有股东合谋后，经营者能够获得一定的额外收益，但是同样也会面临被非国有股东诉讼的威胁，影响经营者的职业生涯，经营者与国有股东合谋的可能性越小，因此提高经营者的激励程度，激励经营者努力工作，提升企业整体收益水平，均衡非国有股东合谋前后的利益差异，协调三者在合谋后的利益关系到非国有股东对于合谋的容忍程度。

（3）监督效率越低，合谋可供侵占的利益空间越大，国有股东与经营者合谋的可能性越大；国有股东在合谋后讨价还价能力越强，合谋后获得的净收益越大，相应地经营者获得的合谋净收益就会减小，减弱了经营者工作的积极性，降低其努力水平，影响了企业生产经营的整体收益，合谋的积极性减弱，同时也降低了非国有股东的收益水平。因此，如何协调好国有股东与经营者合谋后利益共享分配问题，关乎经营者是否采取合谋行为以及工作积极性发挥。

3.3　国有企业混合所有制改革中的利益关系博弈实证研究

在3.1、3.2节中，通过构建国有股东与非国有股东博弈模型、国有股东与经营者合谋和非国有股东的博弈模型，分析两个博弈模型我们发现：（1）非国有股东加入国有企业混合所有制改革中，非国有股东对于国有股东利益的非均衡配置有一个容忍范围，可以认为非国有股东加入之后，即使国有股东、非国有股东利益之间存在利益配置上的非均衡问题，但是非国有股东的利益会随着企业经济效益的增加而得到弥补，所以只要国有企业混合所有制改革后企业经济效益增加，尽管存在利益非均衡配置行为，非国有股东也能够接受，加入国有企业混合所有制改革中来。（2）国有企业内部股东的监督强度越小，监督效率越低，经营者攫取额外收益的行为越严重，国有股东会加强对公司监管来防止这种行为的发生，而经营者为了获得额外收益和免于受到制裁，选择与国有股东合谋的可能性较大；经营者的激励程度越强通常会激励经营者努力工作，经济效益的增加使其获得的收入越高，越容易满足个人诉求，而与国有股东合谋，也会面临被非国有股东诉讼的威胁，影响经营者的职业生涯，经营者与国有股东合谋的可能性反而越小。本章将以我国国有上市公司为研究对象，对上述所得的两点主要结论进行检验。

3.3.1　国有股东与非国有股东利益关系实证分析

1. 研究假设

俞红海等（2011）通过对股权集中下的公司治理机制相关文献进行梳理发现，控股股东会采取关联交易以及影响公司投融资方式等对公司利益、中小股东利益进行侵占。张东明等（2015）指出，对国有企业实行混合所有制改革并不会使国有资本彻底流失，实行混合所有制改革能够提升企业活力，对企业发展具有促进作用，是我国国有企业发展改革的正确选择。国有企业的经营业绩越好，国有股东可供侵占的空间越大，企业业绩的增值虽然可以增加国有股东的收益，但是国有股东攫取企业和非国有股东能够获得更多的收益，所以国有股东在企业绩效增加的同时也存在强烈的利益侵占倾向。基于以上分析，现提出如下假设：

H1：公司绩效与国有股东利益非均衡配置呈正相关关系。

唐清泉等（2006）通过研究发现，控股股东利益主要通过现金股利分配所得，大股东持股比例越高，现金股利发放率越高。我国国有企业普遍是国有相对控股或国有绝对控股，股东投资的目的在于获取分红，控股股东利用其在股权上的优势，会选择更有利于自己的股利分配时机，更大限度地维护自己的利益。武晓玲等（2013）则通过研究发现，大股东偏向于通过现金股利的方式来侵占公司利益和中小股东利益，在股权分置改革后优化了股权结构，减少了过度分配现金股利的行为。但是国有企业国有股东“一股独大”的局面依然存在，股权结构尚不完善，国有股东还是会选择连续几年不分配现金股利或分配现金股利较少，随后再选择一个有利时机恶意分配现金股利，侵占公司和中小股东的利益，并且国有控股股东采取股利分配这种方式更不容易发现。基于以上分析，现提出如下假设：

H2：股利分配率越大，国有股东利益非均衡配置越大。

石水平（2009）通过实证研究发现，股权制衡度与大股东利益侵占呈负相关关系，股权制衡度可以有效地约束大股东的利益侵占行为。我国国有企业普遍存在国有股东“一股独大”的现象，企业内部其他中小股东的股份之和越大，话语权越大，越容易形成对国有股东行为的制约作用，减少企业内部利益侵占行为的产生，只有这样才能更好地推进国有企业混合所有制改革，缓解国有股东与非国有股东之间的利益矛盾。基于以上分析，现提出如下假设：

H3：股权制衡度越大，国有股东利益非均衡配置越小。

2. 研究设计

（1）样本选取与数据来源。本节选取 2006 ~ 2017 年沪、深两市成功实行混合所有制改革的国有上市公司作为初始研究样本，剔除所有国有上市公司中的金融类公司和 2006 ~ 2017 年财务数据缺失的公司或被 ST 的国有上市公司以及公告转让控股权后终止或未实施的国有上市公司，因 2006 年数据缺失值较多，因此本节我们选取 2007 ~ 2017 年数据作为最终研究样本。本节所使用的财务指标和财务分析数据均来自国泰安数据库，并且对数据进行 winsor 处理，共得到 4270 个观测值。

（2）相关变量定义及其描述。国有股东利益侵占（Occupy1）。我国上市公司大股东主要通过现金股利、挪用公司款项、对外提供担保、股权转让等方式，对公司资产或者中小股东进行利益侵占，所以我们参照李增泉等

(2004) 的做法，用经营性资金和非经营性资金之和与资产净占用的比值来表示大股东利益侵占，其中经营性资金主要包括应收账款、应付账款、预付账款和预收账款，非经营性资产主要包括其他应收款和其他应付款。

企业绩效（Roa_{t-2}）。侯晓红等（2008）通过实证研究发现大股东的侵占行为与本公司的利益侵占与公司绩效之间存在显著关系。我们选用资产收益率（Roa）来表示企业绩效，同时国有股东侵占的利益来源于企业上一年留存于企业的利润，为了消除国有股东利益侵占与公司绩效之间内生性的影响，我们用上两年的（Roa_{t-2}）来反映企业绩效对国有股东利益侵占的影响。

股权制衡度（N1）。股权制衡度是指几个大股东共同享有公司的控制权，公司内其他大股东可以牵制控股股东，使得各个大股东之间相互监督，形成一个制约机制。国有企业内部普遍存在国有股“一股独大”的现象，所以本节用第二大股东至第十大股东之和来表示股权制衡度。股利分配率（Div）。股利分配率是用来反映公司股利分配政策的指标，是指普通股每股现金股利与普通股每股收益的比率。

股权集中度（H5）。股权集中度是反映股权集中还是分散的数量化指标，主要是用来反映企业股权分布状态，衡量公司结构稳定性的指标。由于国有企业普遍存在股权高度集中，国有股东利用股权优势侵占非国有的中小股东利益的问题，所以国有企业股权集中度对利益侵占的影响选取公司前 5 大股东的持股比例来反映。

董事会规模（Indir）、公司规模（Size）、行业（Dum）。董事会是由董事会选举董事组成，对外代表公司、对外管理企业事务的经营决策机构，本节选用董事会人数来表示董事会规模。公司规模是用来反映企业现有的生产经营规模，本节选取以 10 为底资产总额的对数来表示。放映公司规模、所属行业和年度主要是为了消除公司特征的因素而引入的。行业是样本所属行业的哑变量，剔除金融类，根据样本设置了 18 个行业哑变量。具体变量如表 3 - 6 所示。

表 3 - 6　　各变量定义说明

变量类型	变量名称	变量符号	说明
被解释变量	国有股东利益侵占	Occupy1	(应收账款 + 预付账款 + 其他应收款 - 其他应付款 - 应付账款 - 预收账款)/总资产

续表

变量类型	变量名称	变量符号	说明
解释变量	企业绩效	Roa_{t-2}	净利润/总资产平均余额，总资产平均余额 =（资产合计期末余额 + 资产合计上年期末余额）/2
	股利分配率	Div	普通股每股现金股利/普通股每股收益额
	股权制衡度	N1	第二大股东至第十大股东之和
控制变量	公司规模	Size	以10为底取总资产的对数
	董事会规模	Indir	董事会人数
	股权集中度	H5	公司前5位大股东持股比例之和
	年度	year	属于该行业则取值为1，否则取值为0
	行业	dum	属于该行业则取值为1，否则取值为0
	赫芬达尔指数	H10	公司前5位大股东持股比例的平方和

本节通过构建模型用以检验企业绩效、股权制衡度、股利分配率与国有股东利益侵占之间的关系：

$$Occupy1 = \alpha_0 + \alpha_1 Roa_{t-2} + \alpha_2 Indir + \alpha_3 Div + \alpha_4 Size + \alpha_5 N1 + \alpha_6 H5 + \alpha_7 year + \beta_8 dum + \varepsilon_1 \quad (3-19)$$

3. 实证结果分析

（1）描述性统计。各变量的描述性统计如表3－7所示，可以看到本节总共有4270个样本观测值，在表3－7中给出了各个变量的自身特征：①企业绩效的最大值为0.242852，最小值为－0.174498，平均值为0.0397339，标准差为0.059089，从标准差来看，2007～2015年企业绩效的波动性不大，从企业绩效的最大值、最小值、平均值来看，不同公司之间的经营效益和经营者业绩差异性比较大，公司绩效的平均值为0.039819，说明国有企业的公司净利润是增加的。②股利分配率的最大值为1.585075，最小值为0，平均值为0.2096772，标准差为0.270454，从标准差来看，不同企业的股利分配率波动性不大，从股利分配率的最大值、最小值来看，不同企业之间对于股利分配的差异性较大，例如，中成股份连续几年不分配现金股利，在2012～2015年连续几年过度分配股利，但从总体来看国有企业的股利分配率不高，说明国有企业内部国有股东仍然存在利用股利分配来侵占中小股东利益的可能性。③国有股东侵占的最大值为0.3254783，标准差为0.1544357，从标准差来看，2007～2015年国有股东利益侵占的波动性不大，从国有股东利益侵占的最大值、最小值来看，我们发现不同公司之间国有股东利益侵占的程度明显不同，差异性比较大，而且可以看出有些企业国有股东的利益侵占程度比较严重，如许继电气、宝塔实业等公司，非国有的中小股东和公司利益受到严重损害。④董事会规模的最大值为15，最小值为5，平均值为9.413817，标准差为1.86997，从标准差来看，不同企业的董事会规模差异性比较大，从董事会规模的最大值、最小值来看，有些企业的董事会规模太小，例如，中糖股份在2011～2014年董事会的人数为5人，达不到监督的要求，但是从样本的平均值来看，样本总体的董事会规模能够达到国有股东的目的。⑤股权集中度的最大值为0.895841，最小值为0.188694，平均值为0.523787，标准差为0.1583002，可以看出国有企业的股权集中度差异性较大，从平均值来看，国有企业的股权集中度较高，一股独大的现象比较严重，公司股权结构比较稳定。⑥股权制衡度的最大值为0.463416，最小值为0.010284，标准差为0.1012415，平均值为0.1223315，从总体来看，国有企业第二大股东至第十大股东之和较小，股权制衡能力较弱。公司规模的最大值为11.50329，最小值为8.546039，平均值为9.72201，标准差为0.5823197，国有企业之间公司规模差别不大，总体波动比较平稳。

表3－7　　各变量的描述性统计

变量	样本量	平均值	最大值	最小值	标准量
Roa_{t-2}	4270	0.0397339	0.242852	－0.174498	0.059089
Div	4270	0.2096772	1.585075	0	0.270454
Occupy1	4270	－0.058486	0.3254783	－0.5900156	0.1544357
Indir	4270	9.413817	15	5	1.86997
N1	4270	0.1223315	0.463416	0.010284	0.1012415
H5	4270	0.523787	0.895841	0.188694	0.1583002
Size	4270	9.72201	11.50329	8.546039	0.5823197

资料来源：笔者整理。

（2）相关性分析。在做实证分析前，需要检测各个变量之间是否具有共线性，确保实证分析结果的准确性。通常情况下各变量都存在相关性，要找到相互之间不产生影响的变量是不可能的，因此，为了保证解释变量对被解释变量的解释力度，只能找一些相互之间关联性较小的解释变量。我们一般认为变量之间存在弱相关性时，变量相互之间的影响对回归结果影响较小，可以进行回归分析，在变量之间相关系数高于0.5以上时，变量之间的相关性较强，对回归结果影响较大，不适合做回归分析，我们应该找到其他模型或者其他变量进行替代，缓解共线性的问题。各变量的相关性分析如表3－8所示，本节采用Spearman分析和Person分析两种方法进行相关性分析。从表3－8中可以看出，国有股东利益侵占与解释变量、控制变量之间的相关性系数比较小，对回归结果的影响并不大。在Pearson分析下，股利分配率与股权制衡度、企业绩效的相关系数是0.0680和0.2111，都在1%的置信水平上显著相关，在Spearman分析下，则分别是0.1249和0.3739；股权制衡度与企业绩效在两种分析方法下的相关系数分别为0.0943和0.1623，远远低于临界值0.5，因此，解释变量之间的相关性很小，对回归分析结果没有影响。从表中还可以看出解释变量虽然与公司规模、股权集中度、董事会规模这些控制变量之间呈现显著的相关性，但是变量之间的相关系数较小，相关性最大的是股权制衡度与股权集中度两个变量，在两种分析方法下的相关系数分别为0.2385和0.1236，在1%水平下显著相关，但是也小于临界值0.5，并且公司规模对模型的影响程度不大。因此，国有股东利益侵占与企业绩效、股利分配率、股权制衡度、公司规模、董事会规模以及股权集中度之间的相关系数较小，各变量之间相关性较弱，对回归分析结果没有共线性影响。

表3－8　　各变量的相关性分析

	Occupy1	H5	Size	Roa_{t-2}	Indir	Div	N1
Occupy1	1.0000						
H5	−0.0728 * −0.1064 *	1.0000					
Size	−0.0573 * −0.0876 *	0.3827 * 0.3379 *	1.0000				
Roa_{t-2}	0.1095 * 0.0703 *	0.1778 * 0.2120 *	0.1629 * 0.1620 *	1.0000			

续表

	Occupy1	H5	Size	Roa_{t-2}	Indir	Div	N1
Indir	0.0086 -0.0177	0.1109 * 0.0985 *	0.2570 * 0.2409 *	0.0493 * 0.0446 *	1.0000		
Div	0.0521 * 0.0346	0.1499 * 0.2027 *	0.1166 * 0.2149 *	0.2111 * 0.3739 *	0.0624 * 0.0633 *	1.0000	
N1	-0.0553 * -0.0417	0.2385 * 0.1236 *	0.1152 * 0.0621 *	0.0943 * 0.1623 *	0.1071 * 0.0892 *	0.0680 * 0.1249 *	1.0000

注：* 表示1%的置信水平上显著；左上角为 Person 分析，右下角为 Spearman 分析。
资料来源：笔者整理。

（3）回归结果分析。从表3-9的回归分析结果可以看到，模型的拟合优度指标 R-squared 不是太高，只有0.1141，但是模型的F统计值为19.51，并且国有股东利益侵占与企业绩效和股权制衡度在1%的置信区间上显著，与股利分配率在5%的置信区间上显著，说明该模型具有一定的研究价值。从下表的回归结果可以得到：①企业绩效的系数估计值为正数，t统计值为1.98，并且在5%的置信区间上显著，说明国有股东利益侵占与企业绩效呈显著正相关，企业绩效增加，国有股东利益侵占越大。通过观测2007~2016年样本企业数据，比较每个企业前后两年国有股东持股比例变动可知：从样本企业整体来看，绝大多数企业国有股东持股比例呈现逐步下降趋势。国有控股企业的非国有股东由于持股比例较小，话语权较低，加入国有企业混合所有制改革中最容易受到国有股东的利益侵占。而样本非国有股东的持股比例正在逐渐增大，非国有股东加入国有企业混合所有制改革的参与度并没有下降，特别是一些石油、电信、网络等垄断行业的国有绝对控股企业也逐渐允许非国有股东的进入，表明加入国有企业混合所有制改革将面临利益侵占的损失，而非国有股东的积极进入，说明非国有股东虽然进入之后面临损失，但是加入国有企业混合所有制改革之后，激活了企业活力，提升了企业经济效益的同时，也给非国有股东带来了巨大的经济利益，带来的这部分经济效益弥补了非国有股东进入国有企业混合所有制改革后所造成的损失，在非国有股东的可容忍范围之内，所以非国有股东才会加入国有企业混合所有制改革中，同时，也说明了非国有股东对于国有股东的利益侵占比例确实有一个容忍范围，这也证实了第一个博弈模型的结论。②股利分配率的系数估计值为正数，t统计值为2.44，在5%的置信区间上显著，说明股利分配率与国有股东利益侵占呈显著正相关。我国国有企业内部依然是国有股东占主导地位，掌握了企业的实际控制权，能决定董事、监事的任职和薪资水平，国有股东有优先选择分配股利的时机，国有股东可以选择连续几年不分配现金股利，再恶意分配现金股利，更大限度地侵占公司和中小股东利益，从而证实了假设2的预测。③股权制衡度的系数为负数，t统计值为-4.40，但是在1%的置信区间上显著，说明股权制衡度与国有股东利益侵占呈负相关。国有企业内部股权制衡度越大，说明企业控制权由几个大股东共同分享，这几大股东可以用来牵制国有股东，各个大股东之间可以相互监督，能够制约国有股东的利益侵占行为，从而证实了假设3的预测。另外股权集中度与国有股东利益侵占不显著，说明股权集中度越高，国有股东利益侵占并不是越大，这可能是由于非国有股东持股比例较小，若受到国有股东的利益侵占越大，可能会退出国有企业混合所有制改革；董事会规模的系数估计值为正，完全不显著，我们通过分析我们的样本发现董事会规模过小，可能是因为国有股东掌握企业的董事会任职，使得董事会不能真正起到监督作用。

表3-9　　模型的回归分析结果

解释变量	系数估计值	标准误差	T统计值	p值
Roa_{t-2}	0.290392	0.0400297	7.25	0.000***
Div	0.0209467	0.0085752	2.44	0.015**
N1	-0.1026275	0.0233133	-4.40	0.000***
Size	-0.004989	0.004603	-1.08	0.278
H5	-0.0796657	0.0163199	-4.88	0.000***
Indir	0.0001253	0.0012905	0.10	0.923
Constant	0.0692662	0.0663579	1.04	0.297
year	未控制			
dum	已控制			

R-squared = 0.1141　　Adj R-squared = 0.1083
Prob > F = 0.0000　　F（27，1578）= 19.51
N = 4270

注：***、**、*分别表示1%、5%及10%的置信水平上显著。
资料来源：笔者整理。

（4）稳健性检验。我国国有企业股权集中的现象十分严重，所以为了对模型的可靠性进行检查，本节将股权集中度指标换成赫芬达尔指数（H10）重新进行了回归，结果同样显示国有股东利益侵占与企业绩效、股利分配率呈显著正相关，股权制衡度与国有股东利益侵占呈显著负相关，验证了前面的论证，足以证明了模型的稳健性（见表3－10）。

表3－10　　稳健性检验

解释变量	系数估计值	标准误差	T统计值	p值
Roa_{t-2}	0.2876677	0.0400314	7.19	0.000***
Div	0.0207335	0.0085834	2.42	0.016**
N1	－0.1500628	0.0234274	－6.41	0.000***
Indir	0.0000222	0.0012932	0.02	0.986
H10	－0.0875992	0.0199962	－4.38	0.000***
Size	－0.005469	0.0046235	－1.18	0.237
Constant	0.0487685	0.0669346	0.73	0.466
year	未控制			
dum	已控制			
R－squared＝0.1132　Adj R－squared＝0.1073 Prob＞F＝0.0000　F（27，1578）＝19.33 N＝4270				

注：***、**、*分别表示1%、5%及10%的置信水平上显著。
资料来源：笔者整理。

通过国有股东与非国有股东博弈的主要结论进行验证，实证研究发现：非国有股东加入国有企业混合所有制改革将面临利益非均衡配置问题，而非国有股东的积极进入，说明非国有股东虽然进入之后面临损失，但是加入国有企业混合所有制改革之后，激活了企业活力，提升了企业经济效益的同时，也给非国有股东带来了巨大的经济利益，带来的这部分经济效益弥补了非国有股东进入国有企业混合所有制改革后所造成的损失，在非国有股东的可容忍范围之内，所以非国有股东才会加入国有企业混合所有制改革中，同时，也说明了非国有股东对于国有股东的利益侵占比例确实有一个容忍范围；股利分配率与国有股东利益非均衡配置呈显著正相关；股权制衡度与国有股东利益非均衡配置呈负相关，国有企业内部其他大股东能够制约国有股东的利益非均衡配置行为。

3.3.2　股东与经营者利益关系实证分析

1. 研究假设

国有企业混合所有制改革中国有股东由于持股较大，掌握企业的控制权，国有股东利用其控制权存在侵占攫取公司和中小股东利益的行为动机。经营者由于直接经营管理公司，存在利用信息优势攫取私人收益损害公司利益和股东利益的行为动机，而国有股东对公司经营管理不太熟悉，直接攫取私人收益容易被发现，国有股东直接决定经营者的任职和薪酬水平。因此，国有股东与经营者基于自身利益需求容易产生合谋。刘广生等（2013）选取实施股权激励的上市公司为研究样本，通过实证研究发现，股权激励使得公司目标与经营者目标具有一致性，对高管实施股权激励能够对公司绩效产生一定效果，而经营者的薪酬主要包括股权激励和工资薪金两部分。国有企业经营者的工资薪酬越高，经营者股权激励程度越大，经营者的个人诉求越能够得到满足，虽然与国有股东合谋能够获得一部分额外收益，但是一旦被发现，将会受到处罚，影响经营者的职业生涯，所以此时经营者越不愿意与国有股东合谋。基于以上分析，提出如下假设：

H1：经营者股权激励程度越大，工资薪金越高，经营者与国有控股股东的合谋程度越低。

国有股东由于持股比例较大，国有企业的股权制衡度较低，相关中小股东保护的法律法规不健全，导致国有股东对中小股东存在利益侵占风险。而国有股东对中小股东的利益侵占发生，需要经营者的帮助，经营者一旦公布国有股东的行为，国有股东将会受到法律制裁；经营者由于直接参与公司经营管理，会利用其信息优势攫取公司利益，而国有股东要对公司业绩的变化承担主要责任，因此国有股东和经营者为了满足自己的利益需求，国有股东会放松对经营者的监管，经营者与国有股东合谋的倾向增加。基于以上分析，提出如下假设：

H2：监督效率和经营者与国有股东的合谋程度呈负相关。

董事会的主要职能是代表股东对公司经营管理和控股股东与经营者的行为进行监管，其运作的有效性直接影响其监督管理效率，相应地也会影响其对控股股东和经营者行为的监管。董事会是由股东选举产生，在国有股东与经营者合谋的情况下，非国有股东的利益会受到侵害，相应地会加强监管，也会通过董事会来维护自己的权益。于东智等（2004）通过实证研究发现，董事会能够利用其特有的结构提高公司治理效率，进而对公司绩效产生影响，并且两者之间存在着倒“U”形的关系。而杨青等（2012）通过构建 CEO 与董事的博弈模型并通过实证研究发现，董事会规模与独立董事比例之间在董事会治理效率上存在一定的替代性。因此，董事会规模能够影响国有股东与经营者的行为，影响公司的经营业绩，提高公司治理效率，在一定程度上也能够对经营者和国有股东合谋行为进行抑制。基于以上分析，提出如下假设：

H3：董事会规模越大，经营者与国有股东的合谋程度越低。

2. 研究设计

（1）样本选取与数据来源。本节选取 2006～2017 年沪、深两市成功实行混合所有制改造的国有上市公司作为初始研究样本，按照下列要求处理数据：①剔除所有国有上市公司中的金融类公司；②剔除 2006～2017 年财务数据缺失的公司或被 ST 的国有上市公司；③剔除管理层持股比例小于 0 的企业以及公告转让控股权后终止或未实施的国有上市公司。本节所使用的财务指标和财务分析数据均来自国泰安数据库，并且对数据进行 winsor 处理，共得到 3745 个观测值。

（2）相关变量定义及其描述。

合谋程度（Occupy2）。国有股东由于持股较大，掌握着企业的实际控制权，能够决定经营者的任职和薪酬水平，因此在国有股东与经营者合谋中，国有股东掌握主导权。合谋主要表现为国有股东占用公司资金或者以公司名义对外提供担保，损害公司利益和中小股东利益，同时国有股东为了获取经营者的帮助，会适当地放松对经营者的监管，经营者就能够获得更多的在职消费、共享攫取的私人收益，所以我们参照罗党论等（2007）的做法，选取国有股东对公司资金的占用程度来作为合谋程度的衡量指标，用其他应收款与总资产的比值来表示。

监督效率（MC）。国有股东对经营者的监督效率表现为经营者利用其信息优势侵占公司和股东利益的机会主义行为，企业内部经营者的机会主义行为越严重，监督效率越低。经营者的机会主义行为主要通过在职消费、挪用、贪污、受贿等方式，而贪污、受贿等方式成本太高，所以经营者主要通过在职消费的方式对公司利益进行侵占。而在职消费一般计入公司财务报表的管理费用账户中。所以我们采用严也舟（2010）的做法，用公司管理费用与总资产的比值来表示监督效率。

经营者股权激励程度（MA）和工资薪金（W）。目前企业对经营者的激励一般采取股票期权的形式，它是企业赋予经营者购买未来一定期间内公司股份的权利，企业通过股票期权的形式将公司利益和经营者利益联系起来，激励经营者努力工作。本节选用管理层持股比例来代表经营者股权激励程度，国有上市公司管理层持股比例为管理层持股数占公司总股本的比例，经营者工资薪金我们以10为底取前三名高管薪酬之和的对数来表示。

董事会规模（Indir）。董事会是由董事会选举董事组成，对外代表公司、对内管理企业事务的经营决策机构。董事会负责公司业务活动的经营和管理，对股东会或者股东大会汇报，执行股东大会对公司重大事项的决议，并且对经营者的行为进行监管。本节选用董事会人数来表示董事会规模。

股权集中度（H5）、公司规模（Size）、所属行业（Dum）。股权集中度是指股东因持股比例的不同所呈现股权集中还是分散的数量化指标，主要是用来反映企业股权分布状态，衡量公司股权结构稳定性的指标，本节选取公司前5大股东的持股比例来反映国有企业股权集中度。公司规模是用来反映企业现有的生产经营范围，本节选取以10为底取资产总额的对数来表示。资产负债率、公司规模、所属行业和年度主要是为了消除公司特征的因素而引入的。具体变量如表3－11所示。

表3－11　各变量定义说明

变量类型	变量名称	变量符号	说明
被解释变量	合谋程度	Occupy2	其他应收款/总资产
解释变量	工资薪金	W	以10为底取前三名高管工资薪金之和的对数
	经营者股权激励程度	MA	管理层持股/总股本
	监督效率	MC	管理费用/总资产，比值越大说明经营者机会主义行为越严重，监督效率越低
	董事会规模	Indir	董事会人数

续表

变量类型	变量名称	变量符号	说明
控制变量	公司规模	Size	以 10 为底取总资产的对数
	股权集中度	H5	公司前 5 位大股东持股比例之和
	年度	year	属于该行业则取值为 1，否则取值为 0
	行业	dum	属于该行业则取值为 1，否则取值为 0
	赫芬达尔指数	H10	公司前 5 位大股东持股比例的平方和

本节通过构建模型用以检验工资薪金、经营者股权激励程度、监督效率、董事会规模与合谋程度之间的关系：

$$Occupy2 = \beta_0 + \beta_1 W + \beta_2 MA + \beta_3 MC + \beta_4 Indir + \beta_5 H_5 + \beta_6 Size + \beta_7 year + \beta_8 dum + \varepsilon_2 \quad (3-20)$$

3. 实证结果分析

（1）描述性统计。各主要变量的描述性统计如表 3－12 所示，可以看到本节总共有 3745 个样本观测值，在表 3－12 中给出了各个变量的自身特征：①合谋程度的最大值为 0. 2412574，最小值为 0. 0002559，平均值为 0. 0223842，标准差为 0. 0357783，从标准差来看，2006～2016 年合谋程度的波动性不大，从合谋程度的最大值、最小值、平均值来看，我们发现不同公司之间合谋程度明显不同，差异性比较大，而且可以看出有些公司国有股东与经营者的合谋程度比较严重，治理效率很差。②经营者股权激励程度的最大值为 0. 3246496，最小值为 $2.34e^{-7}$，平均值为 0. 0103759，标准差为 0. 0448705，从标准差来看，经营者股权激励程度的波动性不大，从经营者股权激励程度的最大值、最小值、平均值来看，我们发现不同公司之间的股权激励程度差异性比较大，经营者股权激励程度的最小值、平均值为较小说明国有企业对经营者的股权激励程度比较小，未能充分调动经营者努力工作的积极性；工资薪金的最大值为 6. 889302，最小值为 5. 146659，标准差为 0. 3449075，平均值为 6. 07753，说明国有企业的经营者工资水平波动不大。③监督效率的最大值为 0. 1637745，最小值为 0. 0036072，平均值为 0. 0476239，标准差为 0. 0315916，从标准差来看，2006～2015 年国有企业股东对经营者的监督效率波动性不大，从监督效率的最大值、最小值来看，我们发现不同企业对于经营者的监督效率差异性比较大，有些企业内部经营者的机会主义行为比较严重。例如，北大荒，平均值为0.0036072，说明样本总体的机会主义行为不多，监督效率较高。④董事会规模的最大值为15，最小值为5，平均值为9.483578，标准差为1.901369，从标准差来看，不同企业的董事会规模差异性比较大，从董事会规模的最大值、最小值来看，有些企业的董事会规模太小。例如中水渔业在2015年董事会的人数为5人，达不到监督的要求，但是从平均值来看，样本总体的董事会规模能够达到监督国有股东与经营者合谋的目的。⑤股权集中度的最大值为0.916685，最小值为0.192804，平均值为0.5120111，标准差为0.1603545，从标准差来看，国有企业股权集中度的波动性不大，从最大值、最小值来看，国有企业的股权集中度差异性较大，从平均值来看，国有企业的股权集中度较高，公司股权结构比较稳定。⑥公司规模的最大值为11.46735，最小值为8.601021，平均值为9.685727，标准差为0.5734066，说明国有企业公司之间规模差别不大，总体波动比较平稳。

表3-12　各变量的描述性统计分析

变量	样本量	平均值	最小值	最大值	标准差
Occupy2	3745	0.0223842	0.0002559	0.2412574	0.0357783
W	3745	6.07753	5.146659	6.889302	0.3449075
Ma	3745	0.0103759	$2.34e^{-7}$	0.3246496	0.0448705
Mc	3745	0.0476239	0.0036072	0.1637745	0.0315916
Indir	3745	9.483578	5	15	1.901369
H5	3745	0.5120111	0.192804	0.916685	0.1603545
Size	3745	9.685727	8.601021	11.46735	0.5734066

资料来源：笔者整理。

（2）相关性分析。在做实证分析前，需要检测各个变量之间是否具有共线性，确保实证分析结果的准确性。我们一般认为变量之间存在弱相关性时，变量之间的相互影响对回归结果影响较小，可以进行回归分析，在变量之间相关系数高于0.5以上时，变量之间的相关性较强，对回归结果影响较大，不适合做回归分析。各变量的相关性分析如下表所示，本节采用Person分析和Spearman分析两种相关性分析方法。从表3-13中可以看出，在两种分析方法下，国有股东与经营者的合谋程度与各个变量之间都呈现显著的相关性，但是由于系数比较小，对回归结果的影响并不大。在 Person 分析下，工资薪金与经营者股权激励程度、董事会规模在 1% 水平上显著的相关系数是 0.0980 和 0.0376，在 Spearman 分析下，分别是 0.1144 和 0.0349；经营者股权激励程度与董事会规模在两种分析方法下的相关系数分别为 1% 显著水平下的 -0.1126 和 -0.0903，都远远低于临界值 0.5，所以解释变量之间的相关性很小，对回归分析结果没有影响。从表 3-13 中还可以看出解释变量虽然与公司规模、股权集中度之间呈现显著的相关性，相关性最大的是公司规模与监督效率，相关系数分别为 -0.3319和 -0.3660，但是也显著低于临界值 0.5，同时公司规模对于整个模型的关联不大。因此，国有股东与经营者的合谋程度与工资薪金、经营者股权激励程度、董事会规模、公司规模和股权集中度之间相关性较弱，解释变量之间相关性较弱，各变量之间的相关性对回归分析结果没有共线性影响。

表 3-13　　各变量的相关性分析

	occupy2	W	Ma	Mc	Indir	Size	H5
Cccupy2	1.0000						
W	-0.1508 * -0.0688 *	1.0000					
Ma	-0.0627 * 0.0673 *	0.0980 * 0.1144 *	1.0000				
Mc	0.0275 0.0923 *	0.0126 -0.0004	0.1657 * 0.0858 *	1.0000			
Indir	-0.0526 * -0.0423 *	0.0376 0.0349	-0.1126 * -0.0903 *	-0.0818 * -0.0811 *	1.0000		
Size	-0.1365 * -0.1277 *	0.4816 * 0.4808 *	-0.1605 * -0.2403 *	-0.3319 * -0.3660 *	0.2264 * 0.2093 *	1.0000	
H5	-0.1440 * -0.1901 *	0.1775 * 0.1958 *	0.0897 * -0.1165 *	-0.0228 -0.0352 *	0.0673 * 0.0492 *	0.3086 * 0.2318 *	1.0000

注：* 表示在 1% 的置信水平上显著；左上角为 Person 分析，右下角为 Spearman 分析。
资料来源：笔者整理。

（3）回归结果分析。从表3－14的回归分析结果可以看到，模型的拟合优度指标R－squared不是太高，只有0.1463，但是模型的F统计值为21.95，并且模型在1%的置信水平上高度显著，说明该模型将合谋程度与经营者股权激励程度、工资薪金、监督效率、董事会规模之间的关系拟合得很好，具有研究价值。从表3－14的回归结果可以得到：①经营者股权激励程度和工资薪金指标的系数估计值为负数，t统计值分别为－2.92和－3.49，并且在1%的置信区间上显著，说明经营者股权激励程度、工资薪金与合谋程度呈显著负相关，经营者的收入主要来源于工资和股权激励，企业对于经营者的工资薪金和股权激励程度越大，经营者收入越高，经营者的个人利益诉求得到满足，越不愿意与国有股东合谋，从而证实了假设1的预测。②监督效率指标的系数估计值为正数，t统计值为2.76，并且在1%的置信区间上显著，说明经营者的机会主义行为与合谋程度呈显著正相关，经营者机会主义行为越严重，监督效率越低，国有股东会加强对公司监管来防止这种行为的产生，经营者为了免于受到制裁，选择与国有股东合谋的可能性越大，从而证实了假设2的预测。③董事会规模指标的系数估计值为负数，t统计值为－1.73，并且在1%的置信区间上显著，说明董事会规模与合谋程度呈显著负相关，董事会规模越大，对经营者和国有股东的监管越严，经营者和国有股东越难获得私下收益，合谋的可能性越小，从而证实了假设3的预测。另外合谋程度与股权集中度在1%的水平下显著负相关，这可能是由于国有企业股权集中度越高，合谋后经营者能够分得的私人收益越小，而且经营者与国有股东合谋还有可能被发现，受到公司制裁，因此经营者选择与国有股东合谋的可能性越小。

表3－14　　　　模型的回归结果

解释变量	系数估计值	标准误差	T统计值	p值
W	－0.0071565	0.0020528	－3.49	0.000***
Ma	－0.0381628	0.0130496	－2.92	0.003***
Mc	0.0582069	0.021059	2.76	0.006***
Indir	－0.0005265	0.000305	－1.73	0.084*
H5	－0.0223453	0.0037761	－5.92	0.000***
Size	－0.002921	0.001329	－2.20	0.028**
Constant	0.1295331	0.0131036	9.89	0.000***

续表

解释变量	系数估计值	标准误差	T 统计值	p 值
year	已控制			
dum	已控制			
R - squared = 0. 1463　Adj R - squared = 0. 1396 Prob > F = 0. 0000　F (27, 1578) = 21. 95 N = 3745				

注：*、**、*** 分别表示 10%、5% 及 1% 的置信水平上显著。
资料来源：笔者整理。

（4）稳健性检验。我国国有企业股权集中的现象十分严重，所以为了对模型的可靠性进行检查，本节将股权集中度指标换成赫芬达尔指数（H10）重新进行了回归，结果同样显示经营者股权激励程度、工资薪金与合谋程度呈显著负相关，监督效率的指标经营者的个人机会主义行为与合谋程度呈显著正相关，表明经营者个人机会主义行为越严重，监督效率越低，合谋程度越高，并且董事会规模也与合谋程度呈显著负相关，验证了前面的论证，足以证明了模型的稳健性（见表 3 - 15）。

表 3 - 15　稳健性检验的回归结果

解释变量	系数估计值	标准误差	T 统计值	p 值
W	-0. 008279	0. 0020479	-4. 04	0. 000 ***
Ma	-0. 0527803	0. 0128865	-4. 10	0. 000 ***
Mc	0. 0595064	0. 0210279	2. 83	0. 005 ***
Indir	-0. 0006987	0. 0003065	-2. 28	0. 023 **
H10	-0. 0334054	0. 0049608	-6. 73	0. 000 ***
Size	-0. 0021921	0. 0013464	-1. 63	0. 104
Constant	0. 1246262	0. 013171	9. 46	0. 000 ***
year	已控制			
dum	已控制			
R - squared = 0. 1486　Adj R - squared = 0. 1420 Prob > F = 0. 0000　F (27, 1578) = 22. 36 N = 3745				

注：*、**、*** 分别表示 10%、5% 及 1% 的置信水平上显著。
资料来源：笔者整理。

本节通过对股东与经营者之间博弈模型的主要结论进行验证，实证研究发现：经营者股权激励程度、工资薪金与合谋程度呈显著负相关，企业对于经营者的工资薪金和股权激励程度越大，经营者收入越高，经营者的个人利益诉求得到满足，越不愿意与国有股东合谋；经营者的机会主义行为与合谋程度呈显著正相关，经营者机会主义行为越严重，监督效率越低，国有股东会加强对公司监管来防止这种行为的产生，经营者为了免于受到制裁，选择与国有股东合谋的可能性越大；董事会规模与合谋程度呈显著负相关，董事会规模越大，对经营者和国有股东的监管越严，经营者和国有股东越难获得私下收益，合谋的可能性越低。

3.4　研究结论

本章基于国有企业混合所有制改造中的利益关系这一视角来研究我国国有企业内部的利益关系，通过构建国有股东与非国有股东的博弈模型、国有股东和经营者合谋与非国有股东的博弈模型，经过前期的文献阅读、中期的数据处理，最后的实证检验，我们得到下面的结论：

第一，经营者股权激励程度、工资薪酬与国有股东与经营者合谋程度呈负相关。经营者的工资收入是由工资薪酬和股权激励两部分构成，若经营者股权激励程度越大，工资薪酬越高，经营者工作的积极性越高，经营者会更努力地工作，企业的经济效益也会随之增加，经营者的工资收入也会越高，能够满足经营者的利益诉求，而与国有股东合谋侵占公司和中小股东利益，一旦被发现，经营者会面临公司处罚的风险，而且还会影响经营者的职业生涯，所以经营者与国有股东合谋的可能性越小。

第二，非国有股东对于国有股东的利益非均衡配置存在一个容忍范围。我们通过实证研究发现企业绩效越大，国有股东的利益非均衡配置越严重。非国有股东加入国有企业混合所有制改革过程中，由于持股比例极小，话语权较低，会很难维护自己的合法权益，受到国有股东的利益非均衡配置，但是非国有股东加入国有企业混合所有制改革的参与度并没有下降，并没有退出企业，这说明虽然非国有股东面临利益非均衡配置问题，但是企业经济效益的增加会弥补非国有股东的这部分损失，这部分损失在非国有股东的容忍范围之内，这也是非公有资本愿意加入国有企业混合所有制改革中去的根本原因。

第三，股利分配率与国有股东利益非均衡配置呈正相关；股权制衡度与国有股东利益非均衡配置呈负相关。国有股东依然存在利用股利分配来损害中小股东利益的可能性，这主要是由于国有股东持股比例较大，掌握着企业的实际控制权，会选择有利于自身利益的时机分配红利，连续几年不分配股利，恶意分配现金股利。国有企业内部股权制衡度越大，说明国有企业控制权由几个大股东共同分享，这几大股东可以用来牵制国有股东，国有股东的决策能力受到限制，各个大股东之间可以相互监督，能够对国有股东的利益非均衡配置行为起到制约作用。

第四，管理层的机会主义行为与合谋程度呈正相关；董事会规模与合谋程度呈显著负相关。经营者直接参与企业的经营管理，占有信息优势，而国有控股股东由于持股比例较大，对企业的业绩变化承担主要责任，国有股东会对经营者的行为进行监管，所以当经营者的机会主义行为越严重，为防止受到公司制裁，经营者会选择与国有股东合作，国有股东为实现非均衡利益配置会放松对经营者的监管，经营者与国有股东之间合谋的可能较高，而董事会规模也能够影响经营者与股东的行为，规模较大的董事会一定程度上能够对国有控股股东与经营者进行监管，抑制经营者与国有控股股东合谋行为的产生。

第 4 章

混合所有制改革中异质性非控股股东控制权配置的效应分析

随着不同资本的融合程度的不断加深，异质非控股股东的权力会呈现递增趋势，如若不能有效进行控制权配置，可能会导致异质性非控股股东、高管层与控股股东之间利益冲突不断加剧，从而引致控制权纷争，进而导致企业治理效率下降等不良后果，为了推进混合所有制改革进程，迫切需要学术界对不同性质股东融入路径及后果进行研究。在混合所有制改革中不同性质股东以何种路径影响企业控制权配置？现有的文献对此没有系统分析与研究。本章分别从异质性非控股股东对高管利益影响以及对控股股东的利益影响这两条路径出发，研究异质非控股股东对经营活动产生的影响作用。伴随混合所有制改革，企业大股东之间权力组合会发生位移，打破了原有的利益均衡状态，通过对股东控制权配置的动态调整从而使各利益主体利益从不均衡状态达到均衡状态。在此过程中，基于异质性非控股股东控制权配置视角，分析非控股股东异质性对企业经营活动的非线性异质效应，探索混合所有制改革过程中企业治理“黑箱”，科学揭示不同性质股东对企业的作用机理以及控制权配置动态调整过程研究，进一步完善丰富公司治理理论。

4.1 控制权配置相关研究

4.1.1 控制权的定义与获取基础

1932 年伯利和米恩斯的经典著作《现代公司与私有财产》（The Modern Corporation and Private Property）首次对控制权问题进行探讨，他们认为控制权是在控制层级较少的上市公司中直接股东的法定控制权。无论是 Berle - Means 范式还是 LLVS 范式，控制权的界定基础都是股权即“控股权等于控制权”。德姆塞茨（Demsetz，1997）将企业控制权定义为“一组排他性使用和处置企业稀缺的财务资源和人力资源的权利束”。刘磊等（2006）将控制权分为核心控制权与一般控制权，企业契约中核心控制权的配置是以对权力外部性风险的控制为基础，而一般控制权的配置则是以核心控制权行使的边际收益与成本达到均衡点为基础。

按照 GHM 模型的早期观点，物质资本的提供者应该获得全部的控制权，虽然控股权不等于控制权，但是它是企业掌握控制权的唯一基础。而在现代公司治理中，控制权不等于控股权的现象的频发，针对此现象，部分学者对于控制权来源进行了相关研究，赵晶等（2014）研究发现上市公司的实际控制人社会资本与组织社会资本的契合程度会影响企业实际控制权的稳定性，实际控制人努力的焦点应集中在如何将个人社会资本与企业组织社会资本同步提升、同步发展上，并且通过实证检验，企业的环境越以正式制度为主时，则越不利于实际控制人利用社会资本控制链对公司进行控制。王春艳等（2016）基于创始人个人拥有或可用的资源，总结出创始人控制权获取和维持相应的股权、权力让渡与分享、信息和资源占有方式，而通过制度化实现的结构控制是超出创始人个人控制之外的另一种方式。

4.1.2 控制权配置的影响因素

控制权配置是企业治理的核心与关键所在，不少学者对控制权配置的影响因素进行相关研究。而由于中国企业具有不同产权性质，因而导致民营与国有企业的控制权影响因素会存在一定的差异性。王月欣（2004）以罗宾斯泰英的轮流叫价谈判模型为研究模型，动态分析了企业控制权配置问题，发现企业控制权的唯一的子博弈精炼纳什均衡结果是由物质资本与人力资本所有者的耐心程度所决定的。吴照云等（2005）指出企业的控制权进行配置取决于所有者拥有资源对企业贡献度。曾楚宏等（2008）提出企业中各要素所有者根据自己所掌握的资源是否具备成为战略性资产的充要条件，来判断是否具有讨价还价能力来配置控制权，且指出由于在企业成长的不同阶段对于发展战略要求不同，其能够成为战略性资产的资源在企业发展的不同阶段也并不相同，由此导致了企业的控制权配置实际应该是控制权动态演进的过程。刘瑞翔等（2009）通过构建信号传递模型，主要研究对象是企业家的控制权，通过对投入一定的自有资本或者部分控制权让渡给投资者这两种传递信息方式进行模型收益分析，得出企业家更偏好于选择向企业中投入自有财富来传递私有信息。林钟高等（2009）从劳动分工、控制权配置与内部控制之间的关系切入，发现内部控制是基于分工的一种权力制衡机制，进而论证了分工技术效率与内部控制制度效率的影响程度，又进一步从剩余控制权的静态和动态配置角度出发，构建了衡量和增进内部控制配置和运行效率的理论框架。崔鼎昌等（2014）依据“信任—交易成本—控制权配置”的理论逻辑探讨信任这一重要因素在家族企业配置控制权过程中的作用机制，并从交易成本的角度构建了家族企业基于信任的控制权配置的一般模型并且根据家族企业不同成长阶段中信任模式的改变分析其控制权配置的演化过程。福拉迪等（Fooladi et al.，2014）主要研究了马来西亚上市公司的现金流和控制权之间差距对公司业绩影响是显著的。古等（Gu et al.，2014）分析了家族企业控制权分配的影响因素，使用来自中国浙江省的上市公司数据进行了进一步讨论。巴哈托夫（Barkhatov，2014）等指出企业内的每个利益相关者都拥有收入和剩余控制权，并且对剩余权利进行衡量。费尔德赫特等（Feldhutter et al.，2016）主要针对债权人的控制权问题进行研究，指出债权人的控制权会对债券溢价有所影响。党兴华等（2015）建立了控制权动态分配模型，在此模型中主要引入企业家事前努力水平业务、企业家和投资者的议价能力、中期业绩信号、投资者的投资金额、管理监督的成本、项目清算的价值等变量，且研究发现相机控制与投资者控制的交替可以实现控制权的优化配置。随着研究的进一步深入，对于控制权影响因素的研究不单只局限于股权结构与投资者法律保护制度两方面，易阳等（2016）主要以雷士照明两次控制权争夺事件为例，讨论了创始人专用性资产对公司控制权配置的影响及其作用机理的问题，验证了专用性资产与控制权配置的因果关系，分析发现创始人的专用性资产也能够形成堑壕效应，从而影响其控制权的配置。

与民营企业相比，国有企业有其特殊性，政府对国有企业有着一定干预影响。逯东等（2014）探讨了在政绩诉求目标作用影响下的各级地方政府对国有企业的控制行为的差异性，研究发现相对经济增长率、财政盈余等地方政府的政绩诉求目标构成了地方政府影响国有企业政府控制权的重要因素，且不同级别地方政府的政绩诉求的影响程度也存在一定差异。

4.1.3 控制权配置的模式

石琳等（2016）运用演化博弈方法研究了控制权配置问题，发现博弈主体存在相机控制和联合控制两种最优方式控制权配置，且这两种控制权配置方式选择受到企业自然经营的预期概率、风险企业总收益、清算价值、项目成功率等相关变量影响。控制权配置一直是动态过程，因此当影响配置因素在变化时，就会产生不同类别的控制权冲突。高闯等（2012）则是探讨了创始人股东与经理人之间控制权冲突问题，通过构建经理人决策模型，详细剖析国美电器治理实践中的“控制权冲突”事件，发现理性经理人会综合考虑创始股东的控制权威和保持职业操守对其社会资本的影响，并以此选择是否争夺创始股东的控制权。徐细雄等（2012）主要以国美电器“控制权之争”为背景，采用案例研究方法，探讨了家族企业的控制权配置模式及治理后果，研究发现控制权冲突不是由于创始家族的控制权让渡产生的，而是源于权力制衡缺失引发的控制权私利，强调了优化控制权配置的重要性。韩瑾等（2016）从不同类别投资者角度出发，研究了两类投资家控制权配置问题，研究设计短期与长期投资家下的创业投资契约，确定企业控制权最优配置模式。

4.1.4 控制权配置与企业治理问题

对于控制权的配置问题而引发的国有企业的治理问题，也一直是国有企业改革过程中一个相对比较重要的研究方向。而国有企业治理与控制权配置是相互影响着的。武常岐等（2014）研究发现，通过对比发现企业控制权转移对于企业绩效提升的效果更为明显。定量分析的结果表明，企业控制权的改革更利于国有资本保值增值，对于提升企业竞争力的作用会更大。曲亮等（2016）基于董事会权利配置，研究了国有企业董事会内部经济型权力和行政型权力的二元分化与耦合机制，且分析了董事会内部权力配置演化路径，实证表明：政府行政干预会对企业经营发展产生一定程度的负面影响，而过多地依赖董事会经济型权力又容易导致“内部人控制”等问题，经济型董事比例与企业绩效存在显著的正“U”形关系，国有控股比例对董事会权力配置模式作用的发挥起到一定的调节作用。郝云宏等

（2015）立足于控制权私利问题，发现大股东控制权私利的基础与刚性边界由大股东追求的与控制权人地位等价的权益构成，而大股东控制权私利行为的共享收益边界的模糊性由大股东行为与企业绩效关系的复杂程度所决定，这就有可能导致大股东可以凭借其控制权人地位来扩大控制权私利边界。且在此研究基础对国有企业的“内部控制人”治理问题提出有效的建议。万丛颖（2014）引入政府层级与控制权结构的交互项，分析政府层级对控制权结构与公司绩效之间关系的影响，实证发现实际控制人手中现金流权和控制权比重均对公司投入产出效率产生正向影响，政府对企业控制与企业绩效同时存在正向和负向相关关系；此外，地方政府控制对公司效率的促进作用要强于中央政府控制。

对于控制权的相关研究一直以来是国内外学者研究重点，在相关研究结果中发现，大股东既可以依托资本结构优势又可以凭借信息优势获得控制权私有收益，其最终收益不仅包括初始契约中规定的收益还包括其控制权私有收益，而其他利益相关者仅仅拥有控制权共享收益。这是这种共享性收益与排他性收益不同，极有可能会产生出企业利益相关者的利益冲突，从而进一步影响企业目标的实现。而一直以来排他性利益一直是控制权研究的重点，只关注控股股东或企业家的控制权配置问题，而忽略了异质性非控股股东控制权利益，以及异质性控制权配置在混合所有制改革过程中所起到的积极治理作用。

随着不同资本的融合程度的不断加深，异质非控股股东的控制权会呈现递增趋势，如若不能有效进行配置，可能会导致异质性非控股股东、高管层与控股股东之间利益争夺加剧，导致企业治理效率下降等不良后果，这迫切需要学术界对不同性质股东融入路径及后果进行研究。程等（Cheng et al.，2013）发现当参股股东与控股股东之间具有联系关系，如产权或人事方面，参股股东可能会损害企业价值。夏等（2015）发现国有、私有、外资等企业所有权性质对于企业绩效的影响不尽相同，不同性质股东可能具有不同治理效应。武常岐等（2011）通过实证研究发现外资参与的民营化企业更有可能改进治理结构，进行组织学习和资源能力培养。汪平等（2015）通过研究发现股东的异质性会影响资本成本差异。郝阳等（2017）以2004～2014年的A股上市公司为样本，民营参股增强了国企管理层的薪酬和离职对业绩敏感度。黄建欢等（2017）通过实证研究发现，不宜过分强调异质股东之间制衡作用。王甄等（2016）实证研究发现，国有转民营和民营转国有都能显著提高企业绩效，而国有转国有和民营转民营对公司绩效的提升并不显著。

为了推进混合所有制改革进程，迫切需要学术界对异质性非控股股东融入后，对控股股东、高管利益会产生何种影响的影响？在国有控股与非国有控股企业中，异质性非控股股东是否对公司绩效的影响存在明显差异，如果存在又是怎样的差异？对于企业而言，股东、高管都是企业获得收益的关键性组织要素，而现有的文献关于企业的利益冲突主要集中于大股东与中小股东之间代理问题，以往股东控制权的研究，主要是将股东视为同质的，忽略了不同性质股东利益的差异化，且以研究控股股东控制权为主，异质性非控股股东不被关注，其对公司治理的作用被忽视了。在当前的混合所有制改革以及大股东掌握企业控制权的现实背景下，需更加关注大股东的异质性和非控股性对控股股东、高管的利益及公司绩效的影响。在现实中，异质性股东的真实背景较为复杂，本章的异质性非控股股东主要就是指股东性质是不同于控股股东性质，处于非控股股东地位在上市公司的股东中排名前十名的股东。

4.2 理论分析与研究假设

股东、高管不仅是企业的主要利益相关者，更是企业治理的关键要素。国有股东有着天然的特殊背景资源，而非国有股东有着自身特有的运营等资源，异质性非控股股东的进入，会带来自身优势资源，对股权结构产生一定影响。股权结构是各类性质股东联合所形成的控制权配置的外在表现，异质性非控股股东引入会引起股权结构的变化，必然对高管、控股股东的利益产生不同程度的影响并作用于公司绩效。首先，在异质性股东进入企业后，对控股股东可能会形成资源互补，也可能会产生利益冲突。因此，异质性非控股股东与控股股东在不同的利益关系架构下，异质性非控股股东作用的发挥存在差异。其次，在异质性股东进入企业后，异质性非控股股东的多样性对高管薪酬水平、高管薪酬绩效敏感性产生影响，外部股东的参与为企业带来不同社会资本，从维护自身长远利益出发，高管可能会进行自我激励与约束。最后，异质性非控股股东的持股比例即异质性非控股股东深入性，可能会对高管产生一定的监督作用，有利于减少高管机会主义行为，增强其高管薪酬敏感性。另外，在不同所有制性质上市公司，异质性非控股股东对高管薪酬水平、高管薪酬绩效敏感性的影响可能存在差异性，异质非控股股东对高管薪酬水平及公司经营业绩影响的路径如图4-1所示。

图4-1　异质性非控股股东影响公司经营业绩的路径

4.2.1　异质非控股股东与控股股东

阿蒂格等（Attig et al.，2013）研究发现，异质性股东有助于减少股权成本以及促进企业价值的提升。程等（2013）指出，股东性质是决定参股股东对公司治理作用的重要因素。梅金森等（Megginson et al.，1994）和博尔托洛蒂等（Bortolotti et al.，2002）研究发现，部分企业民营化可以改善国有企业的绩效。现实中一方面，异质性股东会带来不同于控股股东的资源，形成一定互补性，如与国有控股股东相比，异质性非国有股东会带来运营、渠道等要素；与非国有控股股东相比，异质性国有股东会带来融资便利等资源。另一方面，异质性非控股股东介入，导致在不同性质股东交叉融合、彼此合作、相互制衡过程中，对企业绩效产生不同的影响。

（1）异质资源互补。基于资源配置的有效性，混合所有制改革的目标之一就是发挥不同资本资源优势，使资源配置更为有效。对于非国有控股企业而言，国有大股东可以为非国有企业提供无法拥有的人力资源、财务性资源和关系资源，从而与非国有资本提供的资源形成互补，使企业拥有更多资源。如在获取融资资源时具有一定优势，帮助缓解外部融资约束，而且国有资本优势还在于，其可以发挥“承诺信号”作用。而对国有控股企业而言，非国有大股东主要分为民营大股东和外资大股东，民营股东优势主要在于经营灵活性和市场触角灵敏性。同时，外资股东的引入可能有助于企业建立更有效的治理机制。

（2）异质股东间利益冲突。不同性质大股东融入过程中，必然也伴随着不同性质股东的利益争夺与冲突。首先，国有股东与非国有股东的目标取向不一致，国有股东除了经济目标外还包括政治稳定、保证税收、充分就业等目标。而非国有股东更偏向于经济目标，两种目标诉求容易引起利益上的冲突。其次，治理模式冲突，国有控股企业管理方式会受到政府相关部门有形无形的干预，而非国有控股企业更倾向于市场化管理模式（高晓燕，2001），管理模式的差距也会诱发控股大股东与异质性非控股大股东之间的利益冲突。因此，无论在国有控股企业还是非国有控股企业，异质性股权的共存容易诱发股东间不同程度的利益冲突。

（3）异质性股东监督效应。拉波尔塔等（La Porta et al.，1998）研究发现，企业控股股东可能会利用自身所拥有的控制权并采取某些隐蔽的行为为自己获取私利，甚至会以损害其他中小股东的利益为前提。而此时企业内部治理焦点就会从股东与高管之间利益冲突转换成股东与中小股东的利益冲突，这就是所谓的大股东“掏空”行为。异质性非控股股东保护自身利益的一个重要的手段是向股东大会提名董事。在现实层面不难发现，中国上市公司独立董事的监督作用并不太显著，缺乏独立性，独立董事的变更与控制权转移存在显著关系（支晓强等，2005），外部审计也并非总是可靠。为此，需要内部治理结构来约束控股大股东的内部交易和掏空行为，而异质性非控股股东董事较强的独立性更有利于发挥监督控股股东行为的作用（祝继高等，2015）。

鉴于以上分析，混合所有制改革过程中不同性质股权在相互融合中，股东之间上演了利益争夺、冲突、整合、分享一个动态变化的过程。在不同利益关系构建下，异质性非控股股东会对企业绩效产生差异性的效果。马连富等人研究发现，异质性股东深入性与企业绩效之间呈现非线性关系（马连福等，2015）。黄建欢等（2017）研究发现，国有股东与非国有股东的持股比例适度时，会有力于公司绩效。因此，异质性持股比例深入对企业绩效影响是存在差异性的。若异质性非控股股东的持股比例较低，控股股东处于“一股独大”的地位，异质性股东对控股股东的监督力量比较薄弱，从自身利益出发还可能采取与大股东合谋的行为，出现异质性非控股公司与控股股东之间的利益低度冲突现象。随着异质性非控股公司股权份额的增加，更加关注自身的合理利益诉求，并通过积极参与公司治理活动发挥对控股股东的监管作用。在此过程，不同性质资本融合过程中发挥着各自资源优势，也缓解大股东与中小股东之间的利益冲突，对企业绩效产生有利影响；异质性非控股公司股权份额持续增加，控股股东与非控股股东之间控制权较为接近，容易诱发控股股东和异质性控股股东之间围绕控制权争夺，出现利益争夺与冲突并损害企业经营业绩。

通过以上分析，本章认为只有在异质性非控股股东与控股股东持股份额在一个相对合理范围内，随着异质性非控股股东持股比例增加，既能使自身投入资源与控股股东资源形成互补效应，又能对控股大股东起到有效的监督作用，进一步提升企业绩效。因此，提出以下假设：

假设1：异质性股东深入性诱发的利益关系对企业经营业绩影响存在差异性。

4.2.2　异质非控股股东与高管薪酬

高管利益具有其独特性，研究股东与高管之间代理问题时，都是在大股东是同质假设前提下，研究了同质性控股股东对高管的利益冲突，而忽略了异质非控股股东对高管薪酬的影响。

第一，上市企业中的高管是社会资本网络的一个节点，社会网络与资本控制网络形成互补关系，促使高管积极主动去维护其在社会资本网络中的形象，从而获取更利于自己利益的社会资本。上市公司的发展以及相关交易活动都是普遍嵌入于一定资本控制链上，高管可以借助于异质性非控股股东的社会资本网络获取隐秘的商业信息与时机、物质资本或者人力资本。还可以基于“政企关系”突破体制层级制约，获得不同体制内的资源，弥补由于正式制度导致资源配置不合理的缺陷（康丽群等，2015）。因此，高管为了获取或者维系异质性股东带来的不同类别资本，会在一定程度上去维护异质性股东的相关利益，减少对异质性非控股股东的利益侵占。高管与异质性非控股股东互动过程中，高管为了从异质性股东处获得一定社会资本，应表现出与高管薪酬水平相匹配的能力与业绩，这会对高管产生自我权衡的约束性作用。如国有控股企业高管为了获得良好的声誉形象，从而为自己博取更多的政治资源以及政治晋升机会。非国有控股企业高管源自经理人市场声誉形象方面的激励（袁春生等，2008），都使得高管需尽量合理化自身的薪酬水平。另外，异质性股东可能带来的不同类别的社会资本，会有助于企业绩效的提升，从而也会进一步增加高管的薪酬收益。因此，异质性非控股股东多样性对高管薪酬业绩的敏感度也会产生一定正向影响。

第二，就两权分离对高管的影响而言，实际控制人的控制权过大容易导致高管产生以权谋私的动机，随着不同性质的混合主体不断深入，控股股东与高管合谋成本上升，增强了对高管监督的有效性，有利于企业绩效的提升。异质性非控股股东控制权获得与异质股东所持有股权密不可分，随着自身控制权获取的大小不同程度参与到企业的治理过程中。在国有控股企业，一直存在内部人控制与所有者缺位的问题，国有股权出资人代表也通过外派董事、监事等制度来监督高管的行为，但由于信息的严重非对称性，导致高管拥有较强的自由裁量权。异质性非控股股东介入，可以充当外部利益相关者的代理人，发挥监督高管的作用。而在非国有控股企业中，部分高管本身拥有一定股权或属于控股股东的家族成员，其权利即可能来自股权，也可能来自亲属关系，高管也可能属于创业元老，部分高管来源于职业经理人市场。这些高管都有可能利用自己正式与非正式权力来影响自身薪酬，从而侵占其他主体利益（方政等，2017）。异质性非控股股东的参与在一定程度上对高管权力形成约束，有助于抑制高管利益侵占行为。

综上所述，在混合所有制改革中，异质性非控股股东已经逐步成为公司治理的有机组成部分，并通过自身主体的多样性带来不同类别的社会资本，从而对高管薪酬产生正向影响。同时，高管通过异质性股东的社会资本获取稀缺资源，来提升企业绩效，从而会进一步增加其薪酬水平，因此，异质性非控股股东的多样性对高管薪酬业绩的敏感度产生一定的正向影响。异质性非控股股东也可以通过自身持股比例的深入，对高管的利益侵占行为进行更为有效监督，从而对高管薪酬水平产生抑制作用，使得高管薪酬更具合理化，增强高管薪酬绩效敏感性。基于以上分析，本节提出以下假设：

假设 2a：异质性股东多样性与高管薪酬水平呈现正相关关系；

假设 2b：异质性股东多样性与高管薪酬绩效敏感性呈现正相关关系；

假设 3a：异质性股东深入性与高管薪酬水平呈现负相关关系；

假设 3b：异质性股东深入性与高管薪酬绩效敏感性呈现正相关关系。

4.3 研究设计

4.3.1 样本选取与数据来源

本节选取了中国沪深股票市场 2007 ~ 2017 年的 A 股上市公司为初始样本，为保证数据客观性，对以下类型数据进行了剔除：（1）金融行业的公司；（2）ST 的公司；（3）高管薪酬数据披露不足的公司；（4）财务治理等相关数据缺失的公司；（5）上市时间不足一年的公司。由于本节数据需要滞后一期的数据，因此实际使用的是2006~2016年数据。

本节在数据方面进行了严谨处理，由于目前可以使用的数据库存在一定缺陷性，前十大股东性质分类不够清晰，考虑到“股东关系”这一因素，存在名义上的第一大股东并不是实际控股股东，而且可能名义上的控股股东与异质性股东之间存在“一致行动人”关系。本节通过上市公司的年报，手工收集上市公司前十大股东相关信息作为相应的补充。根据收集的数据，借鉴了郝阳等（2017）的方法将前十大股东进行分类，主要划分为5大类：“国有股东”“民营股东”“外资类股东”“金融机构股东”“其他股东”。且根据年报提供的信息将具有“一致行动人”关系、关联关系、亲属关系等关系的股东持股数量进行有效合并，使得异质性股东最大限度体现“异质性”。

基于我国企业产权性质背景下展开的相关研究，通过企业控股股东，将原始样本企业分为国有企业和非国有企业。由于研究中采用的公司治理数据与财务数据主要取自国泰安（CSMAR）数据库以及万德（WIND）数据库，其他所需股权结构数据中上市公司控股股东以及异质性股东等持股比例是通过手工逐一从年报（主要来源于巨潮资讯网）中整理得到。为了降低极端值对实证结果的偏差影响，本节对所有的连续变量进行1%的缩尾（winsor）处理。

4.3.2 变量选择

（1）企业绩效。在相关的财务与会计研究文献中，常用资产收益率来衡量会计业绩。原因在于资产收益率指标比起其他指标（净资产收益率）更能反映公司的资源总额运用所产生的经营管理效果，而且不会因为公司财务杠杆较高，资产收益率出现极端值的情况。

（2）高管薪酬水平。本节的高管薪酬以薪酬最高的前三名高管的平均薪酬为衡量指标，即年报中披露的“高管前三名薪酬总额”的自然对数。一方面不局限于使用具体一个高管的薪酬来衡量，是因为前三名高管薪酬比具体一个高管更能体现团队层面；另一方面取其对数，是由于公司差异性使得高管数量以及任职年限不同，高管薪酬总额存在较大差异，取对数会在一定程度上控制公司间差异，更具有可比性。

（3）异质股东多样性的测度。主要是衡量股东异质性的广度，本节借鉴马连福等（2015）与郝阳等（2017）关于异质性股东多样性测度方法。在本节中不同类别异质性股东是指不同于控股股东性质的股东，主要包括国有、民营以及外资这三类，将金融机构类股东以及其他不能进行明确归类的股东剔除在外。

（4）异质性股东深入度的测度。本节借鉴马连福等（2015）测度方法，异质性非控股股东深入度，主要指前10大股东中国有、民营和外资的持股比例之和，且不包括与该企业性质相同的股东持股比例。

（5）异质性股东接近度测度。本节借鉴黄建欢等（2017）测量方法，用于描述控股股东与异质性非控股股东之间利益冲突大小，主要是控股股东持股比例与异质性非控股股东持股比例之差绝对值的倒数。

（6）控制变量。除了上述变量以外，本节还设置了控制变量。控股股东的现金流权与控制权对公司治理具有重要影响，进而影响高管薪酬、企业经营业绩，因此将其作为控制变量考虑其中。国有控股企业与非国有控股企业的异质性股东是存在差异性的，对高管薪酬激励机制以及企业绩效的影响是存在重要的差异性，因此，本节设置了控制变量State来进行控制，如果上市公司是国有控股公司，则State = 1，否则State = 0。之前学者在研究高管薪酬、企业绩效时，往往都会考虑到企业财务特征，如资产规模、资本结构和企业发展能力等因素作为控制变量加以考虑。因此本节用资产规模的自然对数（size）、资产负债与资产比值（debt）、营业收入增长率（grow）作为控制变量。除此之外本节还考虑企业治理结构特征，如董事会规模（boardsize）、独立董事（ind）、股权集中度（concen）等控制变量。由于高管权利对于高管薪酬有一定影响，因此设置董事长与总经理两职分离（dual）作为衡量高管权利的变量，也是控制变量（见表4－1）。

表4－1　　主要相关变量

	变量	变量描述
被解释变量	Roa	资产收益率（营业利润/总资产）
	Roe	净资产收益率
	lncopay	前三名高管薪酬的对数

续表

	变量	变量描述
解释变量	mix	异质性股东多样性：0—前10大股东中包含国有、民营、外资三类性质，但其与企业控股股东性质相同；1—前10大股东中仅包含国有、民营、外资三类性质的股东一种，且其性质与企业控股股东性质不同；2—前10大股东中包含国有、民营、外资三类性质的股东两种，且性质与企业控股股东性质不同
	Near	异质股东接近度：控股股东与异质性非控股股东只差绝对值的倒数
	Mixra	异质性股东深入性：不同于所在企业控股股东性质的，前10股东中的国有、民营与外资比例之和衡量
控制变量	Size	企业期末资产总额对数值
	Debt	企业期末负债与资产总额之比
	Sep	两权分离度，控股股东现金流与控制权比值
	Dual	独董比例
	Pre	董事长与总经理两职分离取1，反之取0
	Ows	现金流权
	Grow	(当期营业收入-上期营业收入)/上期营业收入
	Concen	股权集中度：前5大股东持股比例的赫芬达尔指数
	Boardsize	董事会规模
	State	国有控股取1；非国有控股取0
	Ind	行业
	Year	年度

4.3.3 模型设置

根据前面逻辑思路与研究问题，探讨异质性非控股股东的深入度、接近度与企业经营业绩之间的二次项关系，本节设置如下模型：

$$Roa_{i,t} = \theta_0 + u_i + \theta_1 Mixra_{i,t} + \theta_2 Mixra_{i,t}^2 + \theta_3 Size + \theta_4 Debt + \theta_5 Sep_{i,t} + \theta_6 Pre_{i,t} + \theta_7 Own_{i,t} + \theta_8 Concern_{i,t} + \theta_9 Boardsize_{i,t} + \sum Year + \sum Ind + e_{i,t} \quad (4-1)$$

$$Roa_{i,t} = v_0 + u_i + v_1 Near_{i,t} + v_2 Near_{i,t}^2 + v_3 Size + v_4 Debt + \theta_5 Sep_{i,t} + \theta_6 Pre_{i,t}$$

$$+\theta_7 Own_{i,t}+\theta_8 Concern_{i,t}+\theta_9 Boardsize_{i,t}+\sum Year+\sum Ind+\varepsilon_{i,t} \quad (4-2)$$

结合前述理论分析以及前人研究成果，发现可能存在区间效应，传统检验区间效应只是简单按照分位数或者均值对样本进行分组，此类方法缺乏客观依据。本节运用汉森（Hansen，1999）提出门限面板模型，对异质性非控股股东接近度临界值两侧样本进行检验，门限面板模型设置如下：

$$Roa_{i,t}=\mu_{i,t}+\phi X_{i,t}+\pi_{i,t}Mixra\times I\ (Near_{i,t}\leqslant\gamma)+\pi_2 Mixra_{i,t}\times I\ (Near>\gamma)\ +e_{i,t} \quad (4-3)$$

根据前述逻辑思路与研究问题，探讨了异质性非控股股东多样性与高管薪酬水平以及高管薪酬敏感性之间的关系，本节设置如下的模型：

$$lncopy_{i,t}=\lambda_0+\mu_i+\lambda_1 Mix_{i,t}+\lambda_2 Roa_{i,t}+\lambda_3 Debt_{i,t}+\lambda_4 Grow_{i,t}+\lambda_5 Sep_{i,t}+\lambda_6 Pre_{i,t}+\lambda_7 Own_{i,t}+\lambda_8 Concern_{i,t}+\lambda_9 Dual+\lambda_{10} Boardsize+\sum Year+\sum Ind+e_{i,t} \quad (4-4)$$

$$lncopy_{i,t}=\lambda_0+\mu_i+\lambda_1 Mix_{i,t}+\lambda_2 Mix_{i,t}\times Roa_{i,t}+\lambda_3 Roa_{i,t}+\lambda_4 Debt_{i,t}+\lambda_5 Grow_{i,t}+\lambda_6 Sep_{i,t}+\lambda_7 Pre_{i,t}+\lambda_8 Own_{i,t}+\lambda_9 Concern_{i,t}+\lambda_{10} Dual+\lambda_{11} Boardsize+\sum Year+\sum Ind+e_{i,t} \quad (4-5)$$

根据前文逻辑思路与研究问题，探讨了异质性非控股股东深入性与高管薪酬水平以及高管薪酬敏感性之间的关系，本节设置如下模型（4-6）和模型（4-7）：

$$lncopy_{i,t}=\sigma_0+\mu_i+\sigma_1 Mixra_{i,t}+\sigma_2 Roa_{i,t}+\sigma_3 Debt_{i,t}+\sigma_4 Grow+\sigma_5 Sep_{i,t}+\sigma_6 Pre_{i,t}+\sigma_7 Own_{i,t}+\sigma_8 Concern_{i,t}+\sigma_9 Dual_{i,t}+\sigma_{10} Boardsize_{i,t}+\sum Year+\sum Ind+e_{i,t} \quad (4-6)$$

$$lncopy_{i,t}=\sigma_0+\mu_i+\sigma_1 Mixra_{i,t}+\sigma_2 Mixra\times Roa_{i,t}+\sigma_3 Roa_{i,t}+\sigma_4 Debt_{i,t}+\sigma_5 Grow+\sigma_6 Sep_{i,t}+\sigma_7 Pre_{i,t}+\sigma_8 Own_{i,t}+\sigma_9 Concern_{i,t}+\sigma_{10} Dual_{i,t}+\sigma_{11} Boardsize_{i,t}+\sum Year+\sum Ind+e_{i,t} \quad (4-7)$$

4.3.4 描述性统计

表4-2主要报告了除了年度、行业以及产权虚拟变量外，其他所有变量的描述性统计结果。lnCopay 的平均值、最小值、中位数、最大值、标准差分别为14.97、12.97、14.99、17.05、0.82，Mixtra 的平均值、最

小值、中位数、最大值、标准差分别为0.0433、0、0.0155、0.3315、0.06946，Mix的平均数、最小值、中位数、最大值、标准差分别是0.809、0、1、2、0.559，可以看出，不同的企业在管薪酬水平、异质性非控股股东的多样性和异质性非控股股东的深入度都存在较大水平差异，这给我们研究异质性非控股股东与高管薪酬水平、高管薪酬业绩敏感性的关系提供了一定研究基础。roa的平均值、最小值、中位数、最大值、标准差分别为0.043、-0.158、0.0329、0.226、0.0565，Near的平均值、最小值、中位数、最大值、标准差分别为0.0504、0.0131、0.0292、0.667、0.0822，可以看出，不同的企业在企业绩效、异质性非控股股东持股性和异质性非控股股东接近度都存在较大水平差异，这给我们研究不同利益关系架构下，异质性持股股东与企业绩效的不同影响关系提供了一定研究基础。

表4-2　　主要变量描述性统计

变量	样本量	平均值	最小值	中位数	最大值	标准差
Lncoapy	9700	14.97	12.97	14.99	17.05	0.820
Mixtra	9700	0.0433	0	0.0155	0.3315	0.06946
Mix	9700	0.809	0	1	2	0.599
Roa	9700	0.0403	-0.158	0.0329	0.226	0.0565
Near	9700	0.0504	0.0131	0.0292	0.667	0.0822
Debt	9700	0.509	0.0814	0.516	0.949	0.197
Concen	9700	0.168	0.0140	0.136	0.571	0.120
Dual	9700	0.367	0.286	0.333	0.571	0.0510
Ows	9700	0.293	0	0.285	0.740	0.183
Sep	9700	0.0522	0	0	0.284	0.0779
Grow	9700	0.171	-0.539	0.0988	2.846	0.438
Pre	9700	0.145	0	0	1	0.352
Boardsize	9700	1.180	0.693	1.099	1.609	0.189
Size	9700	22.23	19.40	22.10	26	1.336

资料来源：笔者整理。

4.4 实证分析

4.4.1 不同股权架构下，异质性非控股股东对经营业绩的影响

1. 异质性非控股股东持股比例对企业经营业绩的非线性影响

由表4－3可知，第（1）列中的被解释变量是公司财务业绩（Roa），R^2 是0.0046，具有一定解释力。从表中的结果可知，第（1）列的回归结果表明，异质性非控股股东（Mixtra）的持股比例与企业经营业绩不存在显著关系，说明异质性非控股股东持股比例与公司财务业绩并不是简单线性关系。因此本节在第（2）列中加入了异质性股东持股比例的二次项（$Mixtra^2$），结果显示 $Mixtra^2$ 的系数为0.215，在10%水平上显著，Mixtra的系数为－0.0632，在10%的水平上显著。说明异质性非控股股东持股比例与企业经营业绩存在非线性异质关系，但与马连福等人研究发现，异质性股东持股企业与企业经营业绩呈倒“U”形关系的结论相反，说明片面探讨异质性股东持股比例与企业经营业绩的关系是不合理的。

表4－3 异质性股东持股比例与企业经营业绩的非线性关系

变量	(1)	(2)
Mixtra	－0.0105 (－0.93)	－0.0632 * (－2.22)
$Mixtra^2$		0.2150 * (2.02)
Debt	－0.1212 *** (－26.71)	－0.1207 *** (－26.59)
Concen	0.1346 *** (13.27)	0.1329 *** (13.06)
Size	－0.0020 * (－2.52)	－0.0020 * (－2.48)

续表

变量	(1)	(2)
Sep	0.0238* (2.03)	0.0234* (2.00)
Boardsize	0.0045 (1.05)	0.0043 (0.99)
Ows	0.0134** (2.94)	0.0137** (2.99)
Pre	0.0027 (1.49)	0.0025 (1.42)
常数项	0.1135*** (6.27)	0.1138*** (6.29)
样本量	9730	9730
R^2	0.0046	0.0049

注：*、**、*** 分别代表在10%、5%和1%水平上显著；回归系数标准误差 Cluster 调整（Cluster by Year）。

资料来源：笔者整理。

2. 控股股东与异质性非控股股东间股权架构对企业经营业绩的非线性影响

由表4－4可知，第（3）列中被解释变量是公司财务业绩（Roa），R^2 是0.0045，具有一定解释力。从表4－4中的结果可知，异质性非控股股东的接近度（Near）与企业绩效不存在显著关系，说明异质性非控股股东接近度与企业经营业绩并不是简单线性关系。因此本节在第（4）列中加入了异质性股东接近度的二次项（$Near^2$），结果显示 $Near^2$ 的系数为0.1092，在5%水平上显著，Near 的系数为－0.0736，在5%的水平上显著。说明异质性非控股股东持股比例与企业绩效存在非线性异质关系，但是两者之间是呈现正“U”形关系，说明随着异质性非控股股东与控股股东在高度利益争夺、冲突下，企业经营业绩会提升，显然与相关理论是不符的。因此，不能将其简单看成是此类非线性关系。

表 4 – 4　　股权架构与企业绩效的非线性关系

变量	(3)	(4)
Near	−0.0021 (−26.70)	−0.0736** (−26.73)
$Near^2$		0.1092** (2.72)
Debt	−0.1210***	−0.1211***
Concen	0.1347*** (13.24)	0.1289*** (12.41)
Size	−0.0020* (−2.51)	−0.0020* (−2.56)
Sep	0.0238* (2.03)	0.0223 (1.90)
Boardsize	0.0045 (1.03)	0.0046 (1.07)
Ows	0.0135** (2.95)	0.0126** (2.76)
Pre	0.0027 (1.49)	0.0026 (1.46)
常数项	0.1130*** (6.24)	0.1176*** (6.47)
样本量	9730	9730
R^2	0.0045	0.0052

注：*、**、*** 分别代表在 10%、5% 和 1% 水平上显著；回归系数标准误差 Cluster 调整（Cluster by Year）。

资料来源：笔者整理。

结合表 4 – 3 和表 4 – 4 的回归分析，说明异质性非控股股东持股比例与企业绩效是非线性关系，异质性非控股股东接近度与企业经营业绩是非线性关系，却不是二次项曲线关系，结合前面的理论分析，我们发现不能单独谈论异质性非控股股东持股比例与企业绩效的关系，需要考虑控股股东与异质性非控股股东接近度临界值这一因素，基于此本节通过门限面板模型加以验证。

3. 基于门槛效应，异质股东持股比例与企业经营业绩的非线性关系

表4－5和表4－6是门限效应检验的结果。门限效应模型需要根据门限效应的检验结果来确定该门限效应存在的门限值。本节分别对单一门限和双重门限进行估计，从而估计得到的统计量F值和采用“自助抽样”得到的P值如表4－5所示。从表4－5的门限效应检验结果可见，单一门限模型效应和双重门限模型效应都较为显著。对于单一门限模型效应的自助抽样P值为0.0690，即在10%的水平上显著，对于双重门限模型效应的自助抽样P值为0.0440，即在5%的水平上显著。因此，下面分别基于单一门限模型和双重门限模型进行分析。通过普通OLS估计法计算出单一门限参数和双重门限参数的估计值，根据构造的非拒绝域求出相应的置信区间。由表4－6可知，单一门限的估计值是0.0213，95%置信区间[0.0209，0.0214]，双重门限估计值是0.0658，95%的置信区间[0.0618，0.0666]，说明这两个门限值是真实存在的。本节将研究样本根据双重门限值将门限变量异质性非控股股东接近度划分三个门限区间（见图4－2、图4－3）。

表4－5　　门限面板效应检验

类别	门限值	F值	P值	临界值		
				10%	5%	1%
单一门限	0.0213	18.7600	0.0690	16.6038	20.7709	26.4197
双重门限	0.0658	19.2600	0.0440	16.2801	18.957	26.3577

注：统计量的临界值和P值均采用“自助法”反复抽样1000次得到的结果。

表4－6　　门槛值和门槛置信区间

门槛类别	估计值	95%置信区间
第一门槛值	0.0213	[0.0209，0.0214]
第二门槛值	0.0658	[0.0618，0.0666]

资料来源：笔者使用Stata 14.0软件估计。

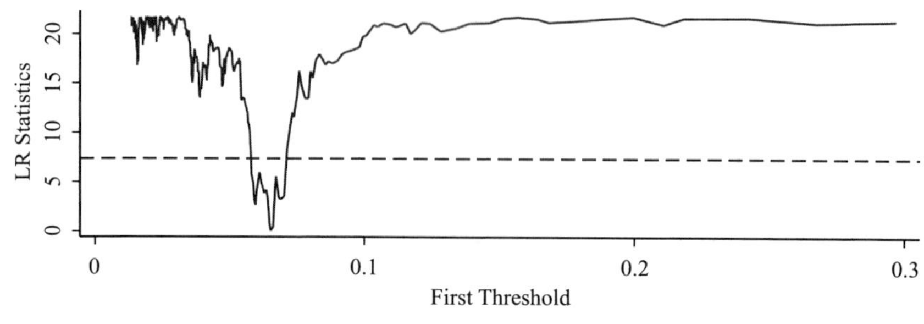

图 4-2　第一道门槛值与置信区间

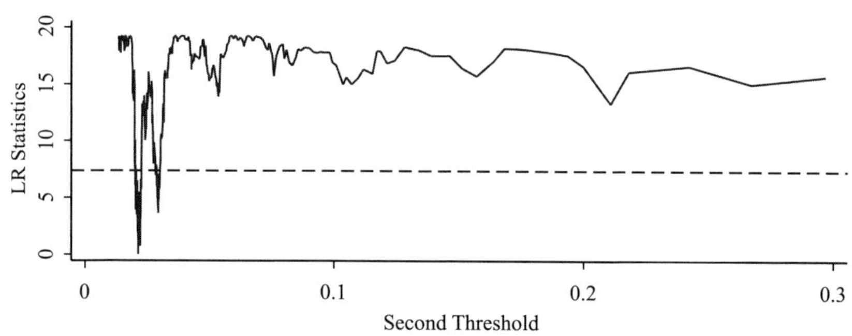

图 4-3　第二道门槛值与置信区间

由表 4-7 的参数估计结果可见，异质性持股比例对企业绩效存在重要的影响，但这种影响是非线性的，而且证实了异质性持股比例与企业绩效之间存在门槛效应。双重门限面板模型将股权架构划分为三个门限区间 $near_1$、$near_2$ 和 $near_3$。当异质性非控股股东接近度在 $near_1$ 区间内，异质性非控股股东的持股比例的回归系数是 -0.0018，在 1% 水平显著，异质性非控股股东持股比例与企业绩效显著负相关关系。此时，异质性非控股股东持股比例较低，控股股东处于“一股独大”的，导致异质性股东难以发挥有效制衡控股股东的机会主义行为的作用，控股股东与异质性非控股股东利益关系更多表现出合谋的特征，并对企业绩效产生不利影响；当异质性股东接近度在 $near_2$ 区间内，异质性股东的持股比例的回归系数是 0.0004，在 5% 水平显著。异质性非控股股东持股比例与企业绩效显著正相关关系。此时，异质性非控股股东持股比例相对较为合理，异质性非控股股东不仅能有效的制衡控股股东的机会主义行为，而且会积极地投入自身所有的资源，与控股股东资源形成有效互补，对企业经营业绩产生积极促进作用。控股股东与异质性非控股股东利益关系更多表现出合作性的特征，并对企业绩效产生积极影响。当异质性非控股股东接近度在 $near_3$ 区间内，异质性非控股股东的持股比例的回归系数是 -0.0003，在1%水平显著，异质性非控股股东持股比例与企业绩效显著负相关关系。此时，异质性非控股股东持股比例相对较高，而且由于不同股东背后代表资本性质的差异，在战略目标、治理模式、运营方式等的选择上出现不同的认知，导致控股股东与异质性非控股股东围绕着公司控制权会产生激烈的利益冲突、争夺，企业绩效出现下滑，假设1得以验证。

表4-7　门限面板模型的参数估计结果

变量	系数估计值	p值	标准误
Debt	-0.1217	0.0000	0.0045
Concen	0.1429	0.0000	0.0103
Size	-0.0021	0.0080	0.0007
Sep	0.0238	0.0420	0.1171
Boardsize	0.0047	0.2780	0.0043
Ows	0.014	0.0020	0.0046
Pre	0.0023	0.1900	0.0018
Mixtra（$Near_1$ <0.0213）	-0.0018	0.0010	0.0005
Mixtra（0.0213≤$Near_2$≤0.0658）	0.0004	0.0090	0.0002
Mixtra（$Near_3$ >0.0658）	-0.0003	0.0100	0.0001

资料来源：笔者使用Stata 14.0软件估计。

4.4.2　异质非控股股东对高管薪酬契约的影响

1. 异质非控股股东多样性对高管薪酬水平和薪酬业绩敏感性的影响

由表4-8可知，模型（4-4）主要被解释变量是lnCopay，R^2 是0.0168，具有一定程度解释力。异质性非控股股东多样性与高管薪酬水平之间呈现显著正相关关系，Mix的回归系数是0.0538，在1%水平上显著大于0。在其他因素不变的情况下，异质性非控股股东对高管薪酬水平产生促进作用，即异质性非控股股东多样性越明显，高管薪酬水平越高。模型（4-5）主要的被解释变量是高管薪酬水平（lnCopay），R^2 是0.0672，具有一定程度解释力。从表4-7的结果中可以看出，模型（4-4）回归过程中，Mix的回归系数是0.0308，在1%水平上显著大于0，Roa的回归系数是1.2478，在1%水平上显著大于0，Mix×Roa的回归系数是0.4649，在1%水平上显著大于0。这说明异质性非控股股东对高管产生一定程度激励作用，在异质性非控股股东主体越多，高管可以凭借不同异质主体带来的社会资本，获得更高的高管薪酬水平。同时，为了与异质性非控股股东形成良性互动关系，高管具有提升企业绩效进而增加自身薪酬水平的内在动力。因此，异质性非控股股东主体数量的增加，会增强高管薪酬业绩敏感性。另外，通过模型（4-4）与模型（4-5）回归结果的对比可以看出，企业绩效在模型（4-4）中系数是0.6799，在模型（4-5）中系数是1.2478。可见加入Mix与Roa交互项后，增强了绩效对薪酬正向影响程度，伴随着异质性非控股股东主体的增多，会增强高管薪酬业绩敏感性，假设2a和假设2b得以验证。

表4-8 异质性股东多样性对高管薪酬水平和高管薪酬敏感性的影响

变量	模型（4-4）	模型（4-5）
Mix	0.0538*** (3.16)	0.0308** (-2.16)
Roa	0.6799*** (3.26)	1.2478*** (5.45)
Mix×Roa		0.4649** (2.52)
Debt	0.1963 (1.32)	0.2321** (2.25)
Concen	-0.7161** (-2.35)	0.2459 (1.29)
Dual	1.1333*** (4.03)	-0.5432*** (-2.70)
Ows	0.3585*** (4.10)	0.1390** (2.11)
Sep	0.2177 (0.86)	0.1323 (0.83)

续表

变量	模型（4-4）	模型（4-5）
Grow	-0.0271 (-1.61)	-0.0030 (-0.25)
Pre	0.0129 (0.35)	-0.0604** (-2.45)
Boardsize	-0.1265 (-1.28)	0.2480*** (3.46)
年度	控制	控制
行业	控制	控制
常数项	14.5399*** (93.11)	14.0693*** (126.51)
样本量	9730	9730
R^2	0.0168	0.0672

注：*、**、***分别代表在10%、5%和1%水平上显著；回归系数标准误差Cluster调整（Cluster by Year）。

资料来源：笔者整理。

2. 异质股东深入性对高管薪酬水平和高管薪酬业绩敏感性

由表4-9可知，模型（4-6）主要被解释变量是lncopay，R^2是0.0172，具有一定程度解释力。在企业中的异质性非控股股东持股比例与高管薪酬水平之间呈现显著负相关关系，Mitra的回归系数是-0.4995，在1%水平上显著大于0。在其他因素不变的情况下，异质性非控股股东持股比例会对高管薪酬水平产生抑制作用，即异质性非控股股东持股比例越大，高管薪酬水平越低。模型（4-7）主要的被解释变量是高管薪酬水平（lnCopay），R^2是0.0183，具有一定程度解释力。从表4-9的结果中可以看出，模型（4-7）回归过程中，Mitra的回归系数是-0.7151，在10%水平上显著大于0，roa的回归系数是0.4248，在10%水平上显著大于0，Mitra×Roa的回归系数是5.0828，在10%水平上显著大于0。这说明异质性非控股股东持股比例对高管薪酬产生一定程度抑制作用。同时，伴随着公司财务业绩增加，高管薪酬水平也会相应提高，同样可以增强高管薪酬业绩敏感性。基于以上分析，异质性非控股股东持股比例的增加，一定程度上可以抑制高管薪酬水平，使其薪酬水平在合理水平，从而进一步增强了高管薪酬绩效敏感性，假设 3a 和假设 3b 得到验证。

表 4-9 异质性股东深入度对高管薪酬和高管薪酬敏感的影响

变量	模型（4-6）	模型（4-7）
Mixtra	-0.4995*** (-3.79)	-0.7151* (-2.43)
Mixtra × Roa		5.0828* (2.10)
Roa	0.6438*** (4.93)	0.4248* (2.76)
Debt	0.1919*** (3.52)	0.1915 (1.31)
Concen	-0.7494*** (-6.28)	-0.7432* (-2.43)
Dual	1.1048*** (6.54)	1.1017*** (3.94)
Ows	0.3537*** (6.70)	0.3509*** (4.05)
Sep	0.2130 (1.57)	0.2187 (0.86)
Grow	-0.0265* (-2.10)	-0.0267 (-1.59)
Pre	0.0123 (0.59)	0.0100 (0.27)
Boardsize	-0.1205* (-2.19)	-0.1199 (-1.22)
年度	控制	控制
行业	控制	控制
常数项	14.6193*** (186.22)	14.6290*** (94.30)

续表

变量	模型（4-6）	模型（4-7）
样本量	9730	9730
R^2	0.0172	0.0183

注：*、**、*** 分别代表在 10%、5% 和 1% 水平上显著；回归系数标准误差 Cluster 调整（Cluster by Year）。

资料来源：笔者整理。

3. 不同产权性质控股股东对异质股东与高管薪酬业绩敏感性的影响

除了上述检验以外，我们还进一步对不同产权性质下异质性非控股股东主体多样性与高管薪酬水平、薪酬业绩敏感性的关系进行了回归分析，即检验了在国有控股企业与非国有控股企业中，异质性非控股股东主体多样性与高管薪酬水平、薪酬业绩敏感性的关系存在的差异性。由表 4-10 回归结果显示，第（1）列与第（2）列显示，无论在国有控股企业还是在非国有控股企业中，异质性非控股股东多样性对高管薪酬水平呈现正向关系。第（2）列显示，Mix 的系数是 0.0482，在 1% 水平上显著，Roa 的系数是 1.7473，在 1% 水平上显著，Mix × Roa 的系数是 0.3219，在 10% 水平上显著。说明在国有控股企业中，异质性非控股股东多样性与高管薪酬业绩敏感性是正向关系。而在非国有控股中，Mix × Roa 不显著，说明异质性非控股股东多样性与高管薪酬绩效敏感性没有显著关系。

表 4-10　不同产权性质控股股东下异质性股东多样性对高管薪酬影响

变量	国有控股企业		非国有控股企业	
	（1）	（2）	（3）	（4）
Mix	0.0341 * （1.80）	0.0482 *** （3.49）	0.0408 * （1.96）	0.0481 *** （2.68）
Roa	1.2955 *** （5.01）	1.7473 *** （8.10）	0.9047 *** （4.01）	0.9764 *** （5.56）
Mix × Roa		0.3219 * （1.80）		-0.1438 （-0.74）
Debt	0.1615 （1.04）	0.0488 （0.90）	0.4893 *** （2.74）	0.4891 *** （8.13）

续表

变量	国有控股企业		非国有控股企业	
	(1)	(2)	(3)	(4)
Concen	-0.7788 ** (-2.35)	-0.1083 (-0.97)	0.6831 ** (2.18)	0.6890 *** (4.49)
Dual	1.2227 *** (3.69)	-0.4762 *** (-3.07)	-0.5591 (-1.58)	-0.5521 *** (-2.63)
Ows	0.2724 *** (3.14)	0.1033 ** (2.39)	0.3170 ** (2.00)	0.3164 *** (3.50)
Sep	0.6960 ** (2.04)	0.0774 (0.57)	0.2963 (1.28)	0.2951 ** (1.96)
Grow	-0.0744 *** (-3.50)	-0.0085 (-0.67)	-0.0112 (-0.63)	-0.0111 (-0.81)
Pre	-0.0715 (-1.40)	-0.0914 *** (-4.11)	-0.0434 (-1.33)	-0.0429 ** (-2.04)
Boardsize	-0.1208 (-1.04)	0.2344 *** (4.61)	0.2224 * (1.86)	0.2211 *** (3.31)
年度	控制	控制	控制	控制
常数项	14.6099 *** (83.66)	14.3079 *** (189.47)	13.7289 *** (75.80)	13.7230 *** (143.00)
样本量	6190	6190	3540	3540
R^2	0.0260	0.0976	0.5113	0.4568

注：*、**、*** 分别代表在 10%、5% 和 1% 水平上显著；回归系数标准误差 Cluster 调整 (Cluster by Year)。

资料来源：笔者整理。

除了上述检验以外，本节还进一步分析了异质性非控股股东持股比例与高管薪酬水平、薪酬业绩敏感性的关系在不同产权性质下存在的差异性。异质性非控股股东的持股比例一定程度上反映了非控股股东参与公司治理的程度。一方面，由于国有控股公司长期存在“内部控制人”问题，异质性非控股股东的参与可以一定程度上制衡内部人，抑制国有控股企业的高管薪酬水平过度增长等。因此，与非国有控股企业相比较，异质性非控股股东持股比例与高管薪酬绩效敏感性在国有控股企业中更加明显；另一方面，国有控股公司高管薪酬的市场化水平相对不足。国有控股企业高管普遍存在参照行政人员相应级别管理的现实操作，并对其薪酬水平进行相应的限制，出现国有控股公司高管薪酬激励不足的问题，从这个角度来看，异质性非国有股东持股比例的增加，一定程度上削弱国有控股公司中政府对高管薪酬干预，高管薪酬更加充分发挥利益补偿效应，具有提升高管薪酬业绩敏感性的作用，异质性非控股股东深入度与高管薪酬业绩敏感性的正向作用在国有控股企业中更为明显。

表4－11相关回归结果中（1）栏、（2）栏中Mixtra的回归系数为－0.6216、－0.6832，在1%水平上显著，在（2）栏中Mixtra×State的回归系数为0.4146，Mixtra×Roa的系数是1.088，在10%水平上显著。这些回归结果说明，异质性非控股股东持股比例对高管薪酬水平负向影响在国有控股公司中更加显著，即与非国有控股公司相比较，国有控股公司的异质性非控股股东持股比例对高管薪酬水平的抑制效应更明显。在第（3）栏中，Mixtra的回归系数是0.5143，在10%的显著性水平上显著，Mixtra×State的回归系数是1.4450，在10%的水平上显著，Mixtr×Roa×State的回归系数是5.664，在10%的水平上显著。这些回归结果表明，最终控股股东的产权性质差异会对异质性非控股股东与高管薪酬之间的关系产生一定影响。在国有控股公司中，异质性非控股股东持股比例不断增加会对高管薪酬业绩敏感性产生显著正向影响。而在非国有控股公司，异质性非控股股东持股比例的深入性对高管薪酬水平负向影响、对高管薪酬业绩敏感性的正向影响相对国有控股公司不明显。

表4－11　不同产权性质控股股东下异质性股东深入性对高管薪酬影响

变量	(1)	(2)	(3)
Mixtra	－0.6216*** (－3.58)	－0.6832*** (－3.67)	－0.4689* (－2.30)
Mixtra×State		0.4146* (2.95)	0.5143* (2.57)
Mixtra×Roa		1.0880* (2.91)	1.4450* (2.45)

续表

变量	(1)	(2)	(3)
Mixtra × Roa × State			5.6646 * (2.57)
Roa	1.0078 *** (10.25)	0.9606 *** (8.65)	0.9646 *** (8.69)
Debt	-0.3769 *** (-9.06)	-0.3767 *** (-9.05)	-0.3729 *** (-8.96)
Concen	-0.9541 *** (-10.62)	-0.9523 *** (-10.60)	-0.9509 *** (-10.59)
Dual	-0.0011 (-0.01)	-0.0014 (-0.01)	0.0071 (0.06)
Ows	0.0679 (1.70)	0.0674 (1.69)	0.0686 (1.72)
Sep	0.0387 (0.38)	0.0399 (0.39)	0.0420 (0.41)
Grow	-0.0868 *** (-9.13)	-0.0868 *** (-9.12)	-0.0870 *** (-9.15)
Pre	-0.0482 ** (-3.08)	-0.0487 ** (-3.11)	-0.0472 ** (-3.01)
Boardsize	0.0626 (1.51)	0.0628 (1.51)	0.0611 (1.47)
Size	0.5728 *** (81.73)	0.5725 *** (81.58)	0.5729 *** (81.64)
年度	控制	控制	控制
常数项	2.4864 *** (15.57)	2.4952 *** (15.60)	2.4830 *** (15.52)
样本量	9730	9730	9730
R^2	0.3817	0.3817	0.3821

注：*、**、*** 分别代表在 10%、5% 和 1% 水平上显著；回归系数标准误差 Cluster 调整（Cluster by Year）。

资料来源：笔者整理。

4.4.3　稳定性检验

相关验证中可能存在因企业业绩指标衡量选取的差异，使得相关结论产生重要影响。为了检验相关结论是否仅在本节采用的总利润（Roa）指标时才成立，本节分别采用净利润指标（Roe）来代替总利润指标（Roa），对相关模型进行重新回归。结果见表4－12、表4－13，由表中结果可知，与之前的回归结论基本相同，说明回归结论是稳定的。由表4－14可知，基本验证了不同股权架构下，异质性非控股股东持股比例对企业绩效的影响是不同的，尽管显著性存在一定程度的差异，但基本结论还是相同的。

表4－12　　异质股东多样性对高管薪酬契约影响

变量	(1)	(2)
Mix	0.0538*** (3.17)	0.0112 (0.58)
Roe	0.3184*** (3.74)	−0.0443 (−0.35)
Mix × Roe		0.4609*** (4.34)
Debt	0.1645 (1.12)	0.1707 (1.17)
Concen	−0.7264** (−2.41)	−0.7009** (−2.33)
Dual	1.1370*** (4.05)	1.1238*** (4.02)
Ows	0.3582*** (4.10)	0.3611*** (4.15)
Sep	0.2233 (0.88)	0.2360 (0.93)

续表

变量	(1)	(2)
Grow	-0.0254 (-1.50)	-0.0248 (-1.47)
Pre	0.0140 (0.38)	0.0121 (0.33)
Boardsize	-0.1279 (-1.30)	-0.1238 (-1.26)
年度	控制	控制
行业	控制	控制
常数项	14.5603*** (93.86)	14.5880*** (93.55)
N	9730	9730
R^2	0.0187	0.0224

注：*、**、*** 分别代表在10%、5%和1%水平上显著；回归系数标准误差Cluster调整(Cluster by Year)。

资料来源：笔者整理。

表4-13　　　　异质股东持股比例对高管薪酬契约影响

变量	(1)	(2)
Mixtra	-0.0051* (-1.87)	-0.0064** (-2.26)
Roe	0.3069*** (3.59)	0.2330** (2.33)
Mixtra × Roe		0.0176* (1.86)
Debt	0.1627 (1.13)	0.1620 (1.12)
Concen	-0.7605** (-2.52)	-0.7512** (-2.48)

续表

变量	(1)	(2)
Dual	1.1086*** (3.95)	1.1092*** (3.96)
Ows	0.3532*** (4.07)	0.3511*** (4.05)
Sep	0.2180 (0.86)	0.2187 (0.86)
Grow	-0.0252 (-1.49)	-0.0255 (-1.51)
Pre	0.0134 (0.36)	0.0122 (0.33)
Boardsize	-0.1218 (-1.24)	-0.1209 (-1.23)
年度	控制	控制
行业	控制	控制
常数项	14.6383*** (95.02)	14.6424*** (94.90)
样本量	9730	9730
R^2	0.0171	0.0176

注：*、**、*** 分别代表在10%、5%和1%水平上显著；回归系数标准误差 Cluster 调整（Cluster by Year）。

资料来源：笔者整理。

表4-14　不同利益冲突下，异质股东持股比例对企业绩效的影响

变量	低度冲突	中度冲突	高度冲突
Mixtra	0.0005 (0.26)	0.0004* (2.15)	0.0002 (0.58)
Debt	-0.1213*** (-3.82)	-0.1203*** (-23.74)	-0.1456*** (-9.13)

续表

变量	低度冲突	中度冲突	高度冲突
Concen	-0.0765 (-1.58)	0.1447*** (10.86)	0.1673 (1.64)
Size	-0.0176** (-3.26)	-0.0031*** (-3.43)	-0.0018 (-0.49)
Sep	-0.0286 (-0.60)	0.0330** (2.61)	0.0230 (0.46)
Boardsize	0.0483* (2.49)	0.0074 (1.59)	-0.0195 (-1.26)
Ows	0.0096 (0.76)	0.0075 (1.48)	0.0280 (1.24)
Pre	0.0040 (0.47)	0.0014 (0.70)	-0.0004 (-0.07)
常数项	0.5025*** (4.01)	0.1330*** (6.38)	0.1485 (1.74)
样本量	515	7920	1295
R^2	0.1174	0.1043	0.0890

注：*、**、***分别代表在10%、5%和1%水平上显著；回归系数标准误差Cluster调整(Cluster by Year)。

资料来源：笔者整理。

4.5 研究结论

随着混合所有制改革不断深入，迫切要求我们对于不同资本性质股东融合进行深入的研究。本章以“异质性非控股股东”为研究视角，以2007~2016年中国A股上市公司作为研究样本。一方面，基于异质性非控股股东与控股股东的利益关系，研究了基于控股股东与异质性股东的门槛效应下，异质性非控股股东持股比例对企业经营业绩影响，采用门限面板模型进行了实证检验，发现异质性持股比例对企业经营业绩存在重要的影响，但这种影响是非线性的，而且证实了异质性持股比例与公司财务业绩之间存在门槛效应，并根据双重门限值将门限变量异质性非控股股东接近度划分三个门限区间。当异质性非控股股东持股比例较低，控股股东与异质性非控股股东利益关系更多表现出合谋的特征，并对企业绩效产生消极影响；伴随着异质性非控股股东持股比例增加，异质性非控股股东不仅能有效地制衡控股股东的机会主义行为，彼此在利益关系上更多表现出合作性的特征，并对企业绩效产生积极影响。但异质性非控股股东持股比例相对过高时，控股股东与异质性非控股股东围绕公司控制权会产生激烈的利益冲突、争夺，导致企业绩效出现下滑问题；另一方面，基于异质性非控股股东与高管之间利益关系，研究了异质性股东对高管水平、高管薪酬绩效敏感性的影响，发现异质性非控股股东主体多样性与高管薪酬水平是显著正相关关系，与高管薪酬业绩敏感性也是显著正相关关系。而异质性非控股股东深入度与高管薪酬水平是显著负相关关系，但不同产权性质控股股东的公司中异质性非控股股东对高管薪酬业绩敏感度产生的影响存在一定差异。与非国有控股公司相比较，在国有控股企业中异质性非控股持股深入性对高管薪酬业绩敏感度更为显著。

第 5 章

异质性股权混合度、董事会内在特征对国有混合所有制企业经营效应的影响

混合所有制改革强调不同所有制资本的融合，异质资本融合引发的公司治理问题和改革的效应成为关注的重点。股权结构影响董事会构成、特征和治理能力，进而影响企业经营效应。董事会资本体现了董事会实现治理效能的潜在能力，董事会独立性状态反映了董事会发挥治理效用的主观意愿，二者体现了董事会的内在特征，是直接影响董事会质量的重要因素。本章从异质性股权结构出发，重点研究异质性股权混合度与企业经营效应的关系，对比分析了异质股权混合对不同控股企业经营效益和社会经济效益的影响差异。在此基础上，探讨异质性股权混合度是否提升了董事会资本；董事会资本对企业经营效应会产生怎样的影响；董事会相对权力是否调节董事会资本与企业经营效应以及以上影响是否存在产权性质差异。本章以混合所有制改革的企业为研究对象，探索异质性股权结构对董事会资本和相对权力的影响，以及异质性股权结构下所形成的董事会资本和独立性状态与企业经营效应，对于全面客观评价企业混合所有制改革有效性，完善企业股权结构，提升企业价值具有现实的理论与实践价值。

5.1　异质性股权混合度对国有混合所有制企业经营效应的影响

5.1.1　理论分析与研究假设

异质股东的股权混合不仅影响企业发展所需的异质资源的获取能力，而且会影响异质股东博弈下企业的委托代理关系、治理效应以及决策者的行为偏好等，博尔托洛蒂等（Bortolotti et al.，2002）认为民营化有利于改善国企绩效。那么，异质股东是否越多越好，异质股权混合到什么程度最有效？

国有企业混合所有制改革经营效应的研究可区分为混合所有制企业的自身效应和外部效应两方面。首先，关于混合所有制企业自身效应的研究更多侧重于对企业效率方面的研究。例如，刘小玄和李利英（2005）、胡一帆等（2006）、郝大明（2006）、丽蒂卡（Ritika，2012）、马荣（2011）相应地从企业产出、盈利能力、净产值、全要素生产率等方面分析了国有企业民营化对企业效率的积极作用。在创新驱动发展的新常态下，王业雯等（2017）研究了国企改制对企业技术创新效率的积极效用。有学者试图更加全面地描述国有企业混合所有制改革效率，姚东旻和李军林（2016）系统研究了国内关于国企效率实证研究的指标随时间的演进路径；卢俊和彭雪（2015）通过构建国有企业效率评价的多维度模型，证明了国有企业在经济辐射率、社会效率和创新效率等方面的优势。但相关研究结论分歧较大，难以得出关于企业混合所有制改革是否有效改善企业经营效率的肯定性结论。关于混合所有制改革对企业效益影响方面研究仅占极少数，韩朝华和戴慕珍（2008）、韩朝华和周晓艳（2009）以工业企业数据为样本，分别从资源配置和企业纳税水平角度说明了国企改制的积极效益。陈琳等（2009）发现混合所有制改革可以降低国有企业的政策性负担；而混合所有制改革影响因素最终都将应用和服务于企业的经营活动中，体现在企业的经营效率和经营效益上。其次，也有文献关注企业混合所有制改革的外部效应。社会责任要求企业必须着眼于利益相关方和社会视角衡量企业的行为效果所创造的经济和社会价值。杨记军等（2014）指出，国企通过民营化实现政府转让控制权的政治动机明显高于追求企业业绩的经济动机。阿尔希亚等（Arghya et al.，2015）、托鲁（Tohru，2013）、施等（Shih et al.，2016）分别从产品边际成本、城市就业率、竞争力等方面肯定了民营化对社会福利的积极影响。白重恩等（2006）指出国企改革应在企业绩效与社会成本间寻求平衡。企业作为社会经济活动基本单位，承担社会经济责任是企业基本的责任，企业应实现自身经营效益、经营效率和社会经济效益的统一。然而并没有相关研究将企业经营效率、经营效益和企业社会经济效率综合起来进行分析，这不利于客观评价企业混合所有制改革成效。

股权结构作为国有企业混合所有制改革的重要内容，相关文献开始更进一步研究股权结构与混合所有制企业经营效应的关系。阿廷等（Atting et al.，2008）研究发现，参股股东有助于减少股权成本，提高企业现金价值。刘小玄和李寿喜（2007）发现企业效率最优时的国有股权约为30%；马连福等（2015）检验发现非国有性质股权对企业绩效的提升作用在30%～40%时最显著；张伟等（2017）则针对不同改革方案下企业产权结构与市场运行结果关系进行了研究，提出混合所有制企业具体的最优交叉持股方案应遵循“一企一策的原则”。这些对股权结构的研究多是从持股比例、股权集中与制衡度研究混合所有制企业中的股权结构选择。然而马丁等（Martin et al.，2003）通过实证检验发现股权集中度对企业价值的影响微乎其微，而所有权结构对企业价值的影响较大。黄速建（2014）、杨红英等（2015）认为我国国有企业混合所有制改革中，存在国有资本与非公有资本的股权结构不明确，相关权利保护不到位的问题。

股权结构是影响企业控制权分布和公司治理的基础，通过合理设置异质股东参与度，能够激发企业活力，强化企业治理机制，促进企业经营效应。股权结构作用于影响企业发展的资源投入和治理特征，而且会影响混合所有制企业中异质性股东间资源互补的效率。一方面，由于不同所有制资本的目标和利益诉求不同，导致异质性股东间产生的利益冲突影响异质资源的投入度；另一方面，不同股权结构的安排会促使不同性质的委托代理关系形成（颉茂华等，2017），进而影响企业管理效率和异质资源的融合利用率。在混合所有制企业中，所有制的多样化优化了企业的股权结构和股权制衡（肖彦等，2017），而异质性股东引进后形成的异质性股权结构和股权制衡是否带来企业效率和效益的同步的提升呢？在管理层从属控股股东情况下，股权集中与公司价值的关系更多依赖于控股股东。因此，本节主要从不同控股东性质出发，研究异质性股权混合对企业经营效应的影响。

股东异质性首先体现在异质股东间要求报酬率的差异，国有股持股越多公司要求的资本成本即经济报酬率越低；其次，股东异质性体现在股东携带的资源差异，例如，国有股东可以带来银行贷款、税收优惠等融资便利，以及高层次人才引进、政策信息等非市场化资源；非国有股东可以带来高效的运营管理、灵敏的市场触觉等资源；再次，股东异质性促进异质股东间的制衡监督，减少委托—代理问题所致的道德风险；最后，股权结构，尤其是当异质股东参与到企业中时，会对高管认知多样性产生影响（杨林，2014；王宁，2020）。在国有控股的混合所有制企业，当异质性股权混合程度越高时，由于非国有股东的持股比例相对提高，国有控股的混合所有制企业会努力实现更高的经济报酬率以满足或平衡引进的异质股东的利益诉求。同时，异质性股权混合度越高，异质股东携带的资源越丰富，高管认知也更加多样化，这样不仅有利于促进非国有股东与国有股东、股东与管理者之间监督制衡的有效性，也有利于高管做出科学决策，最终提升企业经营管理效率，优化企业资源投入。而当股权所有制混合程度较低时，异质性主体数目较少且持股差距较大，国有股东很可能凭借自身的强势控制地位掌握公司经营决策权，无视其他股东利益甚至滥用控制权，造成企业经济效益和经营效率的损失。

由此，提出如下假设 H1、H2：

H1：在国有控股的企业中，异质性股权混合度正向影响企业经营效率。

H2：在国有控股的企业中，异质性股权混合度正向影响企业经营效益。

异质性股东可以为企业带来多元化的视野、思维、物质资本以及社会资源，在当今动态多变的市场环境中，这些资源是企业增加经营效益，提升经营效率至关重要的因素。异质性股东间的有效制衡和监督可以避免这些资本引入的不平等以及低效率行为。在非国有控股的混合所有制企业中，由于不存在所有者缺位带来的模糊委托代理关系，异质股东间的监督制衡会更有效，如在非国有股东控股的企业中，异质股权混合程度越高，国有股东约束非国有股东的短期收益目标注重长期经营目标的能力就越强。同时，非国有股东控股对经济效率和效益的追求又相应地约束了国有股东对部分非经济社会责任的承担。然而，异质性股东在社会角色、效用目标、行为能力等方面的差异所引起的利益冲突，容易导致股东间出现利益争夺，进而损害公司效率，如股东异质化的现实会使部分投资者追逐短期收益而陷公司于窘境（冯果等，2014）。利益冲突并不一定会导致过度制衡和经营效应损失。基于个人的理性约束，异质股东会理性地充分利用多方资源，避免和减少冲突以及其他不经济行为。如非国有控股股东为了获得国有股东在研发能力上的优势而承诺实现国有股东的社会效率目标；在不完善的市场机制下国有股东为非国有控股企业获得政治联系，解决其发展过程中面临的融资难、资源获取度低等问题；分别基于自身效用，异质股东投入的与企业发展相契合的资源也越多；混合所有制改革使得更多类型的利益相关者参与到公司治理，可能更有助于发挥利益相关者对企业绩效的积极作用，异质性股东效用最大化最终将转化为对非国有控股企业自身经营效应的提升。由此，提出如下假设 H3、H4：

H3：当控股股东为非国有股东时，股权所有制混合程度正向影响企业经营效率。

H4：当控股股东为非国有股东时，股权所有制混合程度正向影响企业经营效益。

经济责任，包括企业赚取利润，积极纳税，保护员工利益，实现企业的可持续发展等，是企业最基本的社会责任。国有控股的企业被公众期望承担着更多的社会责任，包括经济责任和非经济责任，在一定程度上，使得国有控股的企业由于过多的兼顾非经济社会责任，而导致“义利失衡”(吴照云等，2008)。然而，企业对不同层次和不同视角的社会责任的履行，应视企业的自身资源条件而定。不同的股权结构下，异质性股东的地位以及其附带的资源会影响企业的效率目标（江青松等，2011)。国有控股企业的国有产权属性导致企业承担了如增加就业、慈善捐助、关心弱势群体等本应由政府层面解决的问题，对国有控股企业自身的经济效益造成一定影响，而异质非控股股东具有天然逐利特性，异质性股权混合将助力企业向自身经营效益倾斜。相反，民营企业中引入国有股权，有利于推动企业将社会责任的履行视为企业可持续发展的战略思维（李姝等，2014)，伴随着民营企业在成长发展以及壮大阶段为了实现长远发展以及自我实现的需要，开始履行社会责任并转而关注社会效益（吴凯强，2017)。异质性股权混合，使得国有股东能够更好地监督和协助非国有控股企业更好地履行社会经济责任，提高企业社会经济效益，实现企业可持续发展。在我国，民营企业虽然不完全等同于非国有控股的混合所有制企业，但相比于国有控股的企业，它们具有相似的利益目标，异质性股权混合为非国有控股的企业更好实现社会经济效益提供了更多的资源和更良好的环境。

H5：相比于非国有控股企业，异质性股权混合对国有控股企业的自身经营效益影响更高。

H6：相比于国有控股型企业，异质性股权混合度对非国有控股的混合所有制企业的社会经济效益影响更高。

5.1.2 模型、变量与数据

1. 模型设定

依据理论分析构建模型分析异质性股权混合度，对不同实际控制人混合所有制改革效率的影响：

$$effect_{i,t} = \alpha_0 + \alpha_1 effect_{i,t-1} + \sigma_2 mixed_{i,t} + \alpha_3 HI + \alpha_4 level_{i,t} + \alpha_5 size_{i,t} + \alpha_6 dual_{i,t} + \varepsilon_{i,t} \tag{5-1}$$

依据理论分析构建以下模型，分析不同实际控制人对混合所有制企业改革效率差异。

$$effect_{i,t} = \alpha_0 + \alpha_1 effect_{i,t-1} + \alpha_2 mixed_{i,t} + \alpha_3 mixed_{i,t} \times property_{i,t} + \alpha_4 HI + \alpha_5 level_{i,t} + \alpha_6 size_{i,t} + \alpha_7 dual_{i,t} + \varepsilon_{i,t} \tag{5-2}$$

该模型中 effect 表示混合所有制企业经营效应，包含了企业经营效益、企业经营效率和企业社会经济效率三个方面。为了全面衡量混合所有制改革对企业经营效应的影响，依据已有研究成果选取了公司规模（size）、负债水平（debt），行业竞争度（HI）、二职合一（dual）分别控制其可能对混合所有制企业经营效应的影响。

2. 变量说明

主要变量如表5-1所示。

表5-1　主要变量

变量名称	变量符识	变量定义
社会经济效益	socio	ln（（企业利润+职工薪酬及福利+增值税及营业税金）$_{i,t}$ -（企业利润+职工薪酬及福利+增值税及营业税金）$_{i,t-1}$）
企业经营效率	roa	净利润/（年初资产总额+年末资产总额）/2
企业经营效益	prof	Ln（税前净利润）
异质股权混合度	mixed	$1/\sum_{i=1}^{n} x_i^2$（N表示前十大股东性质类别数目，x_i 表示第i类别股东持股比例）

续表

变量名称	变量符识	变量定义
企业性质	owner	国有控股取值1，否则取值0
二职合一	dual	董事长与经理为同一人取值1，否则取值0
企业规模	size	Ln(年均总资产)
财务杠杆	debt	流动资产/流动负债
行业竞争度	hI	$\sum_{i=1}^{n}(X_i/X)^2$，其中 X_i 为 i 公司的主营业务收入，X 为该公司所属行业的主营业务收入合计

（1）被解释变量。企业经营效益：企业是以营利为最终目的的经济组织，经营效益是企业经营活动的结果反应，本节借鉴相关研究取企业税前平均利润的自然对数衡量企业的经营效益（何雄浪等，2013）。

企业经营效率：企业效率主要体现在投入产出率和配置效率（晏杨，2014），综合反映了企业在经营过程中的生产能力和管理能力，二者的结合最终影响企业的盈利能力。因此借鉴相关研究，本节选取反映企业盈利能力的净资产收益率指标作为企业经营效率的替代变量（孙梦男等，2017）。

企业社会经济效益：社会经济责任是企业最基本的社会责任，本节根据企业对社会经济责任的履行状况衡量企业社会效益。工业增加值增长速度有助于全面衡量国有企业的经济及社会价值和增长潜力，国有和国有控股企业的工业增加值可作为社会效率的核心解释变量（卢俊等，2015）。借鉴相关研究，本节采用工业增加值作为企业社会效益的替代变量。

（2）解释变量。

①异质性股权混合度。企业内不同股权结构的安排体现了股东的权力结构，以及管理者财务资本和人力资本积累的差别。因此，基于异质股权结构的度量对研究企业内产权安排与企业绩效关系具有重要意义。本节引进异质性股权混合度这一变量在一定程度上度量反映不同所有制资本的集散度，采用企业内前十大股东中不同性质类别股东持股比的平方和的倒数进行度量。

②控股股东性质。控股股东性质的差异反映控制权的差异，控制权形态的差异也会导致公司治理理论和治理规则的多样化（安锐，2011），而公司治理的有效性是影响企业效率的直接因素。本节国有控股的企业取值

为1，非国有控股的企业取值为0。

（3）控制变量。为控制其他影响因素，本节设置如下控制变量。①企业规模。企业规模会影响企业对社会责任的履行进而影响企业的财务绩效，此外不同规模企业面临的运营风险不同影响企业回报。企业规模包括对企业社会效率和基于财务评价的企业自身效率产生影响。在衡量公司规模时，借鉴相关研究，取总资产的对数作为企业规模的替代变量（张耀伟等，2015）。②二职合一。董事长与总经理是否二职合一直接影响企业内控制权分布的强弱，企业内监督制衡机制的有效性，以及影响企业的目标选择和运行效率，进而对企业的社会效率和经济效率产生影响。本节中当总经理与董事长同一人担任时取值为1，否则取值为0。③财务杠杆。财务杠杆会影响经营者实施盈余管理的激励程度（Sandip et al.，2016）。此外，消费者满意度会受到企业负债水平的影响，并通过市场机制影响企业价值。因此，财务杠杆可能会影响企业自身效率和社会效率，本节采用总资产负债率作为财务杠杆的替代变量。④行业竞争度。行业竞争度同样会影响企业社会责任的履行，不同的行业竞争程度下会影响企业的利润和社会福利水平（盛丹，2013）。因此，行业竞争度同样可能影响到企业的社会经济效益和企业自身经营效益。借鉴相关研究，本节对行业竞争度的度量采用赫芬达尔指数（杨璠，2015）。

3. 数据来源与描述

（1）数据来源。本节选取了2008～2017年沪深两市非金融类上市公司为研究对象，对数据的整理工作如下：

①剔除了ST公司，因为这类公司财务状况不稳定。

②依公司股东类型将股东性质分为国有股、民营股、外资股、自然人股和其他股五类，手工搜集整理了各公司前十大股东中不同类别股东的累计持股。

③剔除变量数据缺失的公司。通过对数据的整理得到了一个包括1481家上市公司的非平衡面板数据。

本节所需的工业增加值为国泰安数据库获得的相关指标计算所得；异质性股权混合度指标来源于公司年报中各公司前十大股东中不同类别股东的累计持股计算所得；本节的其他指标均来自国泰安（CSMAR）数据库。本研究所使用的数据处理统计分析软件为Stata17.0。

（2）描述性统计。

表5-2对主要研究变量进行了分组描述性统计，并用“独立样本t

检验”比较了各变量的均值在两组之间的差异。结果显示：①与非国有控股的企业相比，国有控股企业的经济效益和社会经济效率的均值差异显著较高，而关于企业经济效率的均值差异并不显著；②与非国有控股企业相比，国有控股企业的异质性股权混合程度较低。表 5－3 对主要研究变量进行了相关性检验，由检验结果初步判断异质性股权混合度与企业经营效益和社会经济效率分别存在正相关关系；异质性股权混合度与企业经济效率无显著关系，以上证据初步表明异质性股权混合度对企业经营效益和社会经济效率产生正向影响，而对企业经营效率无显著影响，但更严谨的结论有待进一步的回归分析。

表 5－2　关键变量的描述性统计

	prof		roe		socio		mixed	
	国有控股	非国有控股	国有控股	非国有控股	国有控股	非国有控股	国有控股	非国有控股
最小值	10.68	10.93	－14.76	－8.43	－1.84	－7.59	0.94	1.45
均值	19.11	19.01	1.32	0.17	1.08	9.29	6.48	11.62
最大值	24.24	22.51	13.20	34.18	225	173	28.82	94
标准误	0.068	0.107	27.95	2.11	2.51	20.5	4.89	11.53
样本	742	739	742	739	742	739	742	739
t 值	0.800***		1.159		0.156**		5.144**	

注：***、** 和 * 分别表示在 1%、5% 和 10% 水平上显著，下同。
资料来源：笔者整理。

表 5－3　关键变量的相关性检验

	prof	roe	socio	mixed
prof	1			
roe	0.0552 (0.0914)	1		
socio	0.9352 (0.0958)	0.0379 (0.7884)	1	
mixed	0.0093*** (0.0001)	－0.0208 (0.5243)	0.0118*** (0.0058)	1

资料来源：笔者整理。

5.1.3 实证结果分析

1. 回归结果分析

依据模型（5-1）进行的分样本检验结果如表5-4所示。表5-4中第（1）列、第（3）列分别是对国有控股企业经营效率和经营效益的回归结果。在第（1）列中mixed的系数为正但并不显著，即异质性股权混合度对国有控股企业的经营效率影响并不显著，假设H1并未通过检验，在第（2）列中mixed的回归系数在1%水平上显著为正，即异质性股权混合度对国有控股企业的经营效益产生显著正向影响，符合假设H2。表5-4中第（2）列、第（4）列分别是对非国有控股企业经营效率和经营效益的回归结果展示。在第（2）列中mixed的系数为负但并不显著，假设H3不成立，在第（4）列中，mixed的系数在1%水平上显著为正，表明异质性股权混合度对非国有控股企业的经营效益产生显著正向影响，假设H4成立。综上可以说明，异质性股权混合显著提升了混合所有制企业经营效益，对企业经营效率虽未有损害但也尚未有显著提升作用。异质性股权混合由于未实现股权混合后的运营机制转换以及公司治理的改善，导致企业生产运营效率和经营管理能力没有得到提升，最终表现为对企业经营效率的影响不显著；但异质股权混合有助于发挥异质资源的互补优势，加大和改善企业资源投入，提升企业经营效益。

表5-4　异质性股权混合度、经营效率与经营效益

解释变量	企业经营效率		解释变量	企业经营效益	
	国有控股	非国有控股		国有控股	非国有控股
roe（-1）	0.0171 （1.39）	-0.2031 （-1.17）	prof（-1）	0.3562*** （24.47）	0.3419*** 115.64
mixed	0.3105 （0.59）	-0.0014 （-0.05）	mixed	0.2410*** （6.61）	0.0536*** （14.12）
HI	-0.0857 （-0.02）	-0.4221 （-0.38）	HI	0.9910 （0.1）	-0.0469*** （-20.48）
dual	-1.12335 （-1.28）	-0.8401** （-2.97）	dual	-2.01** （-2.27）	-0.7170 （-1.64）

续表

解释变量	企业经营效率		解释变量	企业经营效益	
	国有控股	非国有控股		国有控股	非国有控股
size	-1.1822 (-0.28)	-0.0590 (-0.14)	size	9.16 1.51	0.0232 *** (2.07)
debt	-9.2752 *** (-11.81)	-2.3459 (-1.21)	debt	-8.33 *** (-6.88)	-0.0556 *** (-15.73)
AR(2)	0.257	0.157	AR(2)	0.408	0.416
Hansen	0.510	0.365	Hansen	0.612	0.597

注：(1) ***、** 和 * 分别表示在 1%、5% 和 10% 水平上显著；(2) 括号中内容为 t(z) 统计量；(3) AR(2)、Hansen 检验均显示其 P 值，要求 P 值均大于 0.05；变量后的 (-1) 表示变量滞后一期。

资料来源：笔者整理。

表 5-5 是依据模型 (5-2) 的检验结果。第 (1) 列 mix × property 的系数在 5% 水平上显著大于 0，表明异质性股权混合对国有企业自身经营效益的影响大于非国有控股企业，假设 H5 得到检验。原因是，依据资源依赖和优势互补理论，国有股东资源对非国有控股企业自身效益的边际贡献小于非国有股东资源对国有控股企业自身效益的边际贡献，即相比于国有控股的资源，异质非国有股东资源对企业经营效益的提升作用显著高于异质国有股东资源对企业效益的提升。表中第 (2) 列中，mixed × property 的系数在 1% 水平上显著小于 0，表明在控制了其他影响因素后，异质性股权混合度对非国有控股企业社会经济效益的影响大于国有控股企业，假设 H5 得到验证。综上分析，伴随混合所有制改革，异质产权的混合不仅优化了社会资源的配置效率，而且有助于企业进一步实现要素和投资驱动的经济发展，便于借助混合所有制企业提升社会经济效率，创造国民经济增量，异质性股权混合有助于在非国有经济快速发展时期，更大程度提升国有经济资本存量，维护国有经济的控制力和在国民经济中的主导地位。

表 5-5 异质性股权混合度的影响差异

企业效益	(1)	社会经济效益	(2)
prof (-1)	-0.275 ** (2.75)	socio (-1)	0.0055 *** (40.20)

续表

企业效益	(1)	社会经济效益	(2)
mixed	0.008 *** (2.39)	mixed	0.150 *** (6.74)
property	-0.3460 (-0.78)	property	1.99 (1.61)
mix × property	0.0038 ** (-2.1)	mix × property	-0.0745 *** (-5.86)
HI	-0.0400 (-0.16)	HI	-7.6 ** (-3.19)
dual	-0.1238 (-0.83)	dual	-1.65 ** (-3.19)
size	1.6722 *** (2.99)	size	3.86 *** (4.08)
debt	-0.2824 ** (-1.9)	debt	-0.918 ** (-2.41)
AR(2)	0.279	AR(2)	0.314
Hansen	0.842	Hansen	0.701

注：（1）***、**和*分别表示在1%、5%和10%水平上显著；（2）括号中内容为t(z)统计量；（3）AR(2)、Hansen检验均显示其P值，要求P值均大于0.05；变量后的（-1）表示变量滞后一期。

资料来源：笔者整理。

2. 稳健性检验

为了确保研究结论的可靠性，笔者选取了相关的替代变量进行再回归。营业收入反映了企业对社会经济体量的贡献和辐射效率。因此，本节拟选用营业收入增长率（income）替代工业增加值（socio）作为衡量企业社会经济效益的变量。选用总资产净利率（roa）替代净资产收益率（roe）作为衡量企业经营效率的变量，选用经营净利润的对数（opr）替代净利润对数值（prof）衡量企业经营效益。本节将样本分为国有控股和非国有控股两组，依据模型（1）分别进行回归。表5-6结果显示，在对企业经营效益的回归中，两组的异质性股权混合度（mixed）的系数都在1%水平上显著正相关，表明异质性股权混合确实对企业经营效益有正向提升作用，与前面对假设 H2、H4 的检验结论相一致；在对企业经营效率的回归中，两组的异质性股权混合度（mixed）的系数均不显著，说明异质性股权混合度对企业经营效率无显著影响，与前面关于假设 H1、H3 的检验结论相符，即从公司治理角度看，异质性股权混合并没有发挥提升企业生产运营效率和管理能力的作用，异质性股权混合度的提升既没有促进也没有损害企业自身效率。表 5－7 列示了依据模型（5－2）进行的检验结果，在对企业经营效益回归中 mixed × property 的回归系数都分别在10%水平上显著为正，说明异质性股权混合度对国有控股企业的经营效益提升作用更强；在对社会经济效率的回归中，mixed × property 的回归系数在 1%水平上显著为负，表明异质性股权混合对国有控股企业社会经济效率的影响弱于对非国有控股企业的社会经济效率，检验结果与前面假设检验结论相吻合。为了确保替代变量可选取性，本节对所有被解释变量进行了相关性检验，由表 5－8 可知，变量 socio 和 income、变量 roe 和 roa、变量 opr 与 prof 的相关系数分别为 0.7633、0.6128、0.9973 且都在 1%水平上显著大于 0，表明对替代变量的选取是可行的，稳健性检验是可靠的。

表 5－6　　　　异质性股权混合、经营效率与经营效益检验

解释变量	企业经营效率		解释变量	企业经营效益	
	国有控股	非国有控股		国有控股	非国有控股
roa（－1）	－0.3136*** （－5.55）	－0.5100** （－2.79）	opr（－1）	0.3562*** （24.47）	0.3419*** 115.64
mixed	－0.2683 （－1.44）	0.0004 （0.2）	mixed	0.0241*** （6.61）	0.0536*** （14.12）
hi	－2.2251 （－0.97）	0.1099 （0.55）	hi	0.9910 （0.1）	－0.0469*** （－20.48）
dual	0.1209 （0.13）	－1.8401 （－2.97）	dual	－0.2010** （－2.27）	－0.7170 （－1.64）

续表

解释变量	企业经营效率		解释变量	企业经营效益	
	国有控股	非国有控股		国有控股	非国有控股
size	-1.1822 (-1.37)	-0.0590 (-0.14)	size	0.0916 1.51	0.0232*** (2.07)
debt	-0.5679** (-2.24)	-2.3459 (-1.21)	debt	-0.0833*** -6.88	-0.0556*** (-15.73)
AR(2)	0.378	0.205	AR(2)	0.302	0.271
Hansen	0.053	0.065	Hansen	0.584	0.601

注：(1) ***、** 和 * 分别表示在1%、5%和10%水平上显著；(2) 括号中内容为t(z)统计量；(3) AR(2)、Hansen检验均显示其P值，要求P值均大于0.05；变量后的（-1）表示变量滞后一期。

资料来源：笔者整理。

表5-7　　　　异质性股权混合度的影响差异检验

企业经营效益		社会经济效益	
opr（-1）	0.3173*** (14.49)	income（-1）	0.3284*** (78.6)
mixed	0.0022*** (3.47)	mixed	0.0415*** (3.86)
property	-0.0754*** (-4.48)	property	-0.3368* (-2.44)
mixed × property	0.0086* (1.77)	mixed × property	-0.021*** (-7.67)
hi	-0.754*** (-4.48)	hi	-0.388 (-1.03)
dual	-0.0864* -1.77	dual	-0.0918** (-3.33)
size	0.0209*** (3.22)	size	2.85*** (13.13)

续表

企业经营效益		社会经济效益	
debt	-0.0901** (-2.53)	debt	0.0065 (0.66)
AR(2)	0.326	AR(2)	0.330
Hansen	0.510	Hansen	0.924

注：(1) ***、** 和 * 分别表示在 1%、5% 和 10% 水平上显著；(2) 括号中内容为 t(z) 统计量；(3) AR(2)、Hansen 检验均显示其 P 值，要求 P 值均大于 0.05；变量后的（-1）表示变量滞后一期。

资料来源：笔者整理。

表 5-8　　替代变量的相关性

	socio	income	roe	roa	prof	opr
socio	1					
income	0.7633*** (0.0000)	1				
roe	0.0037 (0.9014)	0.0160 (0.5887)	1			
roa	0.0070 (0.8126)	0.0076 (0.7972)	0.2949*** (0.0000)	1		
prof	0.9777*** (0.0000)	0.7745*** (0.0000)	0.0148 (0.6161)	0.0162 (0.5845)	1	
opr	0.9777*** (0.0000)	0.7745*** (0.0000)	0.0148 (0.6161)	0.0162 (0.5845)	0.9973*** (0.0000)	1

注：(1) ***、** 和 * 分别表示在 1%、5% 和 10% 水平上显著；(2) 括号中内容为 t(z) 统计量；(3) AR(2)、Hansen 检验均显示其 P 值，要求 P 值均大于 0.05；变量后的（-1）表示变量滞后一期。

资料来源：笔者整理。

5.2　董事会内在特征对国有混合所有制企业经营效应的影响

5.2.1　理论分析与研究假设

董事会成员任命问题是探寻董事会构成的决定力量（刘诚等，2012）。首先，董事会规模受股权结构的影响。岳云霞（2005）认为股权分散的公司有比较大的董事会规模，而少数大股东控制的公司董事会规模小。其次，董事会结构和独立性同样受股权结构的影响（吴淑坤，2004）。刘红娟等（2004）分析了第一大股东的股权比例和性质，以及第二、第三大股东与董事会结构关系，并关注了在控股股东单位任职的董事、总经理董事以及独立董事的比例，试图优化董事会结构，提升董事会独立性。吴敬琏（2001）指出，在国有控股公司中，第一大股东与第二大股东持股比例接近，有利于董事会平衡各方面利益。在股权集中的公司，大股东有能力委派更多代表自身利益股东进入董事会形成操纵或制衡董事会的局面，在股权分散的企业，股东缺乏动力和能力参与企业的管理以及约束经营者行为，此时股东们或联合起来为增加董事会独立性而提名更多独立董事，或形成由内部董事控制的董事会，如施莱斐尔等（Shleifer et al.，1986）。邹风（2006）发现国家股的公司和第一大股东持股比例高的公司倾向于委派更多的内部董事。孙光国和孙瑞琦（2018）指出在股权分置改革后，控股股东通过委派执行董事参与公司治理，可以实现对管理层更好的监督和激励。焦健等（2017）认为在股权制衡度高的公司，董事会异质性会提升对大股东的掏空行为。综上可知，股权结构是影响董事会结构特征的重要因素，且已有研究主要探索了股权结构对董事会外在规模结构的影响。董事会资本和董事会独立性是特定的董事会构成下形成的产物，两者体现了董事会的内在特征，是直接影响董事会质量的重要因素，关于股权结构与董事会内在特征的研究较少，也没有进一步将董事会资本与董事会独立性联系起来。

对董事会特征的研究，除了围绕董事会结构的影响因素外，如股权结构，另一个关注的重点即是董事会特征与企业运行效率的关系。例如，赵子夜（2006）发现独立董事比例与企业绩效非显著相关，于东智和池国华（2004）发现董事会规模与企业绩效存在倒“U”形关系等。贝达尔等（Bedard et al.，2014）认为内部董事可以缓解董事会的信息不对称，有助于董事会更好地履行监督职能。关于董事会研究的文献，我国主要围绕董事会结构特征，如董事会规模、持股、内外部董事占比等这些简单变量研究董事会治理机制与企业绩效的关系。然而，董事会与企业绩效间的关系难以通过董事会的数量结构特征加以检验（陈运森、谢德仁，2011），董事会对企业绩效的影响应打破传统的结构性束缚（Westphal and Milton，2000）。现有的关于董事会规模、结构的研究并没有回答董事会如何影响公司价值创造的问题。

希尔曼和达齐尔（Hillman and Daziel，2003）提出董事会通过人力资本和社会资本影响公司的治理决策过程。关于董事会资本对公司价值创造过程的影响主要通过资源提供能力和监督控制能力作用于董事会效能和企业绩效。目前董事会资本对公司价值创造过程的影响主要集中在董事会资本对公司战略、竞争行为和创新方面。董事会经验与专业技能的异质性有助于扩大董事会的战略选择和决策范围（周建等，2012），董事会人力资本通过对市场机会识别、快捷信息处理以及外部资源或能力影响企业的竞争偏好（Offstein et al.，2005），董事会成员高水平的专业知识、技能等人力资本对企业重要竞争行动具有支持作用，而董事会社会资本有助于提高管理层环境扫描和信息处理能力。关于董事会人力资本对组织创新的影响主要从知识、技能以及教育水平等方面进行研究，社会资本的研究则分别从正面效应和负面效应两个相互独立的视角（Wu，2008；林筠等，2011）进行。董事会人力资本和社会资本可直接影响董事会资源管理、会议决策等方面的治理能力，已有文献研究了董事会资本对企业国际化战略（钟熙等，2018），研发与创新（Wincent et al.，2010；周建等，2012）不同层面企业绩效的影响。但布劳（Blau et al.，1982）认为人力资本与社会资本二者相互依存，密不可分，二者的简单加总不利于将董事会成员个体资本上升到董事会资本。马连福和冯慧群（2014）通过建立董事会资本函数，首次采用董事会资本丰富性和深入性两大指标评价董事会资本，并在此基础上检验了不同类型董事会资本对公司治理水平的正向影响。章细贞和李乐（2017）由上述结论得出董事会资本的丰富性和深入性也有助于提升企业风险承担水平。然而董事会资本并非越多越好，我们应关注董事会资本的组合效应，不同的董事会人力资本和社会资本组合可以给公司带来好处，也可能带来弊端。已有研究从不同分类视角探索了董事会资本对企业的积极作用，但相关研究比较零散，且忽视了董事会期望达成的目标和达成目标的资源能力与主观意愿之间的关系。董事会资本得以充分利用的程度受董事会独立状态的影响。CEO 权力是影响董事会独立性的重要因素，张维今等（2018）指出已有的关于董事会资本与公司创新间的关系忽视了 CEO 权力对这一关系的调节作用。因此相关研究不能忽略董事会独立状态对董事会资本与企业绩效关系的影响。

董事会资本是不同类型资本聚合后的结果，我们亟待探索异质股权结构与董事会资本的关系，董事会资本的累积有效性。只有在此基础上进一步研究细分后的董事会资本类型对企业不同层面绩效影响才更有意义。为整合已有研究结论分歧，深化董事会对企业绩效影响的理解，探讨以下问题：（1）异质性股权混合度是否提升了董事会资本；（2）董事会资本对企业不同方面绩效会产生怎样的影响；（3）董事会相对权力是否调节董事会资本与企业不同方面的绩效；（4）以上影响是否存在产权性质差异。

1. 异质股权混合度与董事会资本

股权结构影响董事会规模，股权集中度与董事会规模负相关（曹廷求和孙宇光，2004）。相较于异质股权较为集中的低异质股权混合度，异质性股权混合度越高，异质股权越分散，董事会规模越大，董事会成员携带的董事会资本便越多。董事会构成必须直面董事会的任命问题以便探寻其构成的决定力量，异质股东有不同的利益诉求和战略目标函数，基于利益相关者理论，异质股东为了维护自身利益，求同存异，并至少在推选代表股东利益的董事入选董事会时结成联盟，通过其累积持股比例派选董事进入董事会，而非由于持股比例较小而放弃选举权和参与管理权。迈克尔等（Michael C. Withers，Matthew Semadein，2017）认为团结一致的董事会成员能更好地抵抗来自管理层的影响和压力，因此董事会通过选择与他们性质或利益相近的董事成员来发展和巩固自己的势力。异质股东通过派选代表自身利益的董事有助于促进董事会成员的多样化。在混合所有制企业中，较高的异质性股权混合度有助于扩大董事会成员类型的差异性，其携带的董事会资本也更加多样化，而异质性股权混合度越低，股东派选的董事会成员性质越接近，董事会资本相似度也就越高。不同个体带有不同的专业知识、观点，以及自己不同的社会关系，异质股东为了有效监督其他股东，充分发表意见以维护自身利益会倾向于选择个人资本更加丰富的个体进入董事会，尤其当异质股权较为分散时，异质股东各自力量较为薄弱，更会仔细推选个体资本丰富的成员进入董事会，如选择职业或行业经验丰富的成员进入董事会。基于以上分析，本节提出如下假设：

H1：异质性股权混合度越高，董事会资本就越丰富。

2. 董事会资本与企业经营效应

资源依赖理论只关注了董事会资本的资源配置功能，而忽视了董事会监控机制；而代理理论只关注了董事会的监控激励作用而忽视了董事会资本的作用，因此本节综合代理理论和资源依赖理论分析董事会资本和董事会独立性对企业绩效的影响可以较好地解决之前研究的片面性。苏尔等（Sur et al.，2013）认为董事会成员构成会影响董事会职能发挥的有效性，不同的董事会构成下董事会资本的丰富性和董事会资本有用性的程度不同。依据资源依赖理论，菲弗等（Pfeffer et al.，1978）指出组织的战略目标与组织所能访问所需资源的机会相关。董事会资本捕捉了董事会提供的资源和能力，一定程度上提升了董事会有效履行其职能的机会。董事会资本越丰富，董事会实现企业目标的机会越多，能力越强。例如，董事会内教育水平越高或专业知识越丰富，则为实现企业目标提供意见的能力越强，对组织的责任心也越强；董事会成员任职时间越长，其丰富的专业技能和管理经验为董事会提供更专业的建议和信息；多元化董事内不同董事的经验和技能为董事会敏锐捕捉外界环境变化，应对环境不确定性，提升企业风险应对水平。此外，人力资本的丰富性伴随着社会资本的丰富性。如，国有董事的政治联系为董事会提供了高质量的政策信息和资源获取渠道。在国有股东以社会经济责任为首要目标和企业处于承担部分社会经济责任的期望环境下，企业为获得长远发展，董事会内的资本从获取到运用必然会导向企业社会经济绩效。许为宾和周建（2017）指出董事会资本不仅具有资源效应还具有监督效应。企业是以盈利为目的的组织，当董事会为了实现企业社会经济绩效而损害或忽视了企业的经营效益，异质股东为了维护自身利益有权选择撤走或变更董事会成员携带的资本以削弱董事会内其他成员实现自身目标的能力。因此董事会资本不仅有助于优化企业资源配置，还兼顾了企业社会经济效益和企业经营效益，并通过监督功能，提升企业经营效率。据此，提出如下假设：

H2：董事会资本显著正向影响企业社会经济效率。

H3：董事会资本显著正向影响企业经营效益。

H4：董事会资本显著正向影响企业经营效率。

3. 董事会独立性的调节作用

以 CEO 为核心的高层管理团队和董事会都是影响企业关键性决策的群体，二者相对力量强弱是影响董事会独立性状态的关键，进而影响董事会资本的供应模式和利用效率。郑志刚和吕秀华（2009）指出董事会独立性的公司治理效益不是以直接而是通过与其他治理机制的交互影响而间接提升公司绩效的。董事会独立性是董事会组织结构的重要内容，李维安和孙文（2007）指出董事会治理对公司绩效的改善主要来源于董事会组织结构建设，董事会组织结构反映了董事会的工作效率和独立性状态。在强权 CEO 或董事会对 CEO 具有强依赖性的条件下，CEO 能够激励董事提供资源（张维今等，2018），继而促进董事会资本的利用效率，但高管层权力膨胀会减弱董事会治理与内部控制缺陷存在可能性的降低作用（郭军、赵息，2015），使董事会资本的利用可能脱离企业的战略目标，损害企业绩效和社会经济绩效。法玛等（Fama et al.，1983）指出董事会是缓解所有权与经营权相分离产生的代理问题的有效机制，董事会相对独立性水平越高，董事会更能代表异质股东的利益，充分发挥监督控制、咨询建议等职能，充分利用董事会资本。周建等（2016）认为具有高监督潜力的独立董事可以警觉潜在问题，提升董事会的监督有效性。然而管理层参与企业的日常经营，拥有的更多信息，董事会是会议制，董事会自主权利越大，内部董事或执行层分享企业信息的激励效用越小，甚至出现隐藏信息，违背董事会决策，这在一定程度上可能导致管理层的机会主义行为，降低董事会资本的利用效率。内部董事可以缓解董事会与经理层的信息不对称，帮助董事会更好地履行其职责，例如，CFO 作为内部董事贡献其财务专长和信息优势时，既可以促进自身与其他董事建立更为亲密的私人关系，又有利于得到董事会的支持，抵御职业操守的潜在威胁（孙光国等，2015）。因此于公于私，内部董事都愿意分享其掌握的信息，降低信息不对称（向锐，2015）。因此，董事会独立性水平越高，越有利于形成董事会而非管理层主导的局面。在董事会主导的上市公司，管理层受聘于董事会，受到董事会和市场的约束激励，更有动机和董事分享信息提升董事会资本的利用效率，这样一方面有利于管理层从董事那里获得更多的建议和资源，提升自身业绩；另一方面可以降低因决策失误或业绩不佳而承担的责任（刘星等，2012；李维安等，2017）。基于以上分析，提出如下假设：

H5：董事会独立性促进董事会资本对企业社会经济效益的正向影响。

H6：董事会独立性促进董事会资本对企业经营效益的正向影响。

H7：董事会独立性促进董事会资本对企业经营效率的正向影响。

5.2.2 模型、变量与数据

1. 数据来源

本节选取了2010～2017年沪深两市非金融类上市公司为研究对象，对数据的整理工作如下：（1）剔除了ST公司，因为这类公司财务状况不稳定。（2）依公司股东类型将股东性质分为国有股、民营股、外资股、自然人股和其他股五类，手工搜集整理了各公司前十大股东中不同类别股东的累计持股以及董事会成员的教育背景、任职年限、职称水平、兼职数目等董事会资本。（3）剔除变量数据缺失的公司。通过对数据的整理得到了一个包括530家上市公司的平衡面板数据。

本节所需的工业增加值为国泰安数据库获得的相关指标计算所得；异质性股权混合度指标来源于公司年报中各公司前十大股东中不同类别股东的累计持股计算所得；本节的董事会资本和董事会独立性通过对所收集的指标进行主成分分析所得；本节的其他指标均来自国泰安（CSMAR）数据库。本研究所使用的数据处理统计分析软件为Stata17.0。

2. 变量与模型设计

（1）变量说明（见表5－9）。企业经营效益：企业是以营利为最终目的的经济组织，经营效益是企业经营活动的结果反应，本节借鉴相关研究取企业税前平均利润的自然对数衡量企业的经营效益（何雄浪、赵峰，2013）。

表5－9　变量说明

变量名称	符号	衡量指标
社会经济效益	socio	ln(（企业利润＋职工薪酬及福利＋增值税及营业税金)$_{i,t}$－(企业利润＋职工薪酬及福利＋增值税及营业税金)$_{i,t-1}$)
企业经营效益	prof	ln（税前净利润）
企业经营效率	roa	净利润/((年初资产总额＋年末资产总额)/2)
异质股权混合度	mixed	$1/\sum_{i=1}^{n} x_i^2$(N表示前十大股东性质类别数目，x_i表示第i类别股东持股比例)

续表

变量名称	符号	衡量指标
董事会资本	bocap	董事会成员平均年龄、受教育程度、兼职数目、专业水平等指标主成分分析计算所得
董事会独立性	boind	外部董事比例、独立董事比例、非控股股东派驻董事比例、两职分离、董事会社会独立性等指标进行主成分分析计算
企业规模	size	Ln(年均总资产)
资产负债率	debt	流动资产/流动负债
企业性质	owner	国有控股取值1，否则取值0
行业竞争度	HI	$\sum_{i=1}^{n} x_i^2$（N表示行业数目，x_i 表示不同行业收入占营业收入比重）
股权制衡	bal	第一大股东持股比和后四大股东的持股比例比值超过行业中位数时取1，否则为0
行业	Ind	虚拟变量
年份	Year	虚拟变量

企业经营效率：企业效率主要体现在投入产出率和配置效率，综合反映了企业在经营过程中的生产能力和管理能力，二者的结合最终影响企业的盈利能力，因此借鉴相关研究，本节选取反映企业盈利能力的净资产收益率指标作为企业经营效率的替代变量（孙梦男、姚海鑫等，2017）。

企业社会经济效率：社会经济责任是企业最基本的社会责任，本节根据企业对社会经济责任的履行状况衡量企业社会效率。工业增加值增长速度有助于全面衡量国有企业的经济及社会价值和增长潜力（卢俊、彭雪，2015），国有和国有控股企业的工业增加值增长率可作为社会效率的核心解释变量（姚东旻、李军林，2016）。借鉴相关研究，本节采用工业增加值增长率作为企业社会效率的替代变量。

异质性股权混合度：企业内不同股权结构的安排体现了股东的权力结构，以及管理者财务资本和人力资本积累的差别。因此，基于异质股权结构的度量对研究企业内产权安排与企业绩效关系具有重要意义，本节引进异质性股权混合度这一变量在一定程度上度量反映不同所有制资本的集散度，采用企业内前十大股东中不同性质类别股东持股比的平方和的倒数进行度量。

董事会资本：关于董事会资本的研究大多数停留在人力资本和社会资本上采用几个简单的指标计量，得出的关于董事会资本有效性的结论孰是孰非也难以得知。董事会人力资本和社会资本是相互联系不能完全分割的，董事会资本应是不同个体资本聚合的结果，本节通过对不同类型的个体人力资本和社会资本进行主成分分析，尽可能充分地计量董事会资本。

董事会独立性：董事会独立性一定程度上决定了董事会自主权的大小，体现了董事会监督控制和激励约束能力。然而，关于独立董事有效性的研究结论并不一致，外部董事比例或两职分离能在一定程度上促进董事会与管理层独立，避免内部人控制的现象。然而形式结构是制度的产物，董事会的社会独立更能体现董事会的独立性（李维安等，2017）。因此综合相关研究，本节通过对非独立外部董事比例，独立董事比例，非控股股东派驻董事比例、两职分离、董事会社会独立性等指标进行主成分分析计算，有效计量每个公司每年的独立性状态。

（2）模型设计。基于本节的研究假设，设定以下待检验模型。

为验证假设 1，即异质股权混合度与董事会资本的关系，设定计量模型（5 -3）：

$$bocap_{i,t} = \beta_0 + \beta_1 mixed_{i,t} + \beta_2 mixed_{i,t} \times owner_{i,t} + \sum control + \varepsilon_{i,t} \tag{5-3}$$

在模型中，bocap 是董事会资本，mixed 为异质性股权混合度。owner 为企业性质，阿米尼等（Amighini et al. , 2013）认为在不同所有权性质的企业，企业制定和执行战略决策的动机和能力不同继而导致董事会不同的自主权，而且董事会成员参与决策的动机也存在差异（何强和陈松，2013），因此，企业所有权性质不同时，董事会资本和相对权力可能对企业目标产生不同影响。Control 为控制变量，综合相关研究，该模型控制变量包含股权制衡（bal）（王跃堂，2008）、企业规模（size）、行业（ind）、年份（year）。

模型（5 -4）验证的是董事会资本与企业经营效应间的关系，模型（5 -5）验证董事会独立性对董事会资本与企业经营效应关系的影响。

$$effect_{i,t} = \beta_0 + \beta_1 bocap_{i,t} + \beta_2 boacp_{i,t} \times owner_{i,t} + \sum control + \varepsilon_{i,t} \tag{5-4}$$

$$\begin{aligned} effect_{i,t} = {} & \beta_0 + \beta_1 bocap_{i,t} + \beta_2 boacp_{i,t} \times boindr_{i,t} + \beta_3 boacp_{i,t} \times owner_{i,t} \\ & + \beta_4 boacp_{i,t} \times boind_{i,t} \times owner_{i,t} + \sum control + \varepsilon_{i,t} \end{aligned} \tag{5-5}$$

Effect 为企业经营效应，包含社会经济效益（socio）、企业经营效益（prof）、企业经营效率（roa）。Control 为控制变量，依据相关研究，该模型控制变量包括企业规模（size）、财务杠杆（debt）、行业竞争度（HI）、二职合一（dual）。模型（5－4）与模型（5－5）的控制变量相同。

（3）描述性统计。为了解数据的分布状况，对主要变量进行了初步描述性统计。由表5－10得知社会经济效益和企业经营效益的平均数略高于中位数，表明二者整体绩效水平略高，此外最小值与最大值有一定的差距，便于分析差距差生原因。企业经营效率均值明显低于中位数，说明企业经营效率普遍偏低。异质性股权混合度和董事会独立性水平的均值都分别低于中位数，说明股权混合度整体较低，董事会独立性状态整体较差。董事会资本的平均数高于其中位数，说明董事会资本水平整体较高。

表5－10　　变量的描述性统计

变量	平均数	标准差	中位数	最小值	最大值
socio	19.85	1.66	19.78	12.98	24.85
pro	19.27	1.63	19.01	15.18	24.24
roa	0.02	0.05	0.18	－0.19	0.24
mixed	7.25	5.4	18.26	0.94	33.00
bocap	2.57	1.24	2.19	0.08	5.1
boind	0.14	0.90	1.51	0.02	2.9

资料来源：笔者整理。

由表5－11可知，董事会资本 bocap 与异质性股权混合度相关系数为0.1376且在5%水平上显著，此外董事会资本 bocap 与社会经济效益、企业经营效益相关系数也分别在5%水平上显著，初步判断异质性股权混合度正向影响董事会资本，而董事会资本正向影响企业自身经营效应。董事会独立性与企业经营效应、董事会资本均不存在相关性。

表5－11　　主要变量的相关性分析

	socio	pro	roa	mixed	bocap	boind
socio	1.0000 (0.0000)					

续表

	socio	pro	roa	mixed	bocap	boind
pro	0.9352 (0.9558)	1.0000 (0.0000)				
roa	0.0379 (0.0884)	0.0552 (0.0914)	1.0000 (0.0000)			
mixed	-0.0433 (0.5117)	-0.0872 (0.2051)	0.0873 (0.1687)	1.0000 (0.0000)		
bocap	0.1192** (0.0222)	0.1061** (0.0463)	-0.0672 (0.2571)	0.1376** (0.0254)	1.0000 (0.0000)	
boind	-0.1996 (0.0349)	-0.1411 (0.1491)	0.0863 (0.3647)	0.1084 (0.2619)	-0.0991 (0.2755)	1.0000 (0.0000)

注：(1) ***、** 和 * 分别表示在 1%、5% 和 10% 水平上显著；(2) 括号中内容为 t(z) 统计量；(3) AR(2)、Hansen 检验均显示其 P 值，要求 P 值均大于 0.05；变量后的 (-1) 表示变量滞后一期。

资料来源：笔者整理。

5.2.3 实证结果分析

由表 5-12 可知，异质性股权混合度 mixed 的系数是 0.0608，且在 5% 水平上显著。假设 1 得到检验。可能的解释是：

(1) 董事会资本兼具资源效应和权力制约效应。异质性股权混合一方面促进了异质性董事进入董事会，提升了董事会资本的多样性；另一方面异质股权越分散，异质股东力量越单薄且均衡，异质股东为维持自身利益和话语权会派选资本更加丰富的成员进入董事会，如社会关系丰富、经验充足、职业嵌入深的董事进入董事会参与治理，提升了董事会资本。值得注意的是在控制变量上，股权制衡度 bal 的系数是 0.0248，且在 1% 水平上显著。基于自身利益的理性约束，当董事会受控于大股东的情境下，其他股东失去了投入丰富的董事会资本参与治理的潜在激励，而在股权制衡环境中，股东有动机和能力派选资本丰富的董事参与到董事会治理中。这一结果显示异质股权的集散度与股权制衡均对董事会资本产生正向影响。进一步暗示，企业要通过调整股权结构丰富董事会资本，既要关注异质股东的股权混合度，也要注重大股东的股权制衡。为了验证异质性股权混合度作用的稳定性我们将总体样本分为国有控股和非国有控股两个独立的子样本，然后进行重新验证。结果显示，国有控股和非国有控股组的样本的 mixed 系数均为正数，且分别在1%和5%水平上显著，表明该结果具有一定的显著性。

表5-12　　异质股权混合度、董事会资本与企业经营效应

模型一				模型二			
	bocap				socio	prof	roa
		国有控股组	非国有控股组				
mixed	0.0608 ** (1.92)	0.0168 *** (2.85)	0.0107 ** (2.41)	bocap	-0.0260 ** (2.26)	0.0929 ** (2.49)	0.0036 (0.43)
mixed × owner				bocap × owner	-0.0860 (-0.84)	0.1666 (0.86)	-0.0063 (-0.78)
bal	0.0248 *** (2.94)			size	0.6978 *** (9.35)	0.2516 *** (11.45)	0.0063 ** (2.38)
size	0.0510 ** (2.21)			debt	0.3233 (0.71)	-0.0230 (-0.03)	-0.0737 ** (-3.43)
ind	yes	yes	yes	HI	-0.3370 (-1.11)	-0.4931 *** (-2.54)	0.0003 (0.03)
year	yes	yes	yes	dual	0.3929 ** (1.97)	0.2388 (0.84)	-0.0071 (-1.08)
N	4240	2240	2000	N	4240	4240	4240
Adjusted R^2	0.0553	0.0610	0.0419	Adjusted R^2	0.0759	0.0541	0.0615

注：*、**、*** 分别表示在10%、5%、1%的显著性水平上显著；模型括号中为t值。
资料来源：笔者整理。

（2）董事会资本与企业经营效应。在计量模型（5-4）中，董事会资本 bocap 对社会经济效率 socio、企业经营效益的系数都分别在5%水平上显著为正，而对企业经营效率 roa 的系数虽为正但并没有通过显著性检验。假设 H2、H3 得到检验，假设 H4 未通过检验。表明董事会资本可以直接促进企业社会经济效益和企业效益，但并不能促进企业社会经营效率。一方面，依据资源依赖理论，董事会资本直接促进了董事会成员对企

业战略目标资源的提供能力，如商务资源、专业资源、公共事务资源，进而提升了企业经营效益和社会经济效益；另一方面，董事会资本并没有改善企业委托代理问题，如董事在某一领域任职期限越长，越难以跨越思维和视野的局限，不利于借鉴和提出创新的做法，反而削弱了董事会的咨询建议功能，或董事对某一领域认识越深刻，越有可能与经理层结成联盟，削弱了董事会对经理层的激励约束，甚至默许经理人的滥用和掠夺行为，最终导致无法改善治理状况，提升企业的经营效率。

（3）董事会独立性的调节效应。表5－13是对模型（5－5）的检验结果，在模型（5－3）中董事会资本（bocap）对企业社会经济效益（socio）、企业经营效益（pro）的系数仍为正数，且分别在10%、5%水平上显著，而董事会资本和董事会独立性的交乘项系数并不显著，表明董事会资本与社会经济效益、企业经营效益均具有直接效应，假设H5、H6不成立。董事会资本bocap对企业经营效率（roa）的系数不显著，但董事会资本和董事会独立性的交乘项系数为0.0102，在5%水平上显著为正，假设H7成立。表明董事会资本和企业经营效率没有直接效应，而是具有间接效应，董事会资本和董事会独立性的交互效应有利于企业经营效率的提升。可能的解释是董事会资本包含丰富性和深入性两方面（马连福、冯慧群，2014），董事会成员作为资源提供者丰富了董事会资本，使有关实体资源可以直接投入企业，对企业社会经济效益和企业经营效益的提高有直接正效应。而董事会资本深入性无法直接作用于公司治理水平，需要与董事会权力结构和运行规则相结合，一般董事会独立性水平越高则自主权越大，通过与董事会独立性的交互效应可能引起不同的资源供应模式，管理决策效率，缓解委托代理问题，继而提升企业经营效率。

表5－13　　董事会独立状态调节效应

	socio	prof	roa
bocap	0.1220* (1.76)	0.3467** (2.43)	0.0014 (0.25)
bocap × boind	0.0900 (1.24)	－0.1500 (－0.43)	0.0102** (2.03)
bocap × owner	－0.1099 (－0.78)	－0.2775 (－1.1)	0.0046 (0.95)

续表

	socio	prof	roa
bocap × boind × owner	−0.0987 (−0.42)	0.1065 (0.34)	0.0088 (0.77)
size	0.6482*** (9.09)	0.6868 (7.96)	0.0137 (1.13)
debt	1.2142* (1.73)	0.5742 (1.01)	−0.1404** (−0.28)
HI	−0.4834* (−1.73)	−0.8148* (−1.8)	−0.0354 (−2.46)
dual	0.7682* (1.90)	0.1672 (0.29)	−0.0072 (−0.99)
N	4240	4240	4240
Adjusted R^2	0.0651	0.0766	0.0517

注：*、**、***分别表示在10%、5%、1%的显著性水平上显著；模型括号中为t值。
资料来源：笔者整理。

（4）稳健性检验。本节稳健性检验分为三个部分：第一，更换变量指标进行再回归。本节拟选用营业收入（income）替代工业增加值（invalue）作为衡量企业社会经济效益的变量。选用总资产净利率（roa）替代净资产收益率（roe）作为衡量企业经营效率的变量，选用经营净利润的对数（opr）替代净利润（prof）衡量企业经营效益，以此检验董事会资本对企业绩效的影响以及董事会独立性的调节效应，回归结果与本节一致；第二，将样本分为国有控股与非国有控股两个独立样本，分别进行回归，发现结果不受所有权性质影响，回归结论一致；第三，分别采用多元线性回归，混合回归、随机效益模型进行回归，回归结果都与本节无明显差异（见表5－14、表5－15）。

表5－14　　　　替代变量的相关性检验

	invalue	income	roe	roa	prof	opr
invalue	1					
income	0.7633*** (0.0000)	1				

续表

	invalue	income	roe	roa	prof	opr
roe	0.0037 (0.9014)	0.0160 (0.5887)	1			
roa	0.0070 (0.8126)	0.0076 (0.7972)	0.2949 *** (0.0000)	1		
prof	0.9777 *** (0.0000)	0.7745 *** (0.0000)	0.0148 (0.6161)	0.0162 (0.5845)	1	
opr	0.9777 *** (0.0000)	0.7745 *** (0.0000)	0.0148 (0.6161)	0.0162 (0.5845)	0.9973 *** (0.0000)	1

注：*、**、*** 分别表示在 10%、5%、1% 的显著性水平上显著；模型括号中为 t 值。
资料来源：笔者整理。

本节聚焦于研究异质性股权混合度与董事会资本水平，以及董事会资本水平与企业绩效间的关系。研究认为，异质性股权混合有助于提升董事会资本水平，董事会资本主要发挥资源提供能力，直接正向影响企业社会经济效益和企业经营效益，董事会资本治理能力的发挥依赖于董事会的独立性，二者的交互有助于改善企业经营效率。

表 5－15　　　　假设的联合检验

	income	prof	roe
mixed	0.007 *** (2.53)	0.0031 * (2.19)	0.0002 (0.78)
bocap	0.1220 * (1.69)	0.3747 ** (2.58)	0.0014 (0.25)
bocap × boind	0.0871 (1.13)	−0.1048 (−0.41)	0.0102 ** (2.03)
bocap × owner	−0.1069 (−0.71)	−0.2775 (−1.18)	0.0046 (0.95)
bocap × boind × owner	−0.1010 (−0.53)	0.0924 (0.34)	0.0088 (0.77)

续表

	income	prof	roe
size	0.6511*** (8.91)	0.6442 (6.92)	0.0137 (1.13)
debt	1.0917* (1.77)	0.5048 (1.14)	-0.1404** (-0.28)
HI	-0.5004* (-1.69)	-0.8112* (-1.87)	-0.0354 (-2.46)
dual	0.6721* (1.92)	0.6943 (0.03)	-0.0072 (-0.99)
N	4240	4240	4240
Adjusted R^2	0.3722	0.4039	0.4815

注：*、**、***分别表示在10%、5%、1%的显著性水平上显著；模型括号中为t值。
资料来源：笔者整理。

5.3　研究结论

本节聚焦于研究异质性股权混合度与企业经营效应的关系，并沿着异质性股权混合、董事会资本水平至企业经营效应这一路径分析了异质股权混合的有效性。研究结果发现：（1）异质性股权混合度越高企业经济效益和社会经济效益越好，企业应进一步引进异质股东并增加异质股东持股比，充分发挥异质互补资源对企业经营效益，以及社会资源配置效率优化对企业社会经济效益方面的积极作用；（2）异质股权混合度与企业经营效率关系并不显著，异质性股权混合没能完成治理机制转型，尚未促进企业经营管理和生产运营效率的提升；（3）当前，异质性股权混合对国有控股的混合所有制企业经营效益的正向影响大于非国有控股企业，对非国有控股企业社会效益的影响大于国有控股企业，表明异质性股权混合对提升国有企业经营效益提升以及非国有控股企业社会经济效益发挥着积极引导作用；（4）异质性股权与董事会资本显著正相关，异质性股权混合有助于提升董事会资本质量水平，异质性股权混合促进了异质股东积极通过提升董事会资本水平来维护自身利益，而非因混合后的股权分散而采取漠不关心或消极应对的态度；（5）董事会资本与企业经济效益和企业经营效益显著正相关，董事会资本主要发挥资源提供能力，直接正向影响企业社会经济效益和企业经营效益；（6）董事会资本与企业经营效率无显著关系，表明董事会资本治理能力的发挥依赖于董事会的独立性，二者的交互对企业经营效率产生正向影响，有助于改善企业经营效率。

第 6 章

国有企业混合所有制改革中利益重构及其治理模式选择的典型案例研究

本章选择了万科控制权之争案例为研究对象，在前面实证分析的基础上，结合利益矛盾分析方法，动态分析了在国有企业与市场经济深度融合进程中，各参与主体是如何进行利益分化与重新整合的。

6.1 问题提出

长期以来我国股市都是以散户为主，个人投资者盲目跟风以及“用脚投票”的消极行为加剧了我国股票市场的无序波动。在此情境下，证券监管部门不仅明确提出了“超常规发展机构投资者”的政策思路，还制订了旨在加快培育壮大机构投资者队伍的实施方针。多年来，随着金融市场不断开放，机构投资者已经发展成为中国资本市场上不可忽视的重要力量。

虽然已有研究从会计盈余、企业绩效、融资约束与公司治理等多个视角为我国超常规发展机构投资者这一政策安排提供了多维度的理论支持（甄红线等，2016）。但是，近年来由于机构投资者强行介入而引发的上市公司控制权争夺事件，使得学者们逐渐认识到来者未必都是客，并开始将对机构投资者关注的重点转移到企业控制权层面。正如张慕濒（2013）在对雷士照明进行案例分析时指出的那样，不断分散的股权结构和日益强大的机构投资者将是中国上市公司未来需要面对的格局。可以预见的是，在这种格局下企业控制权处于不稳定状态，控制权纷争引发的效率损失往往会导致企业在激烈的竞争中丧失优势。因此，有必要对机构投资者强行介入后企业控制权争夺问题给予足够重视。目前，上市公司控制权争夺事件已经成为近年来我国学术界重要的研究话题之一。祝继高和王春飞（2012）从股权资本、社会资本以及法律制度的角度出发，构建了大股东和管理层控制权争夺模型，并率先提出社会资本控制对股权资本控制具有一定的替代效应。梁上坤等（2015）在对雷士照明的案例研究中同样验证了社会资本对于控制权争夺的重要性，但同时指出这种依靠社会网络关系建立起来的资源具有不稳定性，需要对断裂的社会资本进行重构。另外，基于国有资本与民营资本深度融合的现状，郝云宏和汪茜（2015）以鄂武商控制权之争作为研究对象，剖析了民营第二大股东对国有控股股东展开股权制衡的动机、方式以及制衡效果。同样，在混合所有制深入推进的时代背景下，有学者开始对机构投资者与企业创始人之间的冲突展开研究，例如，周嘉南等（2015）通过解读 17 家风险投资者与企业创始人公开冲突事件的媒体报道，结合文本分析方法，对双方冲突根源、冲突类型以及演化路径做了详尽分析。

总的来看，上述文献围绕控制权获取来源、控制权争夺动因以及争夺方式展开，得出的结论在很大程度上丰富了企业控制权方面的研究，为机构投资者强行介入背景下企业控制权争夺问题的解读提供了参考。但不足之处是，已有研究大都将关注的重点放在控制权争夺事件本身，缺乏对隐藏在事件背后的深层规律的进一步探讨。而且，也没有对控制权争夺事件发生后企业如何实现新的平衡做出交代。正如马克思所说：“人们奋斗所争取的一切，都同他们的利益有关。”① 而控制权之争从根本上来讲也是利益之争，是企业在深化改革进程中由于利益关系失衡而引发的利益冲突与争夺过程。因此，本节尝试将利益矛盾分析法引入对企业控制权争夺事件的分析中。

持续了一年多的万科管理层与宝能系控制权争夺大战一度成为我国资本市场上的大事件，而这一事件本身也为我们从利益视角解析控制权争夺现象提供了难得的研究素材。因此，本节以宝万控制权之争作为研究案例，首先从利益冲突视角回答引发控制权争夺的原因问题；然后借鉴已有文献对控制权争夺过程展开具体讨论；最后探讨如何通过利益整合机制实现从利益格局失衡到利益均衡的动态转变，即本节沿着为什么争夺——如何争夺——怎样防止争夺的路径来动态解析机构投资者强行介入后引发的

① 《马克思恩格斯全集》第 1 卷，人民出版社 1956 年版，第 82 页。

企业控制权争夺问题。

6.2　文献综述与研究框架

6.2.1　利益冲突是企业控制权争夺行为产生的根本动因

与机构投资者凭借资金优势大规模持有上市公司股份形成对比的是，企业创始股东的股权在支撑公司进一步成长而进行的融资活动中遭到了多番稀释，机构投资者作为上市公司重要股东的地位得到了进一步加强。为了最大化自身效用函数，持有公司股份较多的机构投资者纷纷抛弃过去"用脚投票"的华尔街法则，开始以积极股东身份主动参与公司治理。除了利用掌握的信息优势和专业知识对管理层的经营决策过程实施监督外，作为企业重要股东的机构投资者还要求进入所投资公司的董事会，通过对创始股东的制衡机制来维护自身利益（Forbes et al.，2010）。然而，外部投资者对公司事务的插手与干涉触犯了企业创始股东和管理层的心理所有权，他们普遍将自己所创立或经营的企业视为个体生命的延续，在为公司发展投入大量精力的同时也本能地希望在日常工作中拥有自主经营和独立决策的权力（储小平等，2005）。但机构投资者参与公司治理使管理层自主经营的独立性受到了挑战。特别地，当双方对企业的利益诉求存在明显差异时，管理层的决策方案往往会因为机构股东的反对而被迫终止。在这种情况下，管理层往往通过提高自身持股比例或引入关联股东的方式与机构投资者抗衡，作为大股东，机构投资者会相应地通过增持股份或占有董事会席位的方式来巩固其在企业中的地位，这样一来，双方为了更好地实现自身利益对企业控制权产生了强烈的占有动机。

由此可见，机构投资者大规模持股表面上只是改变了企业的股权结构，但随着外部投资者持股比例不断提高，企业内外各参与主体之间的力量对比发生了显著变化，创始股东和管理层的权力受到了限制。进一步来讲，由于利益差别的普遍存在，机构投资者强势介入打破了企业长久以来形成的利益平衡局面，当机构股东同企业创始人或管理层之间的利益出现了不可调和的矛盾时，双方都会基于自身利益展开各种形式的争夺，而控制权一直被认为是公司治理的关键，利益相关者主体之间的利益博弈也主要体现在控制权配置问题上。虽然哈特和霍姆斯特罗姆（Hart and Holmstrom，2010）在谈到控制权争夺动机这一问题时曾指出，完成战略目标是获得控制权的潜在原因，但究其根本还是实现自身利益的需要。因而，从利益格局失衡引发利益冲突视角来探讨企业控制权争夺行为就具有了更为普遍的意义。

6.2.2 实现控制权的多重方式

（1）股权资本与社会资本相融合。近一个世纪以来，学术界对“股权结构”这一问题的认识逐渐由“伯利米恩斯范式”过渡到“LLSV 范式”。之所以要对这两种分析范式进行区分，是因为这两大理论所涉及的企业控制权配置模式存在显著差异。在分散式股权结构下，单个股东之间普遍存在“搭便车”行为，无力对管理层的自利行为实施有效监督，因而股权分散程度与企业绩效之间负相关。而集中式股权结构由于大股东的存在，克服了中小股东集体行动的难题，有效抑制了管理层的私利行为。在这种情况下，企业的控制权实际上从管理层转移到了大股东手里。从我国实践来看，传统公司治理中的突出特点便是股权高度集中，尤其是国有上市企业，国有股“一股独大”的现象非常普遍。而我国公司法在设计时十分强调“一股一权”原则，这种股权平等思想凸显了控股股东在企业中的优势地位。按照这一逻辑，如果某个大股东拥有的持股数量远高于其他股东，那么他（她）的控制权地位就比较稳固（Zwiebel，1995）。鉴于此，有学者在评论时指出，股权结构作为公司治理机制的基础，不仅仅代表持股比例以及股权性质这些报表披露层面的信息，关键还涉及公司的控制权问题。

虽然上述言论强调了股权资本在争取和维持企业控制权过程中的重要意义，但是随着我国金融市场的开放，国内外机构投资者蜂拥而入，大批投资者的参与在给企业发展提供资金的同时也改变了我国企业高度集中的股权结构。而当企业所有权与经营权出现分离时，股权资本控制处于不稳定状态。为了避免股权结构日益分散化引发控制权争夺乱象，学者们相继提出了构建社会资本加强控制权的观点。“社会资本”这个兼具社会学和经济学概念的名词开始出现在我国公司治理相关研究中的时间并不长，自高闯和关鑫（2008）在识别企业终极股东控制权时率先提出“社会资本控制链分析范式”后，学者们对这种以网络连带关系为基础的资源展开了广泛研究，相关结论表明社会资本对股权资本具有一定的替代效应，社会资本的积累能够强化实际控制人对企业的控制权。

尽管股权资本和社会资本在公司治理领域不再是一个新鲜话题，但是不同企业、不同参与主体对这两种资源的掌握程度不同，导致其在控制权争夺过程中发挥的作用也不同。尤其是在股权分散化的大背景下，无论是依靠股权资本还是社会资本都很难维持对一个企业持续有效的控制，在控制权博弈过程中需要结合使用上述两种资源。

（2）竞争董事会席位。董事会作为一项重要的制度安排与股份制企业的设立与发展密不可分。在具体的公司治理实践中，董事会主要发挥决策与监督两大职能，是连接广大股东与管理层的重要桥梁。从董事会构成来看，所有董事按照各自代表的利益主体不同进一步分为执行董事、非执行董事和独立董事。而独立董事作为外部董事的代表，其公司治理职能的发挥引起了学者们的普遍关注。不少学者对上市公司引进独立董事抱有乐观的态度，认为这一制度在保护投资者利益和改善公司业绩方面发挥了积极作用。与此形成对照的是，同样有文献指出上市公司引进独立董事并没有达到预期的监管效果，这部分研究主要是从独立董事聘任制度和信息不对称角度出发，对独立董事的独立性提出了质疑。有鉴于此，学者们开始将目光投向其他类型董事公司治理角色的研究当中。其中，陆正飞和胡诗阳（2015）发现，直接由大股东或其他重要影响的股东委派的非执行董事可能对管理层具有更明显的监督效果。进一步研究表明，持股比例较高的非控股股东出于自身利益考虑也会有较强的动机向公司派驻董事。而且，与独立董事相比，非控股股东董事往往具备信息优势和较强的独立性，更有能力对控股股东和管理层的机会主义行为进行有效约束。从以上研究不难发现，不同类型的董事代表的利益主体不同，向董事会委派董事成为保护投资者利益的重要方式。因而，控制权争夺双方为了增强对企业的话语权，势必会对董事会席位展开激烈争夺，进而通过董事会来对企业的经营决策行为施加影响。

（3）借助媒体力量。有效的利益表达渠道可以确保市场参与主体的利益诉求充分实现，西方学者拉波特等（La Porta et al.，1998）针对公司治理中普遍存在的委托代理问题，指出法律制度的完善对投资者利益保护具有积极作用。近年来，我国上市公司控制权争夺事件不断涌现，引发了较为严重的治理问题。借鉴法与金融的相关理论，祝继高和王春飞（2012）分析了外部制度环境对控制权争夺的影响，结论表明，国美电器适用的公司法为管理层同大股东争夺控制权提供了现实的可能性。郝云宏和汪茜（2015）的研究同样强调了法律制度在控制权争夺过程中的角色扮演。然而，在经济转型与社会转轨的特殊历史时期，我国的法律制度还不健全，还需要通过其他渠道来维护投资者的合法权益。随着信息技术不断发展，学者们陆续发现新闻媒体作为企业外部治理环境的一个重要方面对包括法律制度在内的投资者正式保护机制具有一定的替代效应。国外学者主要是从信息中介功能和声誉机制两个角度来理解媒体治理作用的发挥，我国学者李培功和沈艺峰（2010）则认为，在转型国家，声誉机制并不能对管理层的机会主义行为进行有效约束，并指出我国媒体公司治理作用的发挥是通过引起行政机构的介入实现的，为媒体“有效监督假说”提供了来自中国企业的经验证据。媒体治理作为投资者利益保护的法律外补充机制，同样会对市场参与主体的行为产生不同程度的影响。上市公司作为资本市场的重要参与者，其控制权争夺行为势必会引起广大媒体的广泛关注，并通过信息收集与传播功能对投资者的行为决策施加影响，而媒体作用下监管部门的介入更是控制权争夺的重要外部力量，上述文献为我们从媒体治理角度分析企业控制权问题提供了理论参考。

6.2.3　利益整合机制：从争夺到新利益关系均衡的实现

长期来看，控制权争夺现象会日益常态化。从宏观经济环境出发，大力推进混合所有制改革势必会对目前的利益格局产生重要影响，进而引发利益冲突与争夺现象。从微观层面来看，企业股权结构呈现出日益分散化趋势，这一因素也会导致未来上市公司控制权争夺事件加速上演。然而，持续控制权冲突不仅会给企业发展带来巨大损耗，也不利于资本市场持续高效运行。为此，迫切需要建立起协调多方利益的整合机制，实现从利益格局失衡到利益均衡的动态转变。而要想利益整合机制发挥作用必须先通过该机制产生新的利益增量，为不同利益主体之间的合作创造红利空间，这一思想为机构投资者强行介入背景下企业控制权冲突问题的解决提供了有益指导。

具体而言，由于资本的逐利天性，机构投资者持股首要目的是获得稳定的物质回报，其中，股票价格上涨带来的溢价收入作为股东回报的主要内容而备受关注。而从管理层角度来看，股价上涨向外界传递出企业发展向好的信号，是对管理层工作能力的认可，他们自身也可以通过年度分红或高管持股计划获得实实在在的收益。为此，改善股市表现、提高股价是进行利益增量创造，且符合双方共同利益的有效举措。而股价上升在很大程度上又依赖于公司盈利能力的提高，不管是机构投资者还是管理层都对这一经营绩效指标给予了高度关注，业绩提升提高了企业分红的可能性和由此带来的预期收益。若控制权的实际拥有者能使其经营的企业保持健康发展的势头，则连续的经营成功所获得的个人权威会对个人控制权起到自动强化作用。因此，努力改善业绩表现同样是在激励相容原则指导下进行的利益整合行为。但是，无论是股价指标还是经营业绩指标通常只能反映企业在特定时期内的经营状况，属于短期机制。另外，这两大指标容易在复杂多变的市场环境中呈现波动趋势。所以，要想实现企业控制权长期稳定，还需要借助其他机制发挥作用。从目前的研究来看，王春艳等（2016）认为资源配置和制度安排是创始人获取和维持控制权的两大来源，而制度安排的重要意义在于其可以使企业对关键人物或资源的依赖固化为对特定章程的依赖，保障了企业控制权的稳定性。故从长期来看，对于那些可以提前感知到的利益冲突，可以通过订立契约的方式来加以平衡，如依托各类章程和行动准则的设计来调和不同利益主体之间的矛盾，建立利益分享机制，形成发展合力。

基于上述分析，笔者构建了机构投资者强行介入后引发控制权争夺的理论框架图（见图6-1）。已有关于控制权争夺的研究重点讨论了控制权实现方式问题，而本节不仅对这一争夺过程展开了具体讨论，还从利益冲突视角对控制权争夺的原因进行了分析，回答了“为什么”的问题。同时，还探讨了如何通过利益整合机制实现从利益格局失衡到利益均衡的动态转变，解决了“怎样做”的问题。

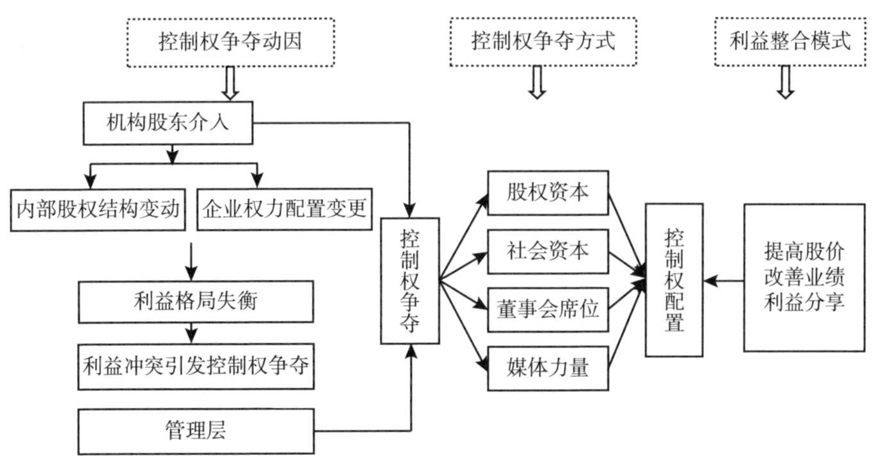

图6-1　本节理论框架与研究思路

6.3 研究设计与案例介绍

6.3.1 研究设计

本节采用了单一案例研究的方法对相关内容进行分析。如前所述，本节关注的焦点是机构投资者强行介入背景下企业控制权争夺问题，而到目前为止，基于机构大规模持股视角的企业控制权争夺研究在我国尚处于探索阶段。所以，笔者试图从一个新的角度对这一问题展开讨论，进而创建出新的理论框架，而案例研究在这方面独具优势（Eisenhardt，1989）。此外，本节旨在回答，机构投资者介入为什么会引发控制权争夺以及博弈双方是如何展开争夺的，属于“为什么”和“怎么样”的问题，案例研究又最适合回答“如何（how）”和“为什么（why）”类型的问题。并且，与多案例研究相比，单一案例更容易实现对特定事件的动态发展过程展开深入分析。故而，本节选择了单一案例研究的方法，从一个新的视角对企业控制权争夺问题进行探讨。

（1）案例选择。本节以万科管理层与宝能系的控制权争夺事件作为研究案例。本节案例的选择，主要基于以下原因：首先，万科作为深交所第二家挂牌上市的大型企业，有着比较完善的信息管理和披露机制。其次，随着万科控制权争夺事件愈演愈烈，各路媒体纷纷跟进，很多原本涉及公司股东大会和董事会运作的内部信息也都通过媒体挖掘出来，为相关研究的开展提供了宝贵的资料。最后，万科作为中国最大的专业住宅开发企业，内部股权结构分散化特征恰好能够有效匹配前文的研究情景，得出的结论将更具有说服力。

（2）数据收集。立足研究主题，数据收集的重点为万科的股东构成、各自持股比例以及董事会人员安排，重要节点如机构大规模持股事件发生时企业股权增减变动情况，控制权争夺事件发生时双方所动用的社会资本以及控制权争夺事件发生后的市场反应。这些数据的获取渠道主要包括：公司网站信息披露、经审计的年（季）度报告、媒体采访、新闻报道以及创始人公开演讲等。多途径的资料来源可以起到相互补充、互相验证的作用，从而提高了研究的准确性。

6.3.2　案例介绍

万科企业股份有限公司（简称“万科”）成立于1984年，前身是深圳现代科教仪器展销中心，公司于1991年1月29日在深圳证券交易所成功上市（股票代码：000002，股票名称：万科A）。作为国内首批投身房地产行业的公司，万科在1993年就正式将大众住宅开发确定为公司核心业务。经过三十多年的发展，万科在创始人王石及其团队的带领下取得了一个又一个骄人业绩，是目前中国最大的专业住宅开发企业。良好的业绩表现和高效的公司治理因素加强了机构投资者持股动机，再加上万科内部股权结构高度分散化，最终导致了万科管理层与宝能系的控制权之争。本节将宝万之争分为了五个阶段，具体如表6-1所示。

表6-1　万科股权之争演化过程

阶段划分	事件介绍
第一阶段（2015年1~12月）：万科第一大股东花落宝能，开启股权争夺模式	2015年1月，宝能系旗下前海人寿及其一致行动人钜盛华开始买入万科股份，通过三次举牌持有万科15.04%的股份，取代华润成为万科第一大股东。8月31日、9月1日华润两次增持，持股比例升至15.23%，重新夺回第一大股东之位。11月27日，钜盛华买入万科股份，宝能系再次成为万科第一大股东。12月4日，宝能系第四次举牌万科，持股比例增至20.008%。截至12月11日，宝能系共持有万科约22.45%股份，稳坐第一大股东之位
第二阶段（2015年12月至2016年7月）：万科管理层意欲引入深铁，携手迎战宝能	面对宝能系不请自来的收购，万科管理层在向原第一大股东华润多次求援无果后，转而决定以发行股份的方式引入深圳地铁集团，届时希望通过这一重组预案稀释宝能手中的股权。但这一预案虽然获得了董事会的7票同意，但由于遭到了大股东宝能以及华润的极力反对，能否最终通过仍然是一个未知数
第三阶段（2016年8~12月）：恒大半路杀出，股权之争又添波澜	自2016年8月4日恒大集团对外发布公告称公司斥资91.1亿元购入万科A合计5.17亿股以来，恒大集团在资本市场开起了买买买模式，最终以14.07%的股份顺利成为万科第三大股东，恒大介入使得万科股权之争再添变数。屋漏偏逢连夜雨，虽然万科管理层极力促成与深铁的重组预案，但由于遭到主要股东的反对，该项议案最终被迫终止

续表

阶段划分	事件介绍
第四阶段（2017 年 1~6 月）：柳暗花明，深铁成万科基石股	2017 年 1 月 12 日，深铁集团与华润方面达成协议，拟受让华润集团所持有的 371.7 亿元全部万科 A 股股份，取代华润成为万科第二大股东。且在 6 月 9 日晚间，恒大发布公告称将其持有的万科 A 股全部出售给深圳地铁集团。此举意味着深铁在两次接盘之后，最终以 29.38% 的持股比例超越宝能成为万科第一大股东
第五阶段（2017 年 6 月至今）：郁亮接棒王石，万科股权之争终落幕	2017 年 6 月 21 日，万科公布新一届董事会成员候选名单。与此同时，万科董事长王石通过社交平台表示不再作为万科董事被提名，第二大股东宝能系也没有出现在董事会成员候选名单当中。6 月 30 日召开的万科股东大会通过了上述董事会成员选举。此次董事会换届选举意味着“宝万之争”最终落幕，郁亮接替王石出任董事会主席，标志着万科正式进入郁亮时代

资料来源：笔者根据万科集团公告、年报整理。

6.4 案例分析与讨论

6.4.1 宝万之争的根源：机构投资者介入引发利益冲突

相关学者的研究指出，一方面，公司规模和成立年限是确保机构投资者收益的最重要的两个因素，且机构持股往往偏好财务优良且治理有效的公司，以上观点解释了为何以宝能系为代表的机构投资者频频将目光投向万科；另一方面，与散户相比，拥有资金优势和专业特长的机构投资者也是上市公司重点引进对象。集中的持股比例不仅可以帮助企业改善内部资本结构，还可以减少信息不对称产生的机会主义倾向。目前，大量文献也都证明了机构持股在一定程度上发挥了公司治理职能。既然如此，为何以王石为首的万科管理层在宝能系刚刚增持到 10% 的时候就旗帜鲜明地表示不欢迎呢？

回顾王石在 2015 年第一次临时股东大会上的发言可以为上述问题的回答提供一些信息。他在当时的讲话中强调万科一直是股权高度分散的企业，虽然没有形成绝对控股，但也存在相对控股，而且万科多年来已经习惯了这种股权结构。在这一股权模式下，央企华润自从 2000 年成为企业第一大股东以来，始终坚持“大股不控股、支持不干预”的立场。一方面，华润的充分放权使得万科管理层拥有足够的自由空间来决定企业经营事项，满足了创始人对于企业与生俱来的心理所有权。另一方面，以王石为首的职业经理人也以优异的业绩和可观的分红来回馈大股东的信任和支持。据统计，作为国内唯一一家坚持20多年持续分红的上市公司，万科截至2015年已累计派发出356.12亿元的现金股利，基石股东华润从中获得了丰厚回报①。由此可见，万科管理层同大股东之间的友好关系建立在双方的利益诉求都充分实现的基础上。

然而，不同利益主体之间存在着利益差别，正是由于每个市场参与主体所追求的利益目标不尽相同，企业既有利益格局就会因为一些重要成员的进入或退出而处于动态变化之中。就万科而言，宝能的强势介入改变了企业内部一贯稳定的股权结构，也改变了不同主体之间的力量对比，第一大股东之位从央企华润落入了机构投资者宝能手中。由于这两大股东在性质上存在明显差异，导致他们投资企业的动机也有很大不同。如前所述，华润在成为企业第一大股东以后始终扮演着财务投资者角色，万科管理层拥有绝对的话语权。而新晋大股东宝能却试图以战略投资者的身份进入企业，在追求稳定的投资回报的同时，还要求以积极股东身份参与公司经营管理活动，如以内部人控制为由要求罢免包括王石和郁亮在内的全部万科董事会成员，此举构成了对万科管理层的利益威胁，引起了高级管理人员的强烈不满。为了维护自身控制权，万科管理层打算联手深铁与宝能抗衡，但引入深铁将使万科股权由一家独大变成三足鼎立，大股东华润的股权会被进一步稀释，出于自身利益考量，一向简政放权的大股东华润这次站在了管理层的对立面，公开表达了对并购方案的不满，如此一来，万科管理层与大股东和谐共处的利益格局也就不复存在。可见，利益诉求一致是维持企业控制权稳定的根本前提，而宝能的介入不仅触犯了管理层的既得利益，也使得原有股东与管理层之间的共同利益出现了分歧，冲突的激化最终导致利益相关方围绕控制权展开激烈争夺。

6.4.2　控制权争夺的路径选择

（1）同时动用股权资本与社会资本。学术界对“控制权”这一问题的认识由来已久，早期的文献植根于企业股权结构，发现在股权分散和股权集中的企业里，控制权配置模式存在明显差异，而宝万之争的直接导火

① 本章节数据未特别标注说明的，均为笔者根据万科集团公告、年报统计整理。

索就是万科长期以来的股权结构过于分散。由表 6－2 可知，与国内上市公司普遍存在控股股东的情况不同，万科的股权结构更类似于英美国家的企业，第一大股东华润的持股比例甚至不到 15%。由于缺乏一个明显占优的控股股东，宝能的强势介入很快就对管理层的控制权构成了威胁。其实在宝万之争爆发之前，万科管理层就已经意识到了分散的股权结构可能会引发控制权旁落风险，于是在 2014 年全面推出了事业合伙人制度。这一制度的核心内容是管理层通过滚存下来的集体奖金购买公司股票，因而也叫管理层持股计划。截至 2016 年底，管理层通过事业合伙人持股计划共取得了公司 4.14% 的股份，但此时宝能系旗下的钜盛华及其一致行动人已经合计持有万科 25.4% 的股份。相比之下，管理层的持股比例仍然是杯水车薪，即便是加上华润所持有的全部股份，也无力与第一大股东宝能抗衡。为了扭转股权对比情况下的被动局面，万科管理层又提出以定向增发股票的方式引进深圳地铁集团。如若该项重组议案顺利通过，届时深铁集团将成为万科第一大股东，而宝能的持股比例将被稀释至 19.27%。然而，令管理层没有想到的是，一贯支持他们的大股东华润这次居然站到了对立面，接连投了 3 张反对票，导致与深铁集团的重组预案由于宝能和华润两大股东的反对而被迫终止。就在万科控制权之争愈演愈烈之际，恒大集团又趁机介入，先后斥资三百多亿取得了万科 14.07% 的股份，顺利成为公司第三大股东。由于持股比例差距悬殊，加之引入深铁的计划落空，外界普遍猜测万科管理层将在这场股权之争中落败。然而，随后事情却出现了戏剧性的反转。就在上述重组议案宣布终止半个月之后，深铁集团与华润方面达成协议，准备受让华润集团所持有的全部万科 A 股股份。这样一来，深铁集团就接替了华润成为万科第二大股东，宝万之争就此出现格局之变。随后，在 2017 年 6 月 9 日晚间，恒大集团又对外发布公告称将其持有的万科 A 股全部出售给深铁集团。此举意味着在两次接盘之后，深圳地铁集团将以 29.38% 的持股比例登上万科第一大股东宝座，这对管理层而言无疑是一个重大利好消息。

表 6－2　2014 年万科前十大股东构成

股东名称	股东性质	持股比例
华润股份有限公司	国有法人	14.91%
HKSCC NOMINESS LIMITED（境外上市外资股（H 股））	外资股东	11.91%

续表

股东名称	股东性质	持股比例
国信证券—工商银行—国信金鹏分级 1 号集合资产管理计划	其他	3.30%
安邦人寿保险股份有限公司	其他	2.13%
GIC PRIVATE LIMITED	其他	1.32%
刘元生	其他	1.21%
USB AG	其他	1.08%
全国社保基金一零三组合	其他	0.72%
中国建设银行—博时主题行业股票证券投资基金	其他	0.65%
南方东英资产管理有限公司 - 南方富时中国 A50ETF	其他	0.65%

资料来源：笔者根据万科集团公告、年报整理。

概括来说，在这场控制权争夺战中，万科管理层和宝能的处境都随着内部股权结构的变动出现了较大变数，这充分说明了股权资本是控制权争夺的首要基础。然而，万科管理层能够在股权对比处于劣势的情况下依旧主导企业话语权，还和其背后强大的社会资本支持分不开。首先，作为极富传奇色彩的成功企业家，王石对万科的发展功不可没，而他本人也在三十多年的创业生涯中积累了丰富的经验与广泛人脉。万科最大的自然人股东刘元生先生就是王石忠实的盟友，从万科创立之初便看好王石，并一直持有万科股票至今。就在宝万之争进行得如火如荼之际，向来低调的第一大自然人股东刘元生突然发声，公开质疑华润与宝能的关系，为管理层在这场旷日持久的控制权争夺战中赢得了一些主动权。而从高闯和关鑫（2008）对社会资本的划分来看，实际控制人不仅可以动用个人社会资本，还可以同时动用组织内部社会资本和组织外部社会资本来强化对企业的控制。就万科而言，组织内部社会资本主要是指高级管理层之间的信任和连带关系，因为万科的多数高管拥有在公司长期任职的经历。尤其是以郁亮、王文金和解冻等为代表的管理人员，他们在 20 世纪 90 年代就已经加入万科，可以说是由王石一手提拔的元老级高管，因而与创始人之间存在深厚的关系纽带，并一同致力于企业的职业经理人文化建设，带领万科在激烈的房地产市场持续领跑。正是这种锐意进取的企业家精神和强大的团队凝聚力为万科管理层争夺控制权增加了筹码，故当宝能提出召开临时股东大会、罢免包括王石和郁亮在内的高管董事的职务时，遭到了董事会的一致反对。最后，在这场由万科管理层和大股东宝能主演的控制权争夺大戏中，深圳地铁集团扮演了重要角色，成为左右宝万之争的关键力量。之所以选择深铁集团，是因为万科管理层早前与其有过合作经历，且双方一致看好“轨道 + 物业”模式的发展前景。同时，深铁集团是一家由地方国资委直管的大型国有企业，而万科在股份制改造乃至上市初期的大股东同样是具有国资委背景的深特发，且创始人王石当时还是深特发方面的代表。所以，面对宝能的步步紧逼，管理层率先想到了以资产置换的方式引进深铁集团同宝能抗衡。虽然整个过程一波三折，但深铁集团最终还是凭借两次股权受让顺利成为万科第一大股东，使得这场股权纷争能够以有利于万科管理层的方式落幕。

作为资本市场上标志性事件，宝万之争的直接动因在于万科的股权结构高度分散，一旦机构投资者集中持股就会对企业的控制权形成威胁，这也表明股权资本是影响控制权的最基本的要素。然而持股不足5%的万科管理层却战胜了享有公司25.4%股份的大股东宝能，这种控制权与控股权不对等的现象在很大程度上是由于社会资本发挥作用的结果。与股权资本来自持股比例不同，社会资本主要表现为同利益相关者之间的信任和连带关系，这种关系建立需要长时间的培养。强行介入的外部投资者宝能很难在短时间内获得社会资本的支持，而长期主导企业经营活动的万科管理层在这方面独具优势，这充分凸显了社会资本在控制权争夺过程中的重要性，但作为一种以网络连带关系为基础的资源，社会资本本身又具有较强的不稳定性。为此，要想获取或维持对企业的控制权，必须同时掌握以上两种不同性质资源，尤其是在企业股权结构呈现分散化大趋势下，股权资本和社会资本之间博弈会变得更加激烈。

（2）争取董事会席位。按照贝尔和米恩斯（Berle and Means，1932）的经典定义，企业控制权是指通过行使法定权力或施加影响，对大部分董事拥有实际的选择权，这番言论强调了董事会作为企业经营决策机构在公司治理当中的重要性。在万科这类股权高度分散的企业里，董事会人员安排更被看成是公司治理的关键，谁掌握了董事会的多数席位谁就能主导企业的话语权。从万科先前董事会构成来看（见表6－3），创始人王石亲自出任董事会主席，并与总裁郁亮以及执行副总裁王文金一道当选为执行董事，代表管理层在董事会占据了重要席位。再加上第一大股东华润的支持，万科管理层相当于又间接收获了三个非执行董事席位，形成了一种强大的管理层控制的董事会。

表6-3　万科2014年度董事会构成

姓名	董事身份	备注
王石	执行董事（董事会主席）	来自万科管理层
郁亮	执行董事	来自万科管理层
王文金	执行董事	来自万科管理层
乔世波	非执行董事（董事会副主席）	来自华润
魏斌	非执行董事	来自华润
陈鹰	非执行董事	来自华润
孙建一	非执行董事	来自中国平安
张利平	独立非执行董事	
华生	独立非执行董事	
罗君美	独立非执行董事	
海闻	独立非执行董事	

资料来源：笔者根据万科集团公告、年报整理。

然而，宝能大手笔买入公司股票使得万科管理层在董事会中的绝对优势地位受到了挑战。按照万科的累积投票制度，持股25.4%的宝能至少可以获得三个董事席位，且已有文献表明，持股比例较高的大股东往往具有较强的动机向公司派驻董事，以此来约束管理层的机会主义行为。虽然宝能在成为万科第一大股东后并没有提名合适的人选进入董事会，但却以内部人控制为由，要求罢免包括王石和郁亮在内的全部董事会成员。此举将万科股权纷争推向了高潮，宝能要求改组万科董事会的行为被外界解读为双方围绕董事会席位展开了正式较量。为了摆脱宝能的威胁，万科管理层试图以资产置换的方式引进深铁集团来巩固自身在董事会中的地位。虽然这一重组议案由于遭到以宝能为首的大股东的反对而被迫终止，但2017年1月12日，华润方面对外宣布将其持有的15.31%的万科股份全部转让给深圳地铁集团，随后中国恒大也发布公告称自愿将其持有的15.5亿股万科A（约占万科总股本的14.07%）的表决权委托给深铁集团行使。这样一来，只要管理层同深铁集团采取一致行动，就可以确保在新一届董事会中获得多数席位。但按照万科公司章程，只有连续180个交易日单独或合计持有公司有表决权股份总数3%以上的股东，才有权利提名董事会的非独立董事候选人。于是，出现了本应在3月底完成换届选举的万科董事会选择了超期服役，管理层希望延迟董事会改选时间来帮助新晋大股东深铁集团争取提名权，促进董事会平稳过渡。

在超期服役 3 个月之后，万科董事会换届方案终于在 2017 年 6 月 30 日对外公布。新一届董事会延续了此前的 11 人格局，新当选的董事全部由深铁集团提名产生。从名单上看（见表 6 - 4），万科管理层依旧有 3 名代表入选，深铁集团也向公司派驻了 3 名董事，代表第一大股东在董事会中行使自己的权利。而曾经风头甚劲的第二大股东宝能在金融强监管的背景下放弃了万科的董事提名权，没有在董事会中获得任何席位。此番改选标志着持续了两年多的万科股权之争终于迎来大结局。虽然万科原董事会主席王石没有出现在换届名单中，但管理层还是保住了既定的董事席位，而且，还得到了包括第一大股东在内的多数董事会成员的支持。再反观宝能，虽然其持股比例远远高于万科管理层，但它却只享有公司的财产分红权，无法通过董事会这一制度安排来制衡和监督管理层，企业的控制权仍旧牢牢地掌握在管理层手中。

表 6 - 4　　万科新一届董事会重组名单

姓名	董事身份	备注
郁亮	执行董事（董事会主席、总裁）	来自万科管理层
王文金	执行董事	来自万科管理层
张旭	执行董事	来自万科管理层
林茂德	非执行董事（董事会副主席）	来自深圳地铁集团
肖民	非执行董事	来自深圳地铁集团
陈贤军	非执行董事	来自深圳地铁集团
孙盛典	非执行董事	来自赛格集团
康典	独立非执行董事	
刘姝威	独立非执行董事	
吴嘉宁	独立非执行董事	
李强	独立非执行董事	

资料来源：笔者根据万科集团公告、年报整理。

（3）引发媒体关注。媒体具备的信息收集与传播功能是其治理作用能够有效发挥的基础。相比之下，社会公众在获取和解读信息方面存在较大困难，媒体信息中介角色降低了信息需求者的信息获取成本（池国华等，2018）。双方在信息收集和判断能力方面的显著差距，使得当前社会普遍存在“媒体崇拜”现象，它体现了媒体报道对投资者认知水平和投资行为的深刻影响（熊艳等，2011）。

为使控制权纷争朝着对自身有利的方向发展，万科管理层和大股东宝能产生了强烈的媒体信息管理动机。在双方引导及操纵下，与股权事件有关的媒体舆论分成了两派。一方站在契约精神和产权保护角度表达了对大股东宝能的支持。这部分媒体发文称，企业真正的所有者是广大股东，企业话语权应该体现在持股比例上。宝能对万科的收购完全属于市场行为，管理层的阻挠与干涉是对资本权益的极大漠视，以王石为首的管理层对自身身份缺乏清醒认识。虽然现代企业制度赋予了管理层自主经营、独立决策的权力，但本质上他们只是企业的高级雇员。一旦管理层不能很好地体现股东意志，大股东就有权力撤换不称职的经营者。而万科管理层在没有事先征得第一、第二大股东同意的情况下，强行通过与深铁集团的重组预案，实质上已经构成了内部人控制，损害了股东利益。在这番言论的影响下，投资者情绪出现了微妙变化，舆论开始偏向大股东。

另一路媒体则站在管理层角度对宝能发动的舆论攻势进行了反击。按照他们的观点，在知识经济时代，人才是第一位的生产要素，优秀的企业家是目前中国最稀缺的市场资源。以王石为首的管理团队不仅将万科从创业公司做到国内领先的房地产企业，还建立了规范的治理结构，实行透明化经营，是被实践检验了的最优秀的管理团队之一。而且，万科管理层不仅是企业价值的创造者，还是股东利益的坚定维护者。万科历来重视股东回报，是A股唯一一家坚持不间断分红的上市公司。为同广大股东利益更加紧密地联系在一起，万科又推出了事业合伙人持股计划，管理层在分享企业收益的同时也同所有股东一道承担投资风险，宝能对万科内部人控制损害股东利益的指责显然是站不住脚的。另外，这群媒体还在报道中指出，宝能系收购万科的资金有很大一部分来自万能险，动用大量保险资金集中持有单一股票并收购上市公司的行为属于短债长投，隐藏着较大金融风险，一旦监管不到位就会对实体经济造成巨大冲击。宝能收购南玻A，赶走包括创始人在内的高管团队，导致其业绩恶化就是前车之鉴。通过媒体造势，管理层反对宝能系控股万科的做法同样得到了公众的理解和支持。

伴随媒体参与，与股权事件有关的社会舆论出现了多次反转，监管部门的介入成为改变双方力量对比的关键因素。虽然一开始监管层将宝万之争定性为市场自身行为，并表示只要符合相关法律法规规定就不会进行干预。但媒体对宝能收购万科资金来源的质疑以及对宝能动用保险资金损害实体经济的声讨，引起了监管当局的重视。先是证监会主席在公开讲话中发表了关于部分险资用不合规的资金从事杠杆收购挑战国家金融法律法规底线的言论。之后短短数日，保监会不仅叫停了宝能系旗下前海人寿万能险新业务，还派检查组进驻前海、恒大人寿两家公司实施检查。最终前海人寿被查出存在编制并提供虚假材料、违规运用保险资金等问题，其董事长姚振华遭到保监会为期 10 年的禁业处罚，而恒大人寿也因为资金运用违规行为被保监会限制 1 年内不得进行股票投资。在行政外力作用下，宝能的影响力受到了重创，恒大将手中的表决权委托给了深铁行使，宝万之争出现了实质性逆转。这也再次验证，引起行政机构介入是我国媒体发挥公司治理作用的重要途径。

6.5 案例的进一步分析

与我国传统公司治理过程中呈现出的股权结构特点不同，万科是一家股权高度分散的企业，作为企业的重要参与者，万科管理层累计持股不足 5%，却先后在 20 世纪 90 年代的君万事件和当下宝万之争中战胜了股权明显占优的外部并购股东，实现了对企业控制权的长期把控。究其根本，管理层维权成功的关键得益于其与内部股东之间建立起了长期和谐共生的利益关系（张华等，2018）。即管理层通过不断改善经营管理水平创造出的物质财富满足了资本的逐利性，为了获得更多投资回报，广大股东纷纷向管理层交付手中的控制权，管理层的影响力进一步渗透。具体而言，万科管理层对企业控制权的实现主要归功于以下几点。

首先，在管理层的长期领导下万科的经营业绩一直处于行业领先地位。从万科历年实现的销售金额来看，这一指标一直处于大幅上升态势，并在 2010 年首次突破 1000 亿元，这一数字标志着万科成为中国房地产史上首个年销售额达到千亿级的住宅企业，巩固了万科在行业中的领跑地位。而从万科与国内另外三家世界 500 强房产企业多年来的业绩走势来看（见图 6 -2），万科的竞争优势同样比较明显。其中，企业的净利润不仅连年攀升，而且每个比较年度的数值都领先于竞争对手，显示出了强劲的发展势头。另外，万科的总资产收益率多年来一直没有出现过大的波动，表明企业在追求高效经营的同时还保持了稳健的发展势头。持续经营成功不但增强了投资者的信心、拓宽了企业的融资渠道，还提升了管理层在业界的知名度和影响力，由此获得的个人权威强化了管理层对企业的控制。

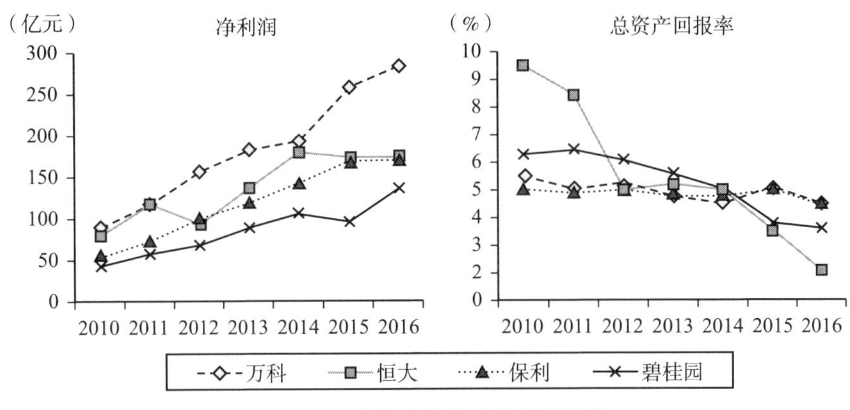

图6－2　主要房地产企业业绩比较

资料来源：笔者根据万科、恒大、保利、碧桂园公告、年报统计整理。

其次，万科历来重视股东回报。在万科这类股权高度分散的企业里，中小投资者普遍存在搭便车心理，他们对企业经营决策行为并没有太高的参与热情，只是希望获得稳定的投资回报。其中，现金分红是大多数散户获取收益的重要渠道。作为房地产行业的标杆，万科的分红向来比较可观，自1992年向股东发放第一笔现金股利以来，已经连续25年向股东分红，仅最近3年派发的现金股利就达到200多亿，这一数额是房地产领域其他企业所无法比肩的。而从不同年份的对比情况来看，万科2015年宣告发放的现金股利较之以前年度增幅明显，每股由之前的0.41元迅速涨到了0.72元，全体股东累计分享到了79.48亿元的现金红利，占万科当年合并净利润的43.87%。而万科管理层之所以选择在股权之争的关键时刻加大分红力度，很大程度上是希望借此获得广大股东的支持。最新研究证实，投资者对股利上升股票的偏好程度远远大于对“铁公鸡”和“无规律”股票的偏好程度，股利不平稳具有客户“驱逐效应”（Larkin et al.，2016；陈名芹等，2017），而且，长期不分红是激发拥有较大现金流权股东争夺控制权实现自身收益的直接诱因。所以，从利益整合角度来看，万科慷慨的股利收入分配政策使得广大股东的合理利益诉求得到了满足，进而加强了投资者对管理层的拥护力度，维持了万科控制权长期稳定局面。

再次，管理层开始以积极姿态来改善股市表现。与庞大的资产规模与出色的业绩表现不相称的是万科股价长期处于低迷状态。即使在 2013 年万科获得了全球三大顶级评级机构给予的境内房地产企业最高信用等级，同时还以 1709 亿元的销售额刷新了行业记录，但股价仍然不见起色，甚至在 2014 年前三个季度的收盘价从未突破 10 元大关。与万科低股价对应的还有万科的市盈率，在宝能大规模持股之前，万科的市盈率长期徘徊在 10 倍以下，而同期房地产行业平均市盈率已经达到了 18 倍左右，相比之下，作为公认的一线蓝筹股，万科的市场价值被严重低估了。为了让股价尽可能地反映公司真实的内在价值，重拾投资者对万科的信心，管理层在大力改善企业经营业绩的同时，还在股权事件中引进了具有国资委背景的深铁集团来充当企业的基石股，并与其联手打造“轨道 + 物业”的发展模式。而从万科 2017 年股市表现来看（见图 6 - 3），市场对管理层的上述行为给予了积极反馈，无论是公司收盘价还是市盈率都较之前期有了明显提高，而股价上涨不仅提高了企业的市场价值，由此带来的溢价收入还切实保障了广大股东的权益。

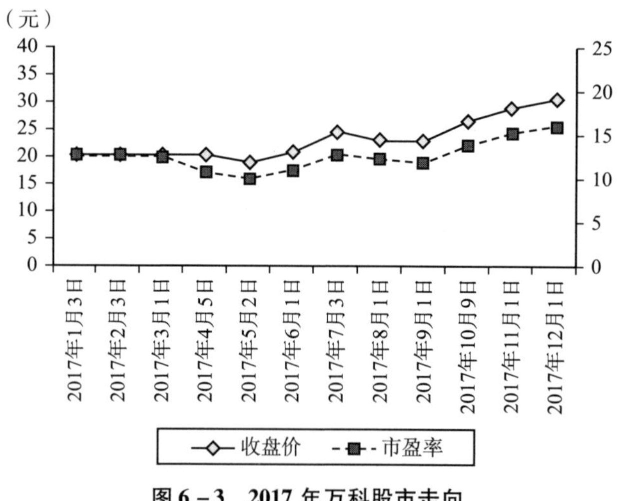

图 6 - 3　2017 年万科股市走向

资料来源：笔者根据万科 A 股 2017 年交易统计整理。

最后，职业经理人制度赋予了万科管理层自主经营的独立性。与经营绩效和股价因素相比，企业制度作为企业赖以生存和发展的体制基础，不仅具有刚性约束效力，还具有一种不随时间和空间而改变的稳定性。作为一家大型房地产上市公司，万科率先建立起了规范的职业经理人制度，在这一制度的约束下，广大股东并不直接参与公司日常经营管理活动，而是赋予管理层自主经营和独立决策的权力。正是这一授权管理机制的存在，使得持股比例并不高的万科管理能够长期主导企业话语权。另外，通过相应的制度设计和调整还可以对企业发展过程中出现的利益冲突加以协调和平衡。为了缓解高度分散的股权结构引发的股东对管理层利益侵占行为的担忧，强化管理团队风险承担意识，万科在职业经理人制度的基础上又推出了事业合伙人持股计划。通过这一制度安排，万科管理层能够更直接地感受到经营好坏带来的收益或损失，减少了管理者个人私利行为，拓宽了其同广大股东之间利益共享区间，为企业长期稳定发展提供了制度保障。

6.6　研究结论

本节以万科股权之争为案例背景，从利益冲突与整合视角对企业控制权争夺动因及解决机制问题展开讨论。研究结论表明：（1）股东与管理层之间建立在利益一致性基础上的友好协作关系是维持企业控制权稳定的根本前提。由于利益差别的普遍存在，外部投资者强势介入往往会打破了企业长久以来形成的利益平衡格局，利益关系失衡引发的利益矛盾和冲突是激发企业控制权争夺行为的内在动因。（2）在控制权争夺过程中，外部并购股东很难在短时间内获得社会资本支持，主要是通过集中持股方式对被并购企业施加影响。相反，内部管理层在长期经营管理活动中形成的专业知识和社会资本等关键性资源成为其同机构股东抗衡的重要筹码。为了主导企业话语权，占据董事会多数席位成为控制权争夺双方共同利益诉求。而新闻媒体作为重要的外部性力量同样成为双方争取的对象，发挥了公司治理职能。（3）控制权的实际拥有者要想持续性地获得企业控制权，必须首先通过生产经营活动和相应的投融资安排进行利益增量创造，确保企业内外各参与主体的合理利益诉求能够充分实现。其次，还要在企业发展的不同阶段协调好不同利益主体之间的利益关系，调动全体成员的积极性和主动性。其中，经营绩效改善、股价提升和利益分享机制能够有效发挥利益因素的激励动力作用，在价值创造的基础上实现不同主体之间的利益平衡。

第 7 章

国有企业混合所有制改革中利益机制重构及其治理模式选择的国际比较

混合所有制企业最早出现在西方发达资本主义国家。资本主义国家战后出现大量国有企业，但始终以私有制为基础。随着经济发展的复杂性、多样性、全球性等特点的显现，市场经济重新得到理论界和实践界的重视，形成现代市场经济，尤其20世纪70年代以来的私有化的重新改造，混合所有制在西方发达国家占据越来越重要的地位。1974～1975年西方国家出现严重经济危机，此次危机以经济停滞与通货膨胀并存为特点，即宏观经济领域中所谓的“滞胀”现象。西方国家的持续“滞胀”，根本原因是国家干预过多。西方国家的“滞胀”危机使得凯恩斯主义被拉下神坛，进行重新审视，西方国家开始反思并探索合理的国家干预力度、干预形式和干预手段。国有企业是国家干预经济最为直接的体现，“滞胀”危机使得世界各国政府重新探索国家的干预，不断尝试对国有企业进行改革。

7.1 英国国有企业混合所有制改革

7.1.1 制度变迁、权力结构与英国国有企业混合所有制改革

西欧国家最早并最为彻底地进行国有企业改革，而其中最为成功的当属英国。英国的经济思想源于重商主义，受重商主义思想的影响，英国有着体量庞大的国有企业，而且国有企业的效率普遍较低。

1. 国有化与私有化相争交替时期

国有化与非国有化，亦即国有化与私有化是英国工党与保守党执政理念的重要区别。保守党主张非国有化，支持私有经济，执政上积极推行私有化。而工党更为青睐社会主义经济体制，执政中积极推行国有化，遏制私有经济。不过，自 20 世纪 50 年代开始，工党内部关于国有化问题亦开始出现分歧，逐渐形成坚定国有化的“比万派”与主张国有化调整的“修正主义派”两派思想。“比万派”（比万为工党左派领袖）坚定社会主义经济政策，主张不断加强国有化，而“修正主义派”则不再坚持主张国有化。1951 年，保守党执政，随即保守党政府着手进行私有化进程，首先实行私有化的即是英国的钢铁行业。工党尤其左派工党强烈反对保守党的私有化政策，1960 年 10 月，工党年会召开并对国有化进一步强调，最终决定以钢铁工业的“再国有化”为工党竞选下届大选的目标纲领。再国有化，是重新国有化，即收归已私有化的原国有企业。1964 年，工党大选获胜，威尔逊政府随即对钢铁业等实行再国有化。随后，保守党执政继续实施私有化。1974 年，威尔逊和卡拉汉工党继续以再国有化为竞选纲领，大选获胜继续实施再国有化。执政期间工党政府反复采用高价赎买的办法进行再国有化，国有企业的比重和覆盖行业范围不断扩大，至 70 年代末，英国国有化达到最高峰，传统工业诸如铁路、能源、电力、邮政等行业全面国有，航空、造船、钢铁、汽车等行业的国有化比例也超过了半数，关乎国民经济命脉的行业和部门都直接受国家控制，国有企业的数量达 1.6 万余家，国有企业产值在国民生产总值的比重超过 10%，固定资产投资占全国固定资产总投资的 1/5①。

2. 全面私有化改革时期

1975 年左右，英国经济发生严重的“滞胀”危机。之前所奉行的民主社会主义和凯恩斯主义导致政府职能过度扩张，政府规模庞大臃肿，使得政府财政吃紧并最终难以负担，正常的经济运转受到干扰和阻碍，导致公众对政府越来越失望。1979 年，撒切尔保守党执政。执政后的撒切尔政府通过对经济发展中所出现的新危机的充分认识而最终意识到国家干预过度的弊端，撒切尔政府提出不再坚持两党“政治共识”——凯恩斯主义，转而以弗里德曼的货币主义为经济运行的指导思想。

以弗里德曼的货币主义为代表的新自由主义是撒切尔政府执政的主要

① 陈宝明：《国有企业之路：英国》，兰州大学出版社 1999 年版，第 38 页。

理论依据，在这种新思潮的影响下撒切尔政府果决地对英国国有企业进行全面私有化改革。为应对严重的“滞胀”危机，撒切尔政府果断抛弃凯恩斯主义，极力推行以弗里德曼现代货币主义和新自由主义为核心的经济政策，通过扩大私有化、减少国有化规模与范围以减轻政府负担，遏制政府赤字，充分强调并切实发挥市场机制的调节作用，提倡并鼓励私人资本发挥积极作用，严格限制并不断缩减政府的职能范围，积极废除政府对工资和物价的指导与限制。这一过程中，撒切尔政府提出并坚持“大众资本主义”的执政理念，并以实现英国人民共享资本主义民主权利的“股东社会”为执政目标（邓沛琦，2015）。

撒切尔政府积极引进市场化机制以促进国有企业的私有化改革，并强调改革过程中必须行政手段进行直接管控。撒切尔政府的私有化改革通过出让国有企业部分产权给私人，从而引入外部竞争以更好地促进国有企业与国家的宏观管理，如此，通过私有化改革转变国有企业的经营机制，转变政府职能。从实质上来看，撒切尔的私有化改革并不是严格意义上的“私有化”，而是进行的一次混合所有制经济结构调整。这种调整强调以市场竞争为主线，同时辅以国家干预为手段，目的是保证能够最大限度地促进经济稳定发展，改革发展过程中一直坚持政府的宏观调控职能，并未完全放弃政府的干预。撒切尔政府私有化改革是为了克服凯恩斯主义所形成的弊端，同时修正工党执政所出现的政府干预经济过度现状。

3. “新混合经济”政策时期

1997 年 5 月，布莱尔工党执政，在此之前，保守党已连续 18 年执政。执政后布莱尔工党已不再坚持再国有化，而是充分肯定私有化的积极作用，并对保守党私有化政策中的有利成分加以吸收完善。执政后的布莱尔政府接受了吉登斯提出的“第三条道路”思想，并确定为此后的执政纲领。“第三条道路”是介乎“社会民主主义”（传统左派）和“新自由主义”（新右派）之间的中间道路，是反对放任自流亦反对政府过度干预的“新混合经济”政策（杨煌，1998）。布莱尔政府提出的“新混合经济”政策主张“有活力的社会市场经济”，强调经济运行中市场的主导作用，但反对其放任自流，即须由政府对市场加以规范（杨雪东等，2000）。1998 年，布莱尔政府为鼓励中小企业的发展而专门设立“政府引导基金”，同时号召并支持社会大众创业与大众创新。这项基金的经营与管理由富有投资经验的专业基金管理人员负责，各地区的中小企业均可以通过该基金获取本地区不超过 50 万英镑的初始投资。继而，2000 年 4 月，布莱尔政府成立“中小企业服务局”，旨在积极为中小企业提供服务支持，切实消除市场的消极影响，提高中小企业的融资水平与能力（马英娟，2000）。布莱尔政府设立的“政府引导基金”计划，通过政府主导参与并加以示范，带动社会私有资本能够积极参与其中，从而减少了社会资本的存量，有效地盘活了社会资本。

7.1.2 英国国有企业混合所有制改革中的利益冲突

利益，一直是马克思主义关注的重点。恩格斯指出“每一个社会的经济关系首先是作为利益表现出来”[①]，个体利益是人与社会相联系的唯一纽带，人类的一切社会活动都可以归结为追求利益。在社会及经济变革的转型时期，利益协调问题显得尤为重要，是整个社会最为关注的焦点问题，是执政政府有效进行整合社会的关键着力点。转型期间，社会利益格局变动频繁、利益差距不断拉大及利益冲突日益激烈，需要执政政府协调好各方利益，提高利益整合的效率和能力。社会转型期间的利益整合最终目的是通过有效的制度规范和政策指导整合社会各阶层、各群体的利益诉求而最终成为一个利益共同体，以使得体内各方的利益水平都得到普遍提高，并缩小社会个体间的利益差距，有效满足社会个体所不断出现的各种新利益诉求。

1. 利益整合

利益格局本身描述社会个体的利益定位，是利益分配的结构化体现，具有一定的稳定性特征。利益格局的固定意味着社会利益群体能够各得所需，各安其位。但现实中利益格局并非固定不变，而是随着社会的变动而复杂多变，社会的频繁变动必然使得稳定的利益格局不断失衡，加剧社会利益分化，加大利益获得的不确定性。尤其是现代社会的技术不断更新，社会形势变动加剧，利益格局也必然须不断调整，利益格局的调整变动造成稳定的社会群体利益定位发生改变，社会群体的利益选择与原有确定的预期发生分歧，利益获取的规范也随之变异而失去了利益获取的规范性，造成利益群体间的利益矛盾。同时，利益格局的调整亦须紧随社会形势的变化，利益格局的调整过慢，亦会积累与加剧利益群体的利益矛盾，甚至

---

① 《马克思恩格斯选集》第 2 卷，人民出版社 1956 年版，第 537 页。

影响社会稳定。

1979 年撒切尔保守党政府执政，上台伊始，撒切尔政府即放弃了两党执政共识——凯恩斯主义，代之以弗里德曼的货币主义，推行全面私有化，亦即“撒切尔主义”。撒切尔政府历经 3 届，20 世纪 90 年代初梅杰保守党政府继续执政，其间一直坚持贯彻撒切尔主义路线。1997 年大选，布莱尔工党政府执政，工党政府放弃再国有化目标，亦不排斥撒切尔政府的私有化道路，认可市场的作用，强调政府对市场的规范。自 70 年代末以来，英国政府的意识形态相继经历撒切尔主义、第三条道路、宪章运动等变化。工党、保守党的分野逐渐模糊，工党 80 年代中期后已逐渐向保守党靠拢，形成新一轮的“共识政治”。新自由主义逐渐取代凯恩斯主义，重新强调市场的自由调节作用，反对政府干预，主张市场而非政府配置社会资源的社会制度安排，市场化已俨然是政府改革不可绕开的选择，企业私营化、服务市场化、部门间的竞争、公共部门与私人部门间的竞争等均带来利益格局的频繁变动，变动过程中利益差距不断扩大、利益冲突不断激烈，如若超过人们的心理预期和承受能力，则会出现社会个体反对现有利益格局和利益分配机制，带来社会秩序的不稳定，继而影响整个国家的政治体系正常运转。执政党的利益整合工作必须不断调整，紧跟社会形势的变化。

2. 利益代表的差别

利益差别非常敏感，很容易被社会利益个体直接感知。个人能力有差异，努力程度也会存在差别，都会影响到财富获取的差别。另外，对国家宏观经济政策的解读，对社会大环境所带来机遇的掌控差别也都影响着社会个体所获取的财富。但同时也不可否认社会中亦存在各种偷税漏税、权钱交易、利用法律与政策的漏洞攫取财富的利益个体，甚至有严重违法乱纪、官商勾结、进行黑社会犯罪等的社会利益个体攫取大量的社会财富。社会利益分配不均，利益差距悬殊，少数人占据社会大部分财富，则说明社会的利益机制出现问题，利益冲突较为严重。执政政府的执政目标不仅是要扩大社会个体所得利益，即做大利益的“蛋糕”，更重要的是建立合理的利益分配机制，合理分配好利益的“蛋糕”。

“二战”之后，在凯恩斯主义经济思想的影响下，英国政府经济运行上持续强化财政政策和货币政策的调节作用，并在工党的主导下掀起大规模的国有化运动。到 1979 年时，英国国有化企业的产值占国内生产总值的 10.5%，国有资产投资额达 75 亿英镑，占全国总投资 15%，国有化企业实现就业人数达175万，占英国总就业人数5.9%[①]。经过几十年的发展，国有企业人浮于事，工作积极性低，经济效益差等弊病逐渐成为困扰英国经济发展的顽疾。撒切尔政府认为，要避免这种积弊，必须要求政府减少国家干预，改善英国企业的运行环境，通过市场刺激和自由竞争提高企业的经济效益。于是，撒切尔政府展开了国有企业的股份制私有化改革，被称作“1945年以来英国经济和工业结构最激进的改革之一”。

通过私有化，英国逐渐出现并形成了“小股权阶层”。1979年英国只有300万个人持股者，而到了1988年持股人数增至900万人，持股人数占人口的百分比由7%增加至21%。其中，60%的持股个体持有一份股票，22%的持股个体持有两份股票，个人持股占总股票的比重由1981年的28%降至1988年的20%，但持股人的平均收益率达到33%[②]。通过私有化，对社会中大部分人来讲是有利的，私有化使得企业面对竞争必须改善经营，降低成本与产品价格，提高产品质量，从而带来社会的正效应。但也存在利益差别的影响，从工党和保守党的竞选支持上可见一斑。购买股票者相对未买股票者更容易、更多也更直接获得私有化的利益，所以会更倾向于保守党执政。1983～1987年，购买股票者有2.5%从工党转向了保守党，而没有购买者则有3%从保守党转向了工党[③]。

3. 利益的表达机制

国有企业问题一直是英国工党和保守党的竞选活动的热点。工党坚持国有经济，强调宣传国有化有利于社会与经济的健康发展与进步。但社会现实是国有经济长期效率低下，国有化问题日益凸显，社会公众逐渐对国有经济失去信心。相对应，保守党则提出并全面推行私有化改革。为争取更多选民的支持，保守党选择公众持股的方式将公众经济利益与自身党派的政治前景相联结，通过廉价出售股票甚至赠送的方式吸引企业职员及公众购买持有股票，形成众多公众持有股份的小额股票持有阶层。这些持有股票的公众不同程度上将自身的经济利益与保守党的政治前途连接起来，其中也包括改变原工党立场的民众。众多工人持有股票形成小额股票持有公众，大大削弱了企业工会的力量，从而更加利于保守党政府推行私有化。

① 于维霈：《英国私有化剖析》，载《世界经济》1990年第12期，第36页。

②③ 杜丁：《论80年代以来英国国有企业私有化浪潮的原因及发展趋势》，载《南开经济研究》1998年第2期，第68页。

4. 利益的分享机制

"二战"之后，英国工党执政期间先后掀起两次大规模的国有化高潮。第一次国有化高潮是1945～1951年期间，英国政府先后把英格兰银行、民用航空、煤炭、铁路、电力、天然气、钢铁、邮政、城市交通、电话电报、供水、石油等行业和部门以参股或控股的方式收归国有；第二次国有化高潮是1975～1979年期间，英国政府继续将造船工业、航空和宇航工业、港口、飞机制造、矿产等行业收归国有。英国工党政府在战后所实行的大规模国有化，目的主要是推行民主管理、盈利归公的社会改革和降低成本、提高效率的经济调整。多数英国经济学家承认推行国有化根本就不是真正的社会改革措施，其既无法提供收入再分配的适宜手段，也无法促进工人有效参加管理的工业民主。随着20世纪70年代中后期国有企业规模的不断扩大，国有化日益加重政府的财政负担并越来越明显的阻碍经济的增长，继而使得人们的国有化希望破灭。在此背景下，1979年撒切尔保守党大选中获胜，撒切尔政府随即对国有企业实施大规模的私有化改革。

从统计来看，英国国有企业的经营成本远高于私人企业，其平均成本比私人企业高40%。同时，国有企业的利润率普遍比较低，1950～1952年、1955～1962年和20世纪70年代初期国有企业的利润都是亏损，其余年份有盈余，但扣除津贴后，利润率只有1%～2%，多则4%～5%①。生产效率上，国有企业也存在不足，1948～1958年，国有化运动初始阶段，其生产率年平均增长率是1.5%，低于同期整个制造业平均1.9%的增长率②。国有化后频繁的组织变动和管理经验不成熟是这一时期国有企业成本高、利润率低和效率低的主要原因。60年代，英国国有企业的生产效率一度出现较好增长趋势，1958～1968年国有企业生产效率年平均增长率是5.3%，高于同期制造业3.5%的平均增长率③。但是到70年代，多数国有企业已经亏损，至1974年国有企业的亏损已高达12亿英镑，与当年英国生产总值的比值已达2%④。国有企业连年亏损，亦使得政府逐年增加对国有企业的财政补贴，1974～1975年英国政府对煤矿、铁路和钢铁等国有企业的财政补贴为6.09亿英镑，1979～1981年度达到18亿英镑，到1984～1985年度增至40亿英镑⑤，至80年代末英国政府财政已无力再承

---

① Millward R. Price Restraint, Anti – Inflation Policy and Public and Private Industry in the United Kingdom 1949 – 1973 [J]. Economic Journal, 1976, 86 (342): 226.

②③ 于维霈:《英国私有化剖析》，载《世界经济》1990年第12期，第40页。

④ 于维霈:《当代英国经济》，中国社会科学出版社1990年版，第37页。

⑤ 杨洁勉:《试论西欧国有企业的私有化趋势》，载《世界经济》1987年第2期，第82页。

担对国有企业的巨额补贴。

7.1.3　英国国有企业混合所有制改革中利益机制重构

英国政府在国有企业混合所有制改革过程中由小到大、先易后难，改革中度的掌握及各方力量的平衡均比较不错。改革过程中，先对竞争性行业中盈利较好的企业进行改革，而后逐渐对复杂的大型国有企业进行改革，并且对复杂的大型国有企业一般按照盈亏状况依次分离成为多个小企业，随后对各小企业依次进行改革，改革的目标非常明确，改革的安排非常细致。

1. 利益整合

英国国有企业混合制改革的方式有多种，主要包括国有企业整体出售、国有企业内部职员收购或员工持股、股票市场公开出售股份、政府控股转让其他股份、政府所有特许经营或承包等。英国国有企业混合制改革最为显著的即为英国的私有化运动，早在1951年丘吉尔政府和1970年希思政府接替工党政府组阁执政时期即已开始尝试，但大规模的全面的私有化运动则是撒切尔保守党执政后全力展开的。1979年，撒切尔保守党政府执政，上台伊始，撒切尔政府即推行全面私有化运动。私有化不是单纯意义上的非国有化，而是指资产或经济的主要活动由社会公共领域逐渐转向私人领域。政府并非对所有国有企业彻底出售完全私有，而是有可能某些情况下仍然持有一些国有企业大量的股份，这取决于这些国有企业是否有有利可图吸引私有的程度。多数情况下，私有化的形式主要以合资企业的形式对公共领域与私人领域进行融合，私有化使得政府不断放松管制。

英国的国有企业私有化是一个逐渐深入的过程，总体思路是先易后难，即先对盈利的制造业国有企业进行私有化，再对部分盈利但发展前景不理想的服务性国有企业进行私有化，最后针对衰退的老工业国有企业和具有自然垄断特征而私有化较为困难的国有企业进行私有化。大致可以分为四个阶段：第一阶段是1979～1984年阶段，是私有化的尝试性改革阶段，主要出售竞争性行业的国有企业，以英国石油公司的股份出售为代表，这一阶段的私有化运动实际上只是经济行为简单地从公共领域转向私人领域。英国石油公司本就是一家公司合营的混合性企业，早在1977年卡拉汉工党执政时期，政府即出售了英国石油公司17%的股份，持有股份已从68.3%降至51%。1979年10月，撒切尔政府执政后不久，国有企业私有化即从出售英国石油公司股份开始，政府向私人部门出售了该公司19%的股份，获益2.9亿英镑[①]。之后，国有企业私有化逐渐扩展到生产竞争领域，私有化的净收益有所增加但并不显著，私有化进程并不十分顺利；第二阶段是1984～1987年，是私有化改革的扩大阶段，亦是英国全面私有化改革的标志阶段。这一阶段的国有企业私有化是从1984年11月出售英国电信公司股票开始，主要涉及的是非竞争性行业领域的私有化，包括电信、煤气、电力和公用事业部门等（余斌，1997）。1984年11月，撒切尔政府出售英国电信公司50.2%的股份，净获益达36.85亿英镑[②]。1986～1987年，撒切尔政府相继出售英国电讯公司、英国天然气公司和英国航空公司的股份，分别获利近37亿英镑、43亿英镑和42.5亿英镑[③]。这一阶段私有化改革比上一阶段的总金额有了近一倍的扩大；第三阶段是1988～1992年，是私有化的深入发展阶段。这一阶段私有化大幅度扩展到自然垄断、公用事业领域及亏损较为严重的国有企业。1988年10月，撒切尔政府向公众表示并承诺私有化没有禁区，进一步展开电力、供水等自然垄断部门的私有化。1989年、1990年英国政府相继出售10多家自来水公司。1990年3月，英格兰、威尔士及苏格兰的近20家电力公司相继进行股份交易。截至1990年3月，英国国有企业私有化的净收益达近280亿英镑[④]。与此同时，私有化运动亦逐渐深入社会公益和政府行政机构，市场力量广泛深入社会各领域各行业，保健、教育尤其是高等教育所属的服务业领域也都相继引入市场方式决定资源的分配，更为科学合理地做出决策；第四阶段是1992年之后的阶段，这一阶段的私有化主要是涉及关系着千家万户利益的老工业国有企业和不易私有化的自然垄断单位，包括私有化难度较大的英国铁路公司、煤炭公司和邮政公司等。这一阶段国有企业的私有化主要按照盈亏状况依次分离成为多个小企业，随后对各小企业依次进行出售，以形成有效竞争。另外，在这一阶段政府将一些费力且口碑较差的事业以私有化的名义转包给私人经营，一方面减少公众对政府的直接批评；另一方面则直接减少政府的财政支出（赵雪梅，1999）。

英国国有企业混合制改革的原则是优质资源分享的原则，对于优质的国有企业资源鼓励投资者参与分享，吸引了民间资本的积极参与。同时，

---

① 于维霈：《英国私有化剖析》，载《世界经济》1990年第12期，第36页。

②④ 陈炳才、许江萍：《英国：从凯恩斯主义到货币主义》，武汉出版社1995年版，第111～113页。

③ 邓沛琦：《中英混合所有制经济模式比较研究》，武汉大学，2015年。

对于参与的投资者尤其中小投资者通过完善并创新企业内部的管理制度以给予特殊保护。

2. 利益代表的调整

英国国有企业混合制改革的主要方法是向社会转让国有企业股权。英国国有企业的股权转让一般先确定职工持股购股方案，企业职工能够以较优惠的价格获得10%左右的股份，之后，国有企业股票公开上市转让。特殊情况下，国有企业的职工也可能收购全部或大部分股权，如1987年雷兰公共汽车制造公司由其全体职工收购，1992年英国科技集团公司全体职工集资组建控股公司对集团公司进行收购（沈晓梅，2001）。而一般公司的股份则是由社会公众、机构和外国投资者购买，如英国12家地区电力公司的股权出售转让，英国国民大众持有55%股权、投资机构持有30%股权、外国投资者持15%股权。其中，一些重要企业需要防范被外资收购，故此英国政府规定这类企业在股权转让过程中，所有个人或单位所持有的股份都不能超过15%①。而对关乎国家安全、国家命运和国计民生的国有企业，英国政府创立具有最终否决权的“特别股”，即政府最终持有并保留企业1英镑价值的一股股票并对该企业的某些重大决策拥有特别否决权，政府可以对企业试图出售某些重要资产或过于集中向投资者个人或外国投资者出售股票的决策行为行使最终否决权（薛云，1998）。

英国政府转让出售国有企业的股权之后，与企业的经营活动进行彻底分离，不再作为企业所有者干预企业的经营，而企业也不得再依赖政府的经济资助，政府与企业的关系转变成为监督者与被监督者的关系，政府对于企业的经营活动通过宏观调控手段进行间接的干预和调节。在国有企业私有化过程中英国政府同时出售转让了大量的垄断性企业的股权，一些自然垄断性国有企业的控制权也随之转移到了私人手中，不可避免地也会出现垄断经营而效率低下，故此英国政府在宏观调控的基础上还保留对此类自然垄断性企业的相应的管制权力，以确保其经济效率。对此，英国政府专门设立“垄断与兼并委员会”直接管理、监督和控制大型垄断性公共事业企业，设立诸如电讯管理局、供水管理局、铁路管理局、煤气供应管理局、国内航空管理局、电力规范办公室等机构负责管理、监督和控制具体的部门和行业。这些专门的管理机构主要负责价格的管理与价格上限的规定；干预并调控垄断行业对其他行业的渗透；监督垄断性企业所须承担的

---

① 沈晓梅：《英国国有企业民营化对中国国有企业改革的启示》，载《燕山大学学报（哲学社会科学版）》2001年第2期，第80页。

公益性服务的义务，如街头电话亭的安装、提供公众免费咨询服务等；监督监测企业的服务质量，如受理公众的投诉等（沈晓梅，2001）。

3. 利益表达

"二战"之后，英国工党与保守党形成两党执政共识——凯恩斯主义，两党执政不同程度地执行凯恩斯的宏观调控理论，对经济的运行以国家干预为主，持续强化扩张的财政政策与货币政策，增加政府支出与财政赤字、刺激投资与消费以扩大需求，继而实现产出的不断扩大。这种政策的执行使得英国迅速摆脱战后萧条的影响，但也逐渐导致政府职能扩张过度以及政府规模过大，不仅使得政府财政负担过重，而且严重阻碍了经济的有效运行，尤其是 70 年代"石油危机"的出现更是加重了这一影响。1973 年英国经济发生了最为严重的危机，出现严重的"滞胀"现象。受石油价格上涨的影响，同时期其他资本主义国家亦相继发生较为严重的通胀与失业并存的"滞胀"危机，但相对而言英国的滞胀现象更为严重、显著，即著名的"英国病"现象。为了医治"英国病"，1979 年撒切尔保守党执政伊始，即抛弃两党执政共识——凯恩斯主义，代之以弗里德曼的货币主义，推行全面私有化，亦即"撒切尔主义"。早在 1974 年撒切尔夫人就已着手讨论滞胀的解决方案，与约瑟夫·基思等人组成"政策中心"，研究货币主义，1979 年 5 月大选中明确提出完整的货币主义政策主张，执政后即起用持货币主义观点的人担任财政大臣、工业大臣以及重要的经济顾问，强力推行货币主义，实施国有企业私有化改革。

国有企业问题一直是英国工党和保守党的竞选活动的热点。工党坚持国有经济，强调宣传国有化有利于社会与经济的健康发展与进步。但社会现实是国有经济长期效率低下，国有化问题日益凸显，社会公众逐渐对国有经济失去信心。相对应，保守党尤其 1979 年撒切尔保守党执政以来坚决反对工党所坚持的政府强化主张，反对政府的过度干预，提出并全面推行私有化改革。为争取更多选民的支持，保守党选择公众持股的方式将公众经济利益与自身党派的政治前景相联结，通过廉价出售股票甚至赠送的方式吸引企业职员及公众购买持有股票，形成众多公众持有股份的小额股票持有阶层，构建理想的"股东社会"。这些持有股票的公众不同程度上将自身的经济利益与保守党的政治前途连接起来，其中也包括有改变原工党立场的民众。私有化是英国保守党削弱国有企业工会力量的重要手段，众多工人持有股票形成小额股票持有公众，大大削弱了企业工会的力量，甚至工会会员中支持工党的比例亦在下降，从而更加利于保守党政府推行私有化。

4. 利益的分享

英国的国有企业私有化的主要方式有三种，即出售整个企业给私人公司，如英国造船公司、皇家军械厂、英国公共汽车公司的私有化；出售股票给本企业经理和员工，这一方式往往采用大大低于实际股票价格的优惠价格出售，如英国石油公司、英国航空公司、英国煤气公司等公司的私有化；公开发行股票出售，这一方式的私有化往往先向10家左右的银行招标，并由投标银行提出各自的方案，公开竞争，中标后，由中标银行与政府或企业再探讨私有化实施的细节。

1979年10月，英国石油公司股份的出售，是撒切尔政府国有企业私有化的第一步，政府出售所拥有的英国石油公司19%的股份，获益2.9亿英镑。私有化初始阶段，私有化的对象多数是盈利较好的国有企业。随着私有化的深入，英国政府私有化的行业也逐渐呈现多元化。1984年，撒切尔保守党获得连任，随即撒切尔政府全面推进私有化进程。连任的撒切尔政府相继出售英国电信公司、英国电讯公司、英国煤气公司、英吉利海峡渡轮公司、英国航空公司、英国原油研发公司等大型国有企业的股份，其中，出售英国电信公司50.2%的股份，政府获益高达36.85亿英镑。1988年10月，撒切尔政府向公众表示并承诺私有化没有禁区，进一步展开电力、供水等自然垄断部门的私有化。英国国有企业的私有化催生了一个新的阶层即股票持有者阶层，私有化的深入使得英国持有股票的外部投资者人数由1979年的300万人激增至1992年的1100万人，70%的英国家庭持有股票①，英国国有企业私有化的社会化效果非常明显（郭放等，2015）。但是，一方面，需注意的是英国国有企业私有化表面上成倍的增加了股东人数，但实际上新增加的股东中大部分是持有股票价值低于1000英镑的小股东个体，虽然人数较多却无法左右企业的决策；另一方面，英国国有企业私有化出现的股东人数增加多数情况下是一种暂时的现象，多数股票购买者很快会选择在股价上涨时卖出获利，所以一段时间后，很多公司的股东人数会相应减少。

客观上讲，英国的国有企业混合制改革即私有化效果还是较为明显的，改革的目的也基本上达成。一方面，私有化使得英国企业的经济效益明显好转，20世纪80年代，平均经济增长率达3.6%，通货膨胀率1980

① 郭放、孙玥璠：《英国国企改革对我国“混合所有制”改革的启示》，载《经济研究参考》2015年第37期，第72页。

年5月为21.9%，而1986年就已下降至2.4%；另一方面，私有化为英国国有企业注入新的活力，企业的盈利状况有了很大的改善。如英国电讯公司在私有化改革前，经营状况非常差，已连续多年无法缴纳利润与税款，1984年私有化改革后实现每年10亿英镑税款的缴纳，而且服务质量也得到显著提高；英国钢铁公司私有化改革之前，政府每年需对其进行巨额补贴，私有化改革后很快实现盈利，1994~1995年度，英国钢铁公司实现盈利10亿英镑，占英国钢铁市场56%的份额，成为国际最具竞争力的钢铁公司之一①。另外，国有企业的私有化改革实现了管理制度与技术的创新，提高了企业的竞争力，吸引更多的人才，人才外流的现象得到一定程度的遏制，同时增加了政府的财政收入，减轻了政府的赤字压力等。

7.2 俄罗斯国有企业混合所有制改革

20世纪80年代末90年代初，传统计划经济体制普遍开始向市场经济体制转变，涉及大多数的传统计划体制国家，其中，最具代表性的国家即俄罗斯与中国，其市场化改革与进程尤为世人所关注。传统计划经济体制向市场经济体制转轨过程中，最为重要的引起普遍关注的无外乎国有企业的改革问题。1989年东欧剧变，1991年苏联解体，俄罗斯联邦承继苏联，政治经济制度发生根本性的改变，俄罗斯尝试“休克疗法”变革，其实质是不得已条件下的激进性改革。

7.2.1 制度变迁、权力结构与俄罗斯的国有企业的混合所有制改革

俄罗斯的国有企业改革是“休克疗法”变革，即采取激进的方式直接建立自由的市场经济体制，实施自由化、私有化和稳定化（即所谓的“三化”政策）。自由化是放开市场的政府管制实现经济活动自由化和放开汇率实施对外贸易自由化；激进改革的指导思想就是在“休克疗法”的基础上，通过政府的行政强制手段快速实施私有化。1992年，当时以俄罗斯的第一副总理也是政府代理总理的盖达尔为首的激进派在改革中掌有实权，

① 郭放、孙玥璠：《英国国有企业改革对我国“混合所有制”改革的启示》，载《经济研究参考》2015年第37期，第72页。

聘请美国经济学家萨克斯为经济顾问，大刀阔斧地实施“休克疗法”经济体制改革。

1. 1992～1994 年自由化失控时期

俄罗斯私有化改革初期，苏联时期制订的“500 天计划”，总体改革思路是私有化－自由化－稳定化。计划中先是进行小规模私有化，通过股份转让出售的方式先进行生产部门的私有化，逐步减少国有企业的账户剩余资金，释放转移私有化过程中的货币风险压力，尽量降低价格上涨的幅度，之后再逐渐放开价格，实施市场机制下的价格自由化，最终确保私有化改革中宏观经济运行的稳定性。但俄罗斯握有实权的激进派最终否决抛弃了这一计划，决定实施一步到位的“休克疗法”，将改革的顺序最终确定为自由化－稳定化－私有化。1992 年年初自由化实施，通过政治上的强硬手段力促自由化政策的实施。这一自由化体现在价格、金融和对外经济三方面的自由，一次性完全放开价格，放开外汇管制，放开对外贸易。缺乏有效控制的自由化带来的是价格飞涨、货币贬值、储蓄缩水等严重的经济问题，社会民众苦不堪言，政府无力亦无法保持宏观经济的稳定，为转移公众的注意力，最终选择瓜分国有财产。

2. 1995～1996 年抵押拍卖时期

至 1995 年，俄罗斯当局已没有足够的资金用于私有化，私有化已引起民怨，不得已俄罗斯当局只有暂时中断私有化，继而私有化的形式逐渐演变成抵押拍卖。1996 年叶利钦第二届总统大选时，左翼使用抵押贷款的方式以进行产权交易而保证权力，从而绑架了众多银行机构。这种政治目的的拍卖完全由政府主导，严格意义上根本没有竞争。1996 年 9 月，俄罗斯政府和安全委员会共同决定银行具有出售抵押股份的权力，而且获得权力的银行具有相应的选择权，这些银行因此可以通过非竞争手段最终获得对自己有利的国有抵押股份。

3. 1997～2005 年低速私有化时期

1997 年，根据前期私有化过程中所出现的问题，俄罗斯当局出台新的私有化法规。这一时期的私有化主要是以丘拜斯和涅姆佐夫为首的青年改革派政府为主导，致力提供私有化相对公平的交易平台和规则。

4. 2006～2010 年国有化回归时期

全球金融危机的出现使得俄罗斯股价亦大幅下跌，这种背景下私有化已无利可图，继而开始出现国有化的回归。2008～2009 年，为应对日益严重的危机影响，国有化的规模和进程都明显剧增。

5. 2011 年以来没有私有化的私有化时期

为应对金融危机的影响，俄罗斯出现明显的国有化回归，这又使得俄罗斯政府陷于财政赤字，为解决赤字，政府决定继续实施并扩大私有化。2010 年 10 月，第一副总理舒瓦洛夫主导讨论并提出私有化纲领，计划 2011 ~2013 年私有化的年收入需达 91 亿美元，2014 ~2015 年继续私有化计划并进一步提高私有化的年收入至 150 亿美元①。而政府的主要目的是将收益所得再作为投资返回私有化的企业，这也一定程度上出现了一些私有化的目的只为取得财政收入的现象，并非真正意义上的私有化，亦即没有私有化的私有化。

7.2.2 俄罗斯国有企业混合所有制改革中的利益冲突

早在 20 世纪 50 年代左右，苏联的理论界已经意识到计划经济体制所具有的弊端，并致力于对其进行改革与完善的探讨。但是当时整个苏联甚至整个社会主义阵营都对斯大林模式有着近乎神化的膜拜，再加上当时的国际化导向，使得探讨改革不合时宜，属于政治禁忌，完善计划经济体制的改革探讨被压制而长期搁置。1985 年，戈尔巴乔夫上台执政，展开政治大讨论式的政治新思维探讨，政治上有了相应的松动，重新开始了计划经济体制改革的尝试探讨。但戈尔巴乔夫政府主导的政治讨论只停留在无休止的政治争论之中，对最为重要的经济发展并不关注，最终也达不成共识，并由此逐渐演变成日后的党派之争。80 年代中后期，苏联的经济出现负增长，其国际经济政治地位也在不断下降，随后不久苏联出现了严重的经济危机、政治危机和日益激化的民族矛盾（罗智波等，2009）。1988 年后，戈尔巴乔夫政府推行“人道的、民主的社会主义”改革，效果不理想，出现了极为复杂的政治局面，国内秩序也出现了混乱，俄罗斯的经济体制改革，正是在苏联解体、社会政治动荡的严峻背景下展开的（刘薇娜，2006）。

1. 利益整合

苏联时期，所有社会活动都是受中央政府主导，苏联一夜之间解体转变为俄罗斯，是一个复杂的社会转型过程，这一过程依然带有着政府主导的色彩。私有化后的公司中，政府持有少数股份，但依然对公司进行影响

① 于榕：《经济转轨中的国企产权改革与公司治理结构——中俄比较》，辽宁大学，2012 年。

和控制，主导着公司治理结构。政府的权力渗透企业中，经常影响企业的正常治理制度，成为内部人滥用权力的源头，甚至一些地方政府为了逃避税收和消除债务而通过权力直接主导和策划假破产。俄罗斯公司治理的显著特点就是剩余索取权和控制权配置不合理，无法形成互为一体的委托人与代理人。另外，经理们强行代理职工股权，结果是经理们控制着公司，通过控制企业经营不仅能够保护自身的股东权益，同时还能获得控制权收益。俄罗斯的公司本身是苏联时期的生产单位，随苏联解体“私有化”转变形成，转变过程中人为因素影响明显，实质上是所谓“人造”公司。俄罗斯私有化过程中将国有企业的股份向公众无偿赠送，造成实际上公众所获得股份成为公司股东只是名义上的股东，而并无实质的资本投入，也就造成企业并无资金更新技术和设备，原生产单位的领导人摇身一变成为企业的董事会和经理，管理层面没有实质变化，再加上这些原领导们并不了解和熟悉市场经济的规则，缺乏现代企业制度的知识储备和运作经验，导致私有化后的俄罗斯企业很难形成有效的公司治理结构。如此再加上企业经营不善，股东剩余索取权所得收益微乎其微，故此公司的控制权就尤为重要，公司经理们自我委托、自我代理。

长期以来，俄罗斯经济衰退显著，市场体系极不健全，资本市场发育不充分，股份流动不畅，信息披露不及时、不充分，导致俄罗斯私有化后的企业有着严重的内部人控制，再加上俄罗斯私有化后一直未能形成有效健全的法治环境，缺乏有效的产权保护尤其缺乏对小股东的产权保护，所有这些都制约着现代公司治理制度的完善与优化，极度影响利益分配的公平，亟须利益的重新整合。

2. 利益代表

1992 年 1 月，俄罗斯对国有企业实施全面的私有化改造。小私有化阶段主要针对 200 人以下、100 万卢布资产以内的小型企业进行私有化，私有化规模较小，也较为容易，主要涉及小型工商业、服务业企业领域和小规模的运输业、建筑业企业等领域，至 1993 年年底小私有化基本上结束。大私有化阶段针对的是 1000 人以上、资产超 5000 万卢布的大中型国有企业，私有化的途径是对其进行股份制改造之后向公众公开出售公司股份实现私有。按照私有化改革的进程，自 1992 年 7 月大私有化开始实施，依次通过证券私有化、现金私有化和个案私有化三个阶段进行。

证券私有化的时间是 1992 年 7 月至 1994 年 6 月，历经 2 年的私有化改革，俄罗斯企业的所有权结构已基本上具备了“股份资本结构分散化”

的特征，市场中也基本实现多元化的市场主体。这一阶段的私有化运动具有无偿性特点，所以企业职工拥有了企业的大量股权，至 1994 年，在已实现私有化的大中型企业的全部股份中，企业内部职工持股份额达 60% 以上，企业外部投资者的持股份额平均 20% 左右，其中公众个人持股份额则在 10% 以下，外国投资者基本上没有参与这一阶段的私有化，法人机构投资者持有的股票份额相对较大为 5% 左右，另外政府持有的股份仍然很大，约 12% ~17%①。然而，俄罗斯的私有化改革不可避免地带有强烈的政治色彩，改革的进程比较激进设想一步到位，同时选择了无偿性的私有化方式，这些都严重脱离了当时的国情，违背经济发展的实际规律，致使改革推进困难重重，私有化改革最终流于形式。俄罗斯的私有化并未出现所设想的庞大的、广泛的私有阶层，相反，俄罗斯私有化过程中，金融资本与工业资本相互勾结并不断渗透，继而形成了一批大规模的金融工业集团，亦不可避免地造就了一小撮瓜分国有资产的寡头资本家。

第一阶段的大规模的无偿性的证券私有化，一方面，由于是无偿提供股权，所以私有化企业并未由出售股权而获得相应资金，企业依然缺乏发展的资金；另一方面，无偿提供股权造就了企业大量的内部职工名义股东，并无实质的所有者权利，也不可能有效地承担起相应责任，所以私有化后的企业的效益依然难以改善（罗巧根，2004）。意识到第一阶段私有化所出现的问题，俄罗斯政府相继出台了新的私有化方案，即 1994 年 7 月至 1996 年 12 月的现金私有化和 1997 年 1 月至 2009 年的个案私有化。现金私有化和个案私有化的实施，吸引投资者（包括本国投资者和外国投资者）、规范股份制等政策相继出台，取得了一定的效果，企业的股权结构有了显著的改变，企业内部职工持股份额有所降低，外部人即企业外部投资者所持有股票份额有所上升，而政府所持有掌握的股票份额亦在逐步减少。截至 1997 年，俄罗斯政府所持有的企业股份只占有全部股票的 6.5%②。但现金私有化与个案私有化后，企业的股份有向少数人手中集中的趋势，俄罗斯在私有化过程中对投资者的利益保护机制比较薄弱。

3. 利益表达

俄罗斯企业中个人关系错综复杂，盘根错节的关系网导致国有企业中通过各种关系进行贪污枉法的行为屡见不鲜，国有企业私有化之后，旧机制废除的同时新机制尚不成熟、不健全造成监督机制形同虚设，使得这种

①② 朱智文、张养志：《俄罗斯的公司治理结构》，载《俄罗斯中亚东欧研究》2003 年第 2 期，第 44 页。

行为更加猖狂、严重。企业内部职工或多或少存在着有关联的外部企业或其他关系，受这些关系的影响支配进行侵吞、转移及贪污企业的资产和利润。

现实中，俄罗斯企业的信息披露情况较差，企业逃税严重，公司假账非常普遍，所以企业所披露的信息难以形成投资者的正确决策。同样，在俄罗斯的企业管理过程中，贪污贿赂现象非常普遍而且严重，企业内部职工通过各种方式侵吞、贪污、转移企业的资产，包括为打通各关节的行贿，逐渐蚕食企业、掏空企业。在俄罗斯成立一个企业除却烦琐复杂的登记注册手续之外还需近 30 个主管部门的审核许可盖章，整个过程不可避免地充斥着权钱交易。俄罗斯的公司治理中违背《公司行为准则》的违法行为非常普遍，程序不合法、分配不公平问题非常多见，股权的多少并未实质得到应有的决策影响力，如经常拖延、拒绝股东登记，故意通过各种手段阻碍中小股东投票，故意以各种理由推迟召开或者不开股东大会等，这些问题的存在无非只有一个目的即不断掠夺中小股东的财富、攫取企业的资产。再者，俄罗斯企业极少会支付投资者股息红利，在所有这些都不断刺激俄罗斯企业的内部人热衷于控制权。

“内部人控制”是俄罗斯公司治理模式存在非常明显严重的现象，这种现象的存在与恶化使得董事会名存实亡、权力架空、运行无效，而公司经理人权力不断加强，并严重侵害公司及大多数股东的利益。在俄罗斯，公司治理相关法律法规并不健全，对董事会的认识与界定存在偏差，董事会的构成及选拔极不规范，董事会成员尽数为公司内部人组成，甚至公司总经理可以提名董事或者总经理亲自兼任董事，严重破坏了董事会的独立性，逐渐淡化了董事会的股东忠诚意识，董事会常被架空，其监督职能也基本形同虚设，甚至董事会还经常与公司管理层勾结或情愿被其蒙骗、利用，合谋侵害公司及众多股东的利益。

4. 利益分享

俄罗斯国有企业改革与西方国家不同，俄罗斯原属于社会主义国家，国有企业所占比重远远高于西方国家，苏联解体，原社会主义体制需要转轨，势必使得俄罗斯国有企业的改革带有体制转轨的烙印。社会主义计划经济体制转变为市场经济体制，需要不断将原公有产权转变为私有产权，减少公有产权比例扩大私有产权比例，这也就必须进行国有企业的私有化改革。俄罗斯国有企业的私有化改革主要采取无偿转让国有资产的方式，分小私有化与大私有化两个过程。小私有化中，主要进行的是无偿转让国有资产，很少涉及有偿转让。大私有化的第一阶段进行的也主要是无偿转让国有资产，通过无偿发放私有化证券的方式主要向企业的职工转让国有企业股份，称作“证券私有化”，亦称为“大众私有化”。无偿转让国有资产的私有化改革方式并未使得企业获得发展所必需的资本，企业发展艰难。大私有化的第二阶段改变无偿转让国有资产的改革方式，这一阶段的私有化方式是公开按照市场价格对国有资产进行出售，亦即“现金私有化”。私有化的第三阶段是进行的“个案私有化”，不再进行大规模私有化，而是仔细研究甄选部分典型国有企业资产进行拍卖与重组。

1994 年底，叶利钦政府宣布俄罗斯实行私有化的工业企业已达 70%，4000 万俄罗斯民众拥有企业的股权，实现了私有化的巨大成绩。实际上无偿私有化并未实现企业发展所必需的资本，大多数企业处于停工或开工不足状态，无偿私有化所实现的众多“股东”其实名不副实，“大众私有化”在俄罗斯民众的失望中结束，随即俄罗斯政府实行“货币私有化”，亦即“现金私有化”。这一阶段，俄罗斯政府选择通过拍卖、招标的方式公开出售国有资产，企业股份按照市场价格公开出售。但稍加比较就可以发现，参与拍卖、招标的企业都是一些“油水”企业，大多数民众根本无缘接触，只能作“看官”，而权贵阶级借此机会大发横财，真正的赢家依然属于旧官僚们，“管理权变成了所有权”。

俄罗斯的休克疗法改革迅速推倒了原有制度，但缺乏严密的论证与充实的准备，旧的体制破除但新的体制却未建立与健全，故而俄罗斯的社会长期处于失序状态。政府仓促之间，许多过渡性改革措施都不尽完善，使得利益集团有可乘之机，寻租行为日盛，国家财富不断被侵吞掠夺。而政府官员同样参与其中，市场机制不健全，缺乏平等竞争的市场秩序，管理混乱，不健全法律法规等情况亦加剧了政府官员动用各种权力进行“设租”活动，以获取权力的资本化。官员设租、各种利益团体寻租，诞生了很多依靠寻租而暴富的官僚权贵富豪集团。俄罗斯私有化改革期间，超过四分之三的政治精英和六成以上的经济精英都来源于苏联的官员。私有化过程中，金融寡头与政府官员勾结，利用制度的混乱影响并支配政府政策以为其提供争抢掠夺国有资产的机会，造成严重的社会分化，引发诸多利益冲突与矛盾。这众多的矛盾与冲突究其根由无外乎社会群体之间的利益分配严重失衡（温俊萍等，2004）。

俄罗斯私有化改革过程中虽然问题众多，但是俄罗斯毕竟还是走出了改革的这关键一步。通过私有化的不断摸索，买方市场逐步形成并一定程度的完善，商品质量、服务质量也不同程度上得到了改善。但俄罗斯经济转轨形势的复杂性、广泛性、严重性、深层次性的特点决定了俄罗斯私有化过程任重而道远（刘冰，2001）。

7.2.3　俄罗斯国有企业改革中的利益机制重构

1. 利益整合

俄罗斯的经济体制由计划经济体制向市场经济体制的转变，新旧利益集团更替过程中，必然发生相互碰撞、对抗以及冲突。旧体制被打破但新体制还未健全完善，新旧体制交替需要时间，这段时间必然形成制度上和权力上的缺失，出现各种不稳定因素。俄罗斯采用了激进的休克疗法式改革，强制快速的一步到位实现市场化、私有化、自由化，设想能够一步到位的建立健全市场机制，使得国有企业迅速私有化，迫切希望用市场交易机制取代原有的政府计划调节机制，政府转变职能不再负责管理经济而只是负责稳定经济。政府过早地选择了自由化措施而突然彻底地放弃了对经济的有效干预，如此，经济失去控制，引发严重乃至恶性通货膨胀、社会及经济秩序混乱等严重的经济问题，继而出现诸如排斥外国投资、银行系统功能紊乱、官僚主义泛滥和腐败、不合理的行政补贴、有组织的犯罪猖獗等恶化的、混乱的宏观经济环境，严重影响了经济的健康发展，阻碍了企业的正常发展，却助长了企业内部人的肆意掠夺行为。政府职能的退出，还使得市场中的一些寡头、垄断、黑手党等非法力量乘势侵入，继而在某些方面取代了政府的相应职能，形成政府之外的“小政府”，严重阻碍了政府对改革的指引和带动作用。计划经济向市场经济转变，政府的作用不能弱化甚至消失，而是需重新界定其职能，需要在市场和政府之间进行平衡。打破旧体制很容易，但建立新体制非一朝一夕能够一蹴而就，政府必须保持相当时期与范围的职能控制，采取相应措施以弥补新旧体制交替所形成的制度真空，整合各方利益，并须避免政策的反复与缺失，尽量减少各种不稳定因素的出现。

2. 利益代表

现代公司企业设立三会，股东会、董事会、监事会相互制约制衡，必然存在着利益冲突与矛盾，解决这些冲突与矛盾必须科学配置各自利益，秉持效率优先、兼顾公平的原则。

产权结构改革是国有企业改革的一种手段，不是其最终目的，私有化并不一定能够带来效率提高，产权结构的改革是提高效率的必然条件。国有企业私有化改革使得产权结构得以调整，但也必须同时重塑公司的治理结构，改善公司的经营管理质量，提高效率。俄罗斯国有企业股份制改造后普遍建立了股份制企业公司治理机构，即股东大会、董事会与经理委员会。俄罗斯公司中的董事会主要由公司的总经理及其高管团队构成，公司的经营具体由总经理负责，总经理不受董事会的控制，也不对董事会负责，董事会被经理绑架，实际上就是经理委员会。再加上受宏观环境恶化影响，俄罗斯的公司普遍经营不善，很少或者从不对股东分红，股东参与公司治理的费用远远高于所得红利，所以众多股东逐渐丧失参与管理的动力与兴趣，这当然也包括经理人为增加控制权而利用各种方法设置股东参加管理的障碍，破坏股东大会的程序，延迟或取消股东大会的召开，股东大会实际上名存实亡。俄罗斯私有化的结果导致严重的内部人控制，公司经理人集委托人身份与代理人身份于一体，既掌握着控制权又拥有着剩余索取权。俄罗斯企业普遍经营不善，企业的股息红利微乎其微，经理人作为股东的剩余索取权所获收益非常微薄，故此经理人们更为青睐控制权，通过在职消费、攫取掠夺公司资产等方式追求更多更巨大的利益。现代的公司治理体制最终未能在俄罗斯企业中建立与完善，降低了企业的效率，公司利益未能得以较好的体现。

俄罗斯企业私有化改革后，工人于企业的公司治理中具有双重身份，既是生产者又是拥有大宗股权的企业所有者。作为生产者，工人在企业中处于较低的地位，被管理、被支配，受到管理者的监督；而作为所有者，工人又处于公司治理链条的最高级，是公司经营的委托人。工人握有相当数量的公司股票，通过公司的股息分红获得股权相对应的资本收益，同时通过提供劳动获得劳动所得即工资，通过这两种途径工人确保自己的收入能够最大，也是工人能够作为委托人所愿意进行监督的动力，但这种动力经常会失效。一方面，俄罗斯企业中，效益普遍受宏观经济恶化的影响而非常不理想，工人的监督努力所得收益很少，监督效果不理想，工人会逐渐放弃监督，随波逐流成为便车中的搭车者；另一方面，工人的监督努力还会受到经理人的威胁压力，经理人握有报复、开除工人的权力，如此，工人为保护自己的最低目标即工作的权利，则会降低监督动力甚至放弃监督。另外，工人虽然拥有公司股份是公司的所有者，但由于其本身知识水平、身份地位、搜集信息、分析信息等能力的欠缺，使得工人往往无法对经理人的经营能力及决策行为作出准确的判断，出现判断失误。工人作为委托人往往会因为经理人存在侵权的动机和能力，而产生逆向选择问题。这也是俄罗斯企业普遍的“治理结构失败”的又一重要原因（于榕，2012）。

俄罗斯的公司治理只有通过各经济主体、政府和中介机构的共同努力，秉持效率优先、兼顾公平原则，科学合理的配置各自利益，方能获得长足发展。

3. 利益表达

有效的公司治理，必须培育完善的竞争性资本市场、健全的公司法规以及具备积极的、有相当影响能力的股东。完备的资本市场必须讲求效率，能够准确评价公司的价值，能够不失真地转移公司的控制权。公司法规必须明确董事会的控制地位，保证股东的正当权益。除此之外，公司治理有效还必须具备竞争性的劳动市场。在俄罗斯，由于私有化改革计划不够缜密、市场认识不足等因素最终未能形成具备竞争性的资本市场和劳动市场，股东与债权人很难有效的监督公司管理层。在德国，具有相当影响力的银行持有高度集中的公司投票权，发挥监事会的监督权力的过程中也体现和表达了工人及众多中小股东的利益。俄罗斯激进的私有化改革未能培育起竞争性的市场环境，外部治理机制无法对公司的管理经营进行有效约束。德日两国的实践表明，银行应该对企业发挥至关重要的作用，必须强化银行在企业的公司治理中的相机控制权。与银行作用类似，共同基金、养老基金等同样可以起到这种作用。

4. 利益分享

只有产权界定清晰，产权人享有剩余索取权或剩余占有权，才能有动力不断促进企业效益的提高，这也就是现代激励动机的基础。俄罗斯国有企业私有化改革是国家公有产权向私有产权的转变，形成股份制企业，并应确保该过程中的激励机制相应改善。但俄罗斯的产权改革方式过于激进，未经缜密安排、准备不足，出现很多与国家实际不相符的情况，又缺乏该有的应对干预能力，所以俄罗斯国有企业私有化与人们的预期明显存在着巨大差距，情况越来越糟。

一般而言，产权的改革方式主要有分权法与外部控制法两种方式，选择哪种方式的产权改革主要取决于企业外部因素所构成的约束条件。一方面，社会个人财产的供给水平会影响产权的改革方式，个人财产的供给水平不足以满足改革所需资本的话，则比较适合采用稳妥的分权式产权改革方式。俄罗斯国有企业的改革选择的是实行外部控制法为主的模式。另一方面，资本市场的发育情况也会影响产权改造的方式，外部资本市场比较健全，外部股东投资信息比较完整，投资相对有保障，个人投资能力较强，比较适合外部控制法产权结构改革。外部资本市场不健全，个人投资无法获取投资所需的信息，投资没有保障，则会降低投资的意愿与能力，则选择分权式比较适合。俄罗斯民众所掌握的财产很少，占固定资产的比值非常低，能够提供到资本市场以供企业更新设备和技术的投资资金微乎其微，无法形成企业发展的有效资本支撑，也即无法提高企业的生产效率。俄罗斯后来为弥补企业资金的不足，停止了无偿提供股权的证券私有化，而推行公开市场出售国有企业股权的现金私有化，但这些证券主要被一些政府官员和企业的经理人们利用各种手段所获得并集中，而多数民众个人根本没有条件购买，或者直接被架空购买资格，个人财产状况依然没有改善，反而在通货膨胀下变得更加贫困，进一步扩大了社会两极分化。俄罗斯企业的公司治理状况日益恶化，民众彻底对企业的私有化股份改革不抱希望。再加上，俄罗斯的资本市场发育程度很低，根本无法实行外部控制式的产权改革，所以，俄罗斯的产权改革还是比较适合分权式的产权改革。产权改革是一个长期的、复杂的变革过程，是整个社会制度的变迁的基础，同时也是国有企业改革建立现代公司治理体制的基础，是一个渐进的演进过程，无法一蹴而就，必须由政府谨慎把控产权改革的进度与速度。

产权能够进行自由交易的前提必须具有清晰的产权制度，优化资源的配置及完善利益格局都必须具有清晰的产权。清晰的产权必须能够确保产权的排他性与可转让性，如此有利于个体之间利益关系的协调进而促进经济效益的提高。俄罗斯的国有企业改革是在新旧体制交替的初始就采取激进式的私有化改革，社会公众的储蓄不足、资本市场发育不完善，数额庞大的国有资产短期内无法实现清晰的产权。俄罗斯的产权制度改革，缺乏事先的充分论证，使得私有化改革过程中产权无法明晰，造成长期模糊的产权，产权保护缺失，市场经济法规不健全造成经济秩序的紊乱，市场中的投机性、短视性行为非常普遍。所以，必须明晰产权，完善产权保护制度，才能有效使用资源，公平分配利益（温俊萍等，2005）。

7.3 英国、俄罗斯国有企业混合制改革的比较

20 世纪 80 年代以来，世界范围内掀起了大规模的国有企业改革浪潮，

不仅不同体制制度的国家相继进行了国有企业的私有化改革，不同发展程度的国家也相继进行国有企业的私有化改革，这是涉及政治、经济以及社会的多层面改革，是以私有化改造为主体的混合制改革，影响深远、意义重大。私有化改革可以追溯至英国，早在 1951 年丘吉尔政府和 1970 年希思政府接替工党政府组阁执政时期即已开始尝试，但大规模的全面的私有化运动则是撒切尔保守党执政后全力展开的。1979 年撒切尔保守党政府执政，上台伊始，撒切尔政府即推行全面私有化运动，也即揭开了西方资本主义国家普遍进行私有化改革的序幕，私有化为主的混合改革的范围越来越广，层次越来越深，规模也越来越大。1990 ~ 1992 年 3 年间，西方资本主义国家的国有企业私有化改革涉及的市场出售金额即达到 730 亿美元①。20 世纪 80 年代末 90 年代初，东欧剧变、苏联解体，社会主义阵营的意识形态及价值观体系相继在东欧国家及苏联崩塌，社会主义阵营国家不得不相继进行社会转型，转型过程中掀起了转型国家的私有化改革浪潮，继而也掀起世界范围的新一轮私有化改革的高潮。据世界银行统计，1992 ~ 1997 年俄罗斯大规模私有化期间，俄罗斯 75000 家小企业和 14000 家大中型企业被出售的数量即已超过 40%②，大多数俄罗斯的工业工人已经转变成为私营企业员工（Miller，1997）。英国、俄罗斯所发端的国有企业私有化混合改革极具代表意义，格外被学术界、实践所关注。私有化改革的目的非常统一，即通过私有化的改革促进市场自由调节机制发生作用，激发企业的竞争活力，促进经济的持续稳定增长。但不同国家的政治体制、私有化的起点及动因、所处环境等因素同样也会左右和影响私有化的进程，导致私有化改革的代价及成效各不相同，不同私有化改革所积累的经验和教训是值得学习研究和借鉴的。

7.3.1　英国、俄罗斯国有企业混合所有制改革利益整合比较

"二战"后无论西方资本主义国家抑或社会主义阵营都有着一个显著的特点即国有化，尤其 20 世纪 50 年代第三次科技革命的出现与发展，国有化已从战争或危机期间的应急措施转变成为政府直接控制、影响与干预

① 唐妍：《从国有化到私有化：英俄两国比较分析》，载《今日东欧中亚》1999 年第 4 期，第 44 页。

② Miller A. Ideological Motivations of Privatization in Great Britain Versus Developing Countries [J]. Journal of International Affairs，1997，50（2）：391.

经济生活的重要手段。“二战”后 30 年间，西方资本主义国家接连发生周期性经济危机，为摆脱危机，西方资本主义国家普遍采纳实施凯恩斯主义的国家宏观干预理论的指导，不断刺激需求采取扩张性政策，导致国家投资所占社会投资的比重不断增加，国有化程度日益显著。社会主义阵营实施计划经济体制，与凯恩斯的国家干预殊途同归，国有化程度同样非常显著。战后 30 多年间，国有企业在整个世界范围迅速发展，战后经济包括西方资本主义国家的战后经济也包括社会主义阵营的国家经济都受益于国有企业的发展而迅速走出废墟，确保了各国家政府的经济稳定与增长。

但国有企业普遍存在高成本、低效率、亏损严重等问题，加重各政府的财政负担，赤字逐年增加，社会私有资本发展受到严重限制。同时，20 世纪 70 年代，随着对西方资本主义国家严重经济危机——滞胀的认识与研究，学术界，哈耶克新自由主义、弗里德曼货币主义为代表的新自由主义思潮在西方国家迅速发展与成熟，继而带来了舆论上、价值指导方向上及政治上鲜明的转变。英国撒切尔夫人 1979 年执政，抛弃两党政治共识——凯恩斯主义，主张经济自由，采纳弗里德曼货币主义理论为执政指导思想，大力实施私有化改革。尤为重要的是 80 年代，第三次科技革命有了新的飞跃发展，技术的进步与创新形成一系列高新技术产业，国有企业众多领域的优势逐渐被新技术所缩减甚至取代，国有企业被迫面临范围上、层次上的重大调整（黄春蕾，2001）。

英国是最早进行私有化改革的国家，其私有化改革是资本主义国家最具代表性、规模最大、范围最广也最彻底的改革。英国私有化改革最初的目的是通过分散所有权实现市场的自由竞争机制，提高企业的效率，进而减少政府经营的规模与范围，减轻政府的财政负担，实现更为广泛的、平等的利益分配。英国私有化改革是一个逐渐深入的改革过程，整个进程都是有步骤、有计划进行的，可以分为四个阶段。第一阶段是 1979 ~ 1984 年，是私有化的尝试性改革阶段。这一阶段，主要出售竞争性行业的国有企业，过程中英国政府小心谨慎，采取稳健推进的改革步伐，年平均出售额度不足 5 亿英镑；第二阶段是 1984 ~ 1987 年，是私有化改革的扩大阶段，亦是英国全面私有化改革的标志阶段，这一阶段主要是对大型公共垄断性的企业进行私有化改革；第三阶段是 1988 ~ 1992 年，是私有化的深入发展阶段，这一阶段私有化主要是对自然垄断领域、公共服务领域的大型企业进行私有化；第四阶段是 1992 年之后的阶段，这一阶段主要是私有化难度较大的老工业企业和一些自然垄断单位的私有化，这一阶段国有企业的私有化主要按照盈亏状况依次分离成多个小企业，随后对各小企业依次进行出售，以形成有效竞争。

相比较而言，俄罗斯的国有企业改革更多地充满着无奈与不得已。苏联解体，俄罗斯作为最大的继承者，不可避免地承继了苏联的社会机制，国有大中型企业是主要的经济成分，苏联社会主义体制下，国有企业的运行已达几十年，早已与社会实际严重脱钩，国有企业的弊端以及矛盾日益突出。苏联解体，千疮百孔的烂摊子亟须新的俄罗斯政府加以解决。如此背景之下，俄罗斯政府将私有化改革作为一项政治纲领而提出，致力于快速彻底改变所有制结构以划清与社会主义制度的界线，力图一步到位实现市场经济体制。1992 年，俄罗斯政府大力推进国有企业的私有化改革，为能够尽快实现市场化，首先进行了自由化的一系列政策。自由化体现在价格、金融和对外经济三方面的自由，一次性完全放开价格，放开外汇管制，放开对外贸易，结果缺乏对市场化的应对准备，造成经济不断恶化与下滑，出现严重的、恶性的通货膨胀。俄罗斯私有化改革分为“小私有化”和“大私有化”两个步骤，先进行小私有化，随后开始的是大规模的大私有化进程。俄罗斯私有化改革伴随着体制的新旧交替，改革过程既存在各种经济利益的冲突，又不断渗透着新旧各种政治力量的角逐，其私有化的改革远比英国私有化改革复杂得多、艰难得多（唐妍，1999）。

7.3.2 英国、俄罗斯国有企业混合所有制改革利益代表比较

英国私有化目标主要是提高经济效益，核心是增加企业的市场活力，增强企业的市场竞争力，从而实现完善市场机制下的各方利益最大化。为此，英国政府尤其保守党与工党交替执政下不断针对国有企业问题进行长时间的探索，并最终由保守党最终提出并制定相对比较完备的私有化改革方案，制定了系统的私有化目标体系。英国国有企业私有化改革的主要方法是向社会转让国有企业股权。英国国有企业的股权转让一般先确定职工持股购股方案，企业职工能够以较优惠的价格获得 10% 左右的股份，之后，国有企业股票公开上市转让。特殊情况下，国有企业的职工也可能收购全部或大部分股权。而一般公司的股份则是由社会公众、机构和外国投资者购买。其中，一些重要企业需要防范被外资收购，英国政府规定这类企业在股权转让过程中，任何个人、企业单位都不得持有超过 15% 的股份。而对关乎国计民生和国家安全的国有企业，英国政府创立“特别股”，

即由政府保留价值仅 1 英镑的一股，但政府所拥有的这一股对该企业的某些重大决策拥有特别否决权（薛云，1998）。

而俄罗斯私有化是体制转变的无奈选择，是以摧毁社会主义所有制为重要任务的，具有强烈的政治意识形态。俄罗斯的私有化带有着政治纲领的特色，急于快速一步到位地实现私有化，力图直接形成市场经济体制的基础——私有阶层，对国有企业私有化实行无偿私有化，无偿将国有企业的股权分给企业职工，强制股份制改革，一夜之间实现其私有化。一方面，由于是无偿提供股权，所以私有化企业并未由出售股权而获得相应资金，企业依然缺乏发展的资金；另一方面，私有化后的企业职工虽然拥有企业大量的股权，却无法有效承担所有者的责任。再加上宏观经济的不断恶化，企业普遍经营不善，最终私有化只是徒有形式，最终演变成为少数握有权力者攫取国有资产的盛宴，造就了社会一小部分暴富阶层，大多数民众未能分享到私有化的收益，社会贫富日益悬殊，两极分化日益严重，反对私有化呼声日益高涨。1994 年 7 月之后，俄罗斯政府相继出台了新的私有化方案，提倡现金私有化与个案私有化。通过实施新的私有化方案，企业的所有权结构有了显著的变化，内部人即企业职工所持有的股票份额有所下降，外部人即企业外部投资者所持有股票份额有所上升，而政府所持有掌握的股票份额逐步减少。但俄罗斯私有化的结果形成了严重的内部人控制，公司经理人集委托人身份与代理人身份于一体，既掌握着控制权又拥有着剩余索取权。经理人为增加控制权而利用各种方法设置股东参加管理的障碍，破坏股东大会的程序，延迟或取消股东大会的召开。公司治理体制最终未能在俄罗斯企业中建立与完善，各利益主体的利益无法得到公平、公正的对待。

7.3.3 英国、俄罗斯国有企业混合所有制改革利益表达比较

英国保守党全面推行私有化改革，为争取更多选民的支持，保守党选择公众持股的方式将公众经济利益与自身党派的政治前景相联结，通过廉价出售股票甚至赠送的方式吸引企业职员及公众购买持有股票，形成众多公众持有股份的小额股票持有阶层。这些持有股票的公众不同程度上将自身的经济利益与保守党的政治前途连接起来，其中也包括有改变立场的（原工党）民众。众多工人持有股票形成小额股票持有公众，大大削弱了企业工会的力量，从而更加利于保守党政府推行私有化。英国私有化改革

是在现代市场经济体制的基础上进行的，英国经过了长时间的市场经济发展已经形成了经验丰富的银行和信用制度，有比较完善的资本市场，能够确保股票交易的公平与公正，社会保障体系较为完善，个人或集团获取资本及收益的手段比较规范，经理人市场也比较成熟等所有这些条件，都能够有效配合英国私有化进程，推动私有化的深入。

俄罗斯国有企业中关系错综复杂，利用个人关系进行贪污的行为普遍存在，甚至由于缺乏有效的监管，私有化之后的这种行为更为严重。企业内部职工或多或少存在着有关联的外部企业或其他关系，受这些关系的影响支配进行侵吞、转移及贪污企业的资产和利润。与英国较为完善的市场保障体制相比，俄罗斯没有与之可比的保障体制。苏联一夜之间解体，计划经济体制彻底瓦解，而俄罗斯新的制度未形成和完善，所以市场表现出相对应的无序和混乱，既缺乏经验丰富或可信赖的信贷市场，又缺乏有秩序的证券交易市场。同时，为一步到位实现私有化，政府激进的采取无偿转让企业股权，但缺乏产权转换的必要的保护机制。一方面，无偿转让的企业股票无法实现企业的资本需求；另一方面，资金的注入缺乏保护，企业无法获取外部有效资金注入，导致权力阶层不断掠夺国有资产，私有化逐渐由国家垄断演变成私人垄断。英国私有化实现的基础是其完备的市场化，而俄罗斯私有化的方式带有着政治强制性，没有为私有化进行缜密细致的准备，私有化比较仓促、激进，存在较多问题。

7.3.4　英国、俄罗斯国有企业混合所有制改革利益分享比较

英国的私有化改革方案历经长时间的酝酿，尤其撒切尔保守党政府主导的全面私有化更是小心谨慎，撒切尔的第一届任期着手的私有化实施相当谨慎，操之过急或处置不当都可能带来相当严重的政治后果。之后，保守党执政较为稳健后，取得议会的绝对优势，英国的私有化才真正大规模开展。英国国有企业的私有化催生了一个新的阶层即股票持有者阶层，英国国有企业私有化的社会化效果非常明显。英国私有化改革的目的基本上达成。一方面，私有化使得英国企业的经济效益明显好转，经济得到了稳定的增长，通货膨胀率也得到有效控制并降低；另一方面，私有化为英国国有企业注入新的活力，企业的盈利状况有了很大的改善。另外，国有企业的私有化改革实现了管理制度与技术的创新，提高了企业的竞争力，吸引更多的人才，人才外流的现象得到一定程度的遏制，同时增加了政府的

财政收入，减轻了政府的赤字压力等（郭放等，2015）。

俄罗斯的私有化改革处于社会政治环境严重动荡之中，新旧体制交替中多党执政的政治条件根本不成熟，最终导致俄罗斯政府缺乏政治中心和权威，结果私有化改革带有严重的政治倾向。政客们仅仅为了表明与原有体制彻底决裂的决心，而仓促地、彻底地抛弃过去的一切，并直接照搬国外私有化的办法。甚至为防止国有化的反复或者民众继续共产主义的向往，而直接向企业职工无偿转让企业的股份。但大多数获得企业股权的俄罗斯民众并不认为私有化使自己成为真正意义上的所有者，大多数股票持有者依然不可能、也无法参与企业的管理，而能够取得股息红利的人数更是微乎其微。实际上无偿私有化并未实现企业发展所必需的资本，大多数企业处于停工或开工不足状态，无偿私有化所实现的众多“股东”其实名不副实。之后，俄罗斯政府选择通过拍卖、招标的方式公开出售国有资产，企业股份按照市场价格公开出售，但大多数民众根本无缘参与，而权贵阶级借此机会大发横财。所以本质上讲，1992 年开始的私有化，是权贵阶级对国家财产的私有化（刘冰，2001）。俄罗斯的私有化改革迅速推倒了原有制度，但缺乏严密的论证与充实的准备，旧的体制破除但新的体制却未建立与健全，故而俄罗斯的社会长期处于失序状态。政府仓促之间，许多过渡性改革措施都不尽完善，使得利益集团有可乘之机，寻租行为日盛，国家财富不断被侵吞掠夺。而政府官员同样参与其中，市场机制不健全，缺乏平等竞争的市场秩序，管理混乱，不健全法律法规等情况加剧了政府官员动用各种权力进行“设租”活动，以获取权力的资本化。官员设租、各种利益团体寻租，诞生了相当的依靠寻租而暴富的官僚权贵富豪集团，造成社会严重的分化，引发诸多利益冲突与矛盾（温俊萍等，2004）。

7.4 研究结论

英国保守党政府主导实施的国有企业私有化改革基本实现了预期，算得上比较成功的改革之举。英国工党 20 世纪 80 年代中后期逐渐向保守党靠拢，也不再坚持再国有化，两党形成新一轮的“共识政治”，共同认可市场的自由调节作用，主张市场而非政府强制配置社会资源的社会制度安排。但俄罗斯的国有企业改革几经曲折，磨难重重，可以算得上国有企业改革的失败案例。

英国的真正意义上的国有企业改革自 1979 年私有化改革开端到 1995 年私有化告一段落，是一种渐进式改革方式。15 年间，私有化改革进程比较谨慎而且稳健，国有经济的比重逐步削减，极力降低市场化过程可能导致的利益波动与冲突。俄罗斯的国有企业改革则采取了激进式的“休克疗法”，仅 1992 ~ 1996 年，小私有化开始到大规模私有化基本结束的 5 年内，国有经济的比重迅速削减 50 多点（世界银行，1996）。英国国有企业私有化改革的主要目的是为了提升企业的市场竞争能力，增强活力，出售国有企业股权是为更好地引进市场机制的竞争力量，盘活国有企业，其基础是英国社会存在强大的私人资本力量。俄罗斯激进派代表盖达尔、丘拜斯等人强制推行大众私有化，基本没有考虑私有化的合理性与可行性，只是力图彻底消除国有企业，改变社会的所有制，尽可能消除公有经济恢复的基础，从而维护与加强其政权的社会基础。俄罗斯并不像英国存在强大的私人资本，原有公有经济体制下，社会公众普遍缺乏购买企业股权的资本，所以俄罗斯主要采用了向企业职员无偿赠送企业股权的方式，迅速实现了企业的“私有化”。但私有化也只是如此单纯的出售和处理国有资产这一简单操作，并未真正理解透彻私有化，也根本无法做到英国私有化的“财产或产权私有化”（出售国有资产）、“经营私有化”（国有企业租赁和承包）、“管理私有化”（以民营方式取代官营方式）三者有效结合。俄罗斯简单强制的国有企业私有化改革，过程过于仓促，对市场认识、准备不足，再加上政府过早地抽身放手，造成了国有资产的严重流失，社会利益冲突日益凸显并失控，经济下行压力日增，出现严重的恶性通货膨胀，企业普遍经营不善、破产，形成新的官僚垄断和投机者阶层，社会两极严重分化等后果（王金存，2000）。

国有企业改革，私有化与市场化是政府改革不可绕开的选择。企业私营化、服务市场化、部门间的竞争、公共部门与私人部门间的竞争等均带来利益格局的频繁变动，变动过程中利益差距不断扩大、利益冲突不断激烈，如若超过人们的心理预期和承受能力，则会出现社会个体反对现有利益格局和利益分配机制，带来社会秩序的不稳定，继而影响整个国家的政治体系正常运转。再者，从国有化向私有化的改革过程中，不应取消或弱化政府职能，而是应调整、转变政府职能，减少直接干预，增强政府宏观调控经济和稳定社会的能力（黄春蕾，2001）。国有企业私有化改革后，政府虽然不再直接干预影响企业的经营决策，但不能减弱政府的作用，政府的作用需要体现在更加有效地保证社会中各主体的利益，缩小利益差距，减少冲突，从而保证社会的稳定协调与持续发展。

第 8 章

我国国有混合所有制企业有效治理模式构建

国有企业混合所有制改革是实现我国国有企业与市场经济相融合、公有制同市场经济相结合的有效形式和途径。国有企业是社会主义经济体制的主体，社会主义市场经济体制改革首先必须的即是国有企业的市场化改革，国有企业改革始终是我国市场经济体制改革的核心。我国的国有企业改革初期受意识形态的约束，加上市场化的条件并不完备，没有现成的、成功的经验可借鉴，我国的国有企业改革只有“摸着石头过河”，最终选择了一条适合中国国情的改革之路，即区别于俄罗斯激进式改革的渐进式改革道路。国企改革由改革开放初期的放权让利经营权改革到最终形成股权多元化的所有权改革，如今已形成大量的混合所有制企业（赵春雨，2015）。

推进国有企业混合所有制改革，是党的十八届三中全会确立的深化国有企业改革的重要目标和举措，是社会各界最为广泛关注的改革举措。2014 年以来，国有企业混合所有制改革主要有三方面的推动因素。一是中石化油品销售重组引入社会和民营资本启动国有企业混合所有制改革。中石化经过长时间的准备与酝酿，最终引入 25 家国内外投资者达千亿资金进行油品销售业务重组。随后，石油石化、电力电网、电信、铁路以及公用事业等领域的竞争性环节与竞争性业务相继逐步放开，有序引入民营资本和社会资本。二是地方国资委主导推进各地方性国有企业混合所有制改革。党的十八届三中全会确立国有企业混合所有制改革的重要举措之后，全国 20 多个省市已先后出台相对应的改革指导文件。三是国务院国资委主导推进央企的混合所有制改革。2014 年 7 月 15 日，国资委启动“四项改革”试点，确定 6 家央企为首批改革试点企业，包括国家开发投资公司、中粮集团有限公司、中国医药集团总公司、中国建筑材料集团公司、新兴际华集团有限公司和中国节能环保公司6家公司，其中“中央企业发展混合所有制经济”即为四项试点内容之一（余菁，2014）。国有企业的这些实践充分肯定了国有企业混合所有制改革的成功经验。三十多年的改革实践与探索，有值得充分肯定的成功经验，但国有企业混合所有制改革形势依然严峻，利益主体之间存在激烈的矛盾和利益冲突，必须充分认识和妥善处理这些矛盾和冲突。国有股东、非国有股东与经营者之间利益关系协调不仅受到企业内部各利益主体的行为模式的影响，也受到外部治理环境的制约，如何整合好各参与主体的合理利益诉求，成为国有混合所有制企业构建有效治理模式的关键所在。

8.1　整合利益关系

只要改革不能给利益相关者带来真实的利益，利益相关者就不会有改革的热情与积极性，改革最终也难取得预期效果。国有企业混合所有制改革必须通过国有与其他资本的融合，使得各自的优势得以最大程度的发挥，形成有机结合的利益共同体，推动企业的价值创造。在此过程中，国有企业与其他所有制类型的企业在优势上各有所侧重，国有企业在资产规模、技术与信誉等方面存在优势，而其他所有制类型的企业特别是民营企业在市场活力与运营机制上具有优势。因此，国有企业混合所有制改革在价值理念上，首先应承认各种所有制性质地位与作用，在此基础上充分发挥各自的积极性，通过优势互补，实现国有企业与其他性质企业和谐共生、融合发展。

而诸多企业改革的实践显示，在各类企业混合所有制改革的具体运作过程中，因涉及投资比例、控制权配置、剩余分配以及经营决策理念差异和目标分歧等现实问题无法解决，导致企业内讧内耗不断，不仅无法发挥各类资本的放大功能，而且导致经营效率低下甚至出现大量的诉讼事件。在国有企业混合所有制改革过程中，首先解决的难点问题是保证各参与主体资产的安全与权益的平等。目前，国有企业普遍担心因市场机制与法律体系不完善出现新的国有资产流失问题。而对以民营企业为代表的其他性质参与主体而言，最为担心是参与混合所有制改革的资产“羊入虎口”，演变成新时期的“公私合营”运动（刘崇献，2014）。

国有企业混合所有制的改革成功依赖于其创造的价值在国家、国企、非国企和社会公众等利益主体之间进行重新配置，对各方面的合理利益诉求给予积极回应。通过利益关系整合激励约束不同参与主体的行为，在战略定位上实现由传统一元利益刚性、机械的重组、并购向多元利益兼顾柔性有机融合方向的转变，实现融合共生。通过混合所有制改革，进一步明晰了国有企业与政府的边界以及与市场的关系，混合所有制改革后的国有企业应与政府及其监管部门保持适当距离，彼此之间由身份管理向契约管理转变，更加突出是按照经济规律良性有序运营的市场竞争主体，与其他性质的所有制企业在市场交易活动中处于平等地位。所涉及的具体国有企业，其所处行业、规模、层级等因素均不能成为是否进行混合所有制改革的障碍性因素，应将混合所有制改革是否有利于推动不同类别国有企业使命目标、功能定位的实现作为主要依据。企业内部利益关系整合就是出资人、高管和员工等之间进行合理的“剩余”分配。各类出资人的利益整合关系，重点是处理控制权配置与红利分配比例。国有企业混合所有制的改革利益关系整合应遵从：各类主体自愿参与的原则，不搞强迫命令与“拉郎配”；各类要素拥有者权、责、利对称的原则；相关参与者依法自由进入、退出的原则。

引入异质资本，需“质”与“量”并重。混合所有制改革过程强调引入不同资本，利用异质资本优势发挥金融市场价值，盘活资本存量，推动企业不断发展。对于国有控股企业而言，并不是片面强调“股权多元化”，而是在引入外部非公有资本时，不是仅仅引入一类资本，需要引入不同类别资本，而且不能为了增强企业活力，而一味加大异质性资本的持股量。在国有控股企业中，需要引入多种不同性质的股东以及持股比例适当的异质股东，使得国有控股企业“一股独大”的股权结构有所改善，“内部控制人”和“所有者缺位”带来问题可以得以解决，从而进一步改善企业绩效。

当前的中国企业正处于公司治理转型以及国有企业大力推进混合所有制改革的时代背景下，需关注控股股东与异质性非控股股东之间的利益冲突而导致的控制权纷争问题，要充分认识到控制权竞争的目标不是各利益主体一味追求自身利益而是各利益主体将自身利益与企业利益合二为一。对于异质非控股股东而言，通过控制权来拥有一定话语权和更多的物质利益。因此，对于国有控股企业的国有控股股东而言，如何激励异质性非控股股东（如民营或外资股东）是当前值深思的问题。而国有控股股东要激发异质性非控股股东参与公司治理的积极性，就需要妥善对公司控制权进行配置，需根据自身控制权的大小，来协调异质性非控股股东的实际控制权大小，给予异质性非控股股东适当的人事权利、战略安排以及利益分配的权利，才能一定程度上对异质性非控股股东产生激励效果。

8.2　重构利益代表机制

国有企业混合所有制改革的过程实质也是现代企业制度构建过程，要实现国有与民营资本的有效融合，需要构建规范的企业法人治理结构，而大型国有企业治理不规范特别是利益代表失衡的问题普遍存在。在调研中发现，现有中国大型国有企业国有股一股独大的现象较为普遍，大股东代表依照股权比例占有董事会、监事会的大部分席位，且外部董事、独立董事近半数来源于其他大型国有企业的高管层。监事会多由工会主席、国资委委派人员、党委主管纪检工作的人员、职工代表等组成，而绝大多数职工代表监事来源于集团或上市公司的中层领导，造成董事会、监事会成员主要由大股东利益代表构成，人情董事、花瓶董事、傀儡董事等广泛存在。利益代表虚化与异化现象突出，导致中小股东、普通员工以及社会民众缺乏独立的利益代表，合理利益诉求被忽视，大股东代表侵占中小股东利益、高管侵害最终出资人利益问题普遍存在。

中国属于大陆法系，法律形成过程中政府发挥着主导性作用，在规则文化中敬畏权威、漠视规则，遵从情理法的顺序，没有形成对敬畏规则的社会文化，独立人格意识无法形成，在企业治理过程中存在无形的尊重领导权威，依靠人情关系维系运转，不同利益主体之间无法形成有效的权力制衡。因此，在大型国有企业混合所有制改革过程中，利益代表机制的设计上必须要与中国的文化环境相匹配、融合，以利益冲突人的介入为切入点，打破决策、执行、监控主体之间业已形成的利益共同体，通过利益代表机制重构实现企业权力主体之间的制衡与协调。

第一，要在公司治理机制层面建立强制性的小股东累计投票权制度，使混合所有制企业中的小股东存在有效的利益代表。第二，加快国有资本运营与投资公司实际运营步伐，阻断国资委对企业的直接干预，实现由管企业、管资产到管资本的转变，董事会、经营层、监事会按照现代法人治理的权责定位分别行使决策、执行、监督等职权，并对企业整体利益负责。第三，建立高管人才认证数据库，推进企业高管选聘、考核的市场化进程，充分发挥市场信号的监控作用，力求以规范化、透明化、全过程的运作流程，减少因信息不对称产生的各类道德风险与逆向选择问题，并打破固有特殊群体已形成的潜在利益配置方式。第四，明确独立董事参与决策定位为立足于企业整体利益的维护，更加注重保护弱势股东的合法权益。为确保其独立性应建立独立董事人才数据库，通过独立董事协会等第三方机构从人才库中随机抽取选派。第五，重视职工代表大会作用的发挥。职工代表大会的职权主要体现为维护职工合法权益、监督出资人代表及高管行为是否违规，主要通过推举职工利益代表进入董事会、监事会发挥相应的作用。为确保普通职工利益诉求的代表性，按照一线工人、基层管理人员、中层及以上管理者各自占职工总人数的比重，选举产生相应比例的职工代表，董事会、监事会中职工董事、职工监事的提名，产生上应充分体现职工代表大会多数普通员工的意愿与诉求。

8.3 健全利益表达机制

利益表达是各利益攸关方通过一定的渠道和方式表达自身利益诉求以期影响最终利益配置的过程，利益有效表达是良性互动博弈产生竞合关系形成的前提，健全有效的利益表达机制也是市场经济体制趋于完善的重要体现。完善有效的利益表达机制首先要解决的是表达方式的组织化问题，否则无法在决策层面加以处理。同时，必须解决利益代表主体真实、客观信息的获得问题，各利益代表主体才可以做出准确的判断。随着社会的整体进步，社会各阶层利益表达愿望呈日益高涨趋势，但由于受利益表达的组织化程度以及信息来源的限制，利益表达不平衡问题突出。相对于强势群体而言，社会弱势群体的利益表达更容易被忽视而变得无效。因此，健全国有企业混合所有制改革过程中的利益表达机制，更多体现为各参与主体公平地享有利益表达的权力和机会，更加关注弱势群体的利益表达的有效性问题，通过多元有效的利益表达机制，使各个利益主体特别是弱势群体的合理利益诉求在董事会、监事会等决策、监督层面得以表达并给予积极响应成为完善利益表达机制的着眼点。

由于独立董事、监事会成员工作绩效与个人的奖惩相关性较弱，导致其工作上时间与精力的投入，工作动力主要依靠对工作的兴趣、责任心等内在动力，即使有普通职工成为监事，也基本上都是兼职，存在下级监督上级的问题，往往势单力薄最终屈从于其所监督的领导，国有企业独立董事、监事会等群体的利益表达实际效果普遍较弱。虽然国资委被赋予了出资人代表的权责，但相关官员在监控过程中更加关注自己的政治命运与个人经济利益的得失，容易导致大股东代表与企业高管合谋，而忽视从最终出资人利益出发进行真实表达的意愿。在缺乏产品与资本市场约束、职业经理人市场发育缓慢的情况下，强势“官员型企业高管”个人利益强势表达，出现较为严重的内部人控制问题。出资人、企业员工、社会民众以及董事会、监事会对企业经营过程中的合法、合规、有效与否主要通过财务报表以及信息披露加以确定，审计与评估等机构成为市场机制中负责监控企业经营业绩的第三方利益表达渠道。目前，在审计与评估等第三方认证机构的聘任、费用支付主要由被评价的控股股东代表、企业高管决定，导致委托代理关系中审计机构丧失了公正、客观出具信息披露审计报告的独立性条件。另外，国有股以及法人股流通性差，控制权市场无法对企业高管形成强有力的约束，而我国对于中小股东权利保护的法制基础建设缓慢，如民事赔偿制度与刑事制裁手段不健全，广大中小股东存在维权上的困难，大股东代表、企业高管侵占企业资产、违规担保、非公允关联交易等现象频发。

要使弱势利益群体代表的利益表达机制有效，无论是独立董事、监事会成员、第三方信息披露机构都必须将独立性作为最关键的环节，与企业的主要股东、经营者不存在可能影响独立判断的关系，并从企业整体利益、中小股东与普通员工合理利益诉求出发履行忠实、勤勉的责任。同时，必须对弱势利益代表行使主体从选聘、薪酬、权力行使、信誉等方面采取行之有效的激励约束机制，否则处于弱势地位的利益代表极易被强势利益集团俘获，导致默认甚至串谋、合谋现象的出现。完善中小股东诉讼制度，可以考虑采取将公司通过诉讼所获得的部分利益，回赠积极参与诉讼股东的措施，激发中小股东为公司的整体利益而诉讼的动力，实现对大股东代表、企业高管等强势利益代表的有效制衡。另外，各层面的国有资产出资人代表都必须接受人民及社会公众的监督，建立外部社会问责机制，强化国有控股混合所有制企业信息公布的格式化、标准化与及时性，让更多利益相关者有机会、有能力参与到企业全过程的监督中。

8.4 强化利益分享机制

从价值创造的角度来看，剩余价值的分配必须围绕关键或必需的资源进行。因此，利益分享绝不是参与企业的各个利益主体之间的平均分配，而是根据各个主体掌控资源的重要程度、稀缺性，不同属性企业对资源的依赖性，资源本身的专有与专用性有差异的分享。但有差异的分享应在合理的范围内，衡量合理与否的关键是相关参与主体对所获得利益的认可，这就要求在利益具体分配过程中，必须保证在制度安排和实施程序上的公正与透明，各参与主体彼此承认对方的合理诉求，并在互惠互利中创造价值。

企业作为一个由多种要素资源提供者组合形成的利益集合体，代表不同利益取向的出资人、经营管理者、员工等构成了国有企业治理的主体，并通过治理结构的有效构建和治理机制的分享剩余价值来实现不同利益主体的合理诉求。而国企改制带来的利益冲突与国资委成立之初制度设计的缺失有着内在的联系。国资委的成立解决了“五龙治水”的问题，但集监督与管理职能于一身的国资委主要行为取向是国有资产的增值保值，近年来大型国有企业发展有余改革不足，导致大型国有企业大股东代表、高管与中小股东、普通职工、社会民众之间利益冲突严重，表现为：整体上交红利比例较低、社会责任意识与社会民众的期望有较大差距、资源浪费严重、安全事故频繁，部分大型国有企业高管利用其获得的优势地位过度追逐自身收益最大化。

在国有企业混合所有制改革的过程中，应谨慎有序推进高管股票期权激励制度、分红权激励与员工持股计划，建立起企业高管、员工与企业长期持续发展紧密联系的利益纽带，提高企业职工参与混合所有制改革的积极性。在发挥市场资源配置起决定性作用的同时，也应看到市场失灵在分配领域体现的更为突出，单纯依靠市场机制无法保证利益分享上的合理平衡，必须积极发挥政府在利益分配上的调控作用。但不同政府部门以及各个政府部门内容本身也都存在各种利益诉求，一旦掌握调控权力的政府部门及其官员的行为没有得到有效监控，则无法确保其行为必然是维护公平与正义。因此，在国有企业混合所有制改革的利益分享机制重构过程中，必须明确市场与政府的治理边界本身，政府的介入应兼顾社会公平与经济效率，如设立中小股东利益受损的法律援助与利益补偿机制，打消非公企业参与混合所有制改革的顾虑，化解由于利益分配不公引发的社会矛盾，最终实现各参与主体分享混合所有改革成果的融合发展，应成为评判政府介入行为是否有效、合理的重要依据。

参考文献

[1] Allini A, Manes R F, Hussainey K. The board's role in risk disclosure: an exploratory study of Italian listed state-owned enterprises [J]. *Public Money & Management*, 2016, 36 (2): 113 -120.

[2] AlSaidi M, AlShammari B. Ownership concentration, ownership composition and the performance of the Kuwaiti listed nonfinancial firms [J]. *International Journal of Commerce & Management*, 2015, 25 (1): 108 -132.

[3] Amighini A A, Rabbelotti R, SanfilipPo M. Do Chinese state-owner and private enterprises differ in their internationalization strategies? [J]. *China economic review*, 2013, 27 (4): 312 -325.

[4] Arghya G, Manipushpak M, et al. Privatization, underpricing, and welfare in the presence of foreign competition [J]. *Journal of Public Economic Theory*, 2015, 17 (3): 433 -460.

[5] Attig N, Ghoul S E, Guedhami O, et al. The governance role of multiple large shareholders: evidence from the valuation of cash holdings [J]. *Journal of Management & Governance*, 2013, 17 (2): 419 -451.

[6] Atting N, Guedhami O, Mishra D. Multiple large shareholders, control contests, and implied cost of equity [J]. *Journal of Corporate Finance*, 2008, 14 (15): 721 -737.

[7] Barkhatov V, Nikolaeva E, Pletnev D. The possibilities of positive use of residual control and income rights of stakeholders in the corporation [J]. *Procedia - Social and Behavioral Sciences*, 2014, 124 (6): 521 -527.

[8] Bedard J C, Hoitash R. Chief financial officers as inside directors [J]. *Contemporary Accounting Research*, 2014, 31 (3): 787 -817.

[9] Berle A A, Means G C. *The Modern Corporation and Private Property* [M]. London: Macmillan, 1932.

[10] Blau P M, Blum T C, Schwartz J E. heterogeneity and intermarriage [J]. *American sociological review*, 1982, 47 (1): 45 -62.

[11] Boggio M. from public to mixed ownership in local public services provision: an empirical analys [J]. *Local Government Studies*, 2016, 42 (3): 420 -440.

[12] Bortolotti B, D' Souza J, Fantini M and Megginson W L. privatization and the sources of performance improvement in the global telecommunications industry [J]. *Telecommunications Policy*, 2002, 26 (5): 243 -268.

[13] Chen J D, Douglas C, Hou W X, Lee Edward. CEO account ability for corporate fraud: evidence from the split Share structure reform in China [J]. *Journal of Business Ethics*, 2016, 138 (4): 787 -806.

[14] Chen Y, Wang Y, Lin L. independent directors' board networks and controlling shareholders' tunneling behavior [J]. *China Journal of Accounting Research*, 2014, 7 (2): 101 -118.

[15] Cheng M, Lin B, Wei M. does the relationship between the controlling shareholder and other large shareholders affect the firm value? [J]. *Tl. ntu. edu. tw*, 2013, (4): 1 -28.

[16] Clarkson M. A stakeholder framework for analyzing and evaluating corporate social performance [J]. *Academy of Management Review*, 1995, 20 (1): 92 -117.

[17] Demsetz H. *The economics of the business firm* [M]. Oxford: Cambridge University Press, 1997.

[18] Dhillon A, Rossetto S. corporate control and multiple large shareholders [EB/OL]. https: //ssrn. com/abstract =891548, 2006 -03 -19.

[19] Du F G, Tang S M. Young. influence activities and favoritism in subjective performance evaluation: evidence from Chinese state-owned enterprises [J]. *The Accounting Review*, 2012, 87 (5): 1555 -1588.

[20] Eisenhardt K M. building theories from case study research [J]. *Academy of management review*, 1989, 14 (4): 532 -550.

[21] Faccio M. politically connected firms: can they squeeze the state [J]. *American Economic Review*, 2006, (96), 369 -386.

[22] Fama E F, Jesen M C. separation of ownership and control [J]. *Journal of law and economics*, 1983, 26 (2): 301 -325.

[23] Feldhutter P, Hotchkiss E, Karakaşo. the value of creditor control in corporate bonds [J]. *Journal of Financial Economics*, 2016, 121 (1): 1-27.

[24] Fooladi M, Shukor Z A, Saleh N M, et al. the effect of corporate governance and divergence between cash flow and control rights on firm performance: evidence from malaysia [J]. *International Journal of Disclosure & Governance*, 2014, 11 (4): 326-340.

[25] Forbes D P, Korsgard M A, Sapnza H J. financing decisions as a source of conflict in venture boards [J]. *Journal of Business Venturing*, 2010, 25 (6): 579-592.

[26] Gu L. the allocation of family guanxi-oriented control rights—evidence from family listed companies of zhejiang China [J]. *American Journal of Industrial & Business Management*, 2014, 04 (2): 100-104.

[27] Haider J, Hong X F. board size, ownership concentration and future firm risk [J]. *Chinese Management Studies*, 2016, 10 (4): 692-709.

[28] Hansen B E. threshold effects in non-dynamic panels: estimation, testing, and inference [J]. *Journal of Econometrics*, 1999, 93 (2): 345-368.

[29] Hart O, Holmstrom B. A theory of firm scope [J]. *The Quarterly Journal of Economics*, 2010, 125 (2): 483-513.

[30] He X M, Eden L H, Michael A. shared governance: institutional investors as a counterbalance to the state in state owned multinationals [J]. *Journal of International Management*, 2016, 22 (2): 115-130.

[31] Hillman A J, Dalziel T. boards of directors and firm performance: integrating agency and resource dependence perspectives [J]. *Academy of management review*, 2003, 28 (3): 383-396.

[32] Jiang, G H, Lee C M C, Yue H. tunneling through intercorporate loans: the china experience [J]. *Journal of Financial Economics*, 2010, 98 (1): 1-20.

[33] John P. Raiders, targets and politics: the history and future of American corporate control [J]. *Journal of Applied Corporate Finance*, 1992, 5 (3): 6-18.

[34] Larkin Y, Leary M T, Michaely R. do investors value dividend-

smoothing stocks differently? [J]. *Management Science*, 2016, 63 (12): 4114 -4136.

[35] Leutert W. challenges ahead in China's reform of state-owned enterprises [J]. *Asia Policy*, 2016, 21 (1): 83 -99.

[36] Lin Y H, Chiou J R, Chen Y R. ownership structure and dividend preference [J]. *Emerging Markets Finance and Trade*, 2010, (1): 56 -74.

[37] Martin L, Marianna M. the determinants of executive compensations in family-controlled public corporations [J]. *Academy of management journal*, 2003, 46 (2): 226 -237.

[38] Megginson W L, Nash R C and Randenborgh M. the financial and operating performance of newly privatized firms: an international empirical analysis [J]. *Journal of Finance*, 1994, 49 (2): 403 -452.

[39] Michael C W, Matthew S. compromise on the board: investigating the antecedents and consequences of lead independent director appointment [J]. *Academy of Management Journal*, 2017, 60 (6): 2242 -2243.

[40] Miller A. ideological motivations of privatization in great britain versus developing countries [J]. *Journal of International Affairs*, 1997, 50 (2): 391 -407.

[41] Millward R. price restraint, anti-inflation policy and public and private industry in the United Kingdom 1949 - 1973 [J]. *Economic Journal*, 1976, 86 (342): 226 -242.

[42] Nengzih. corporate governance, personal scorecard and environmental management accounting to the value chain of the firms: evidence from indonesia's state-owned enterprises [J]. *Journal of Economics and Sustainable Development*, 2016, 7 (20): 79 -85.

[43] Offstein E H, Gnyawali D R, Cobb A T. a strategic human resource perspective of firm competitive behavior [J]. *Human Resource Management Review*, 2005, (4): 305 -318.

[44] Pagano M, Roell A. the choice of stock ownership structure: agency costs, monitoring and the decision to go public [J]. *Quarterly Journal of Economics*, 1998, (113): 187 -225.

[45] Pfeffer J, Salancik G R. *the external control of organization: a resource dependence perspective* [M]. New York: Harper & Row, 1978.

[46] Porta R L, Lopez - De - Silanes F, Shleifer A, et al. law and finance [J]. *Harvard Institute of Economic Research Working Papers*, 1998, 106 (6): 1113 - 1155.

[47] Ritica J, Rupayan P. mixed duopoly, cross-ownership and partial privatization [J]. *Journal of economics*, 2012, 82 (107): 45 - 70.

[48] Sandip D, Hariom M, et al. CEO inside debt and earnings management [J]. *Journal of Accounting, Auditing & Finance*, 2016, 31 (04): 515 - 550.

[49] Shih W, Yang M CH, Chen H Y. imported inputs and privatization in downstream mixed oligopoly with foreign ownership [J]. *Canadian Journals of Economics*, 2016, 49 (3): 1179 - 1207.

[50] Shleifer A, Singh S. large shareholders & corporate control [J]. *Journal of political economy*, 1986, 94 (3): 461 - 488.

[51] Simpson S, Nana Y. boards and governance of state-owned enterprises [J]. *Corporate Governance*, 2014, 14 (2): 238 - 251.

[52] Siregar E I. pengaruh kebijakan diversifikasi dan Karakteristik perusahaan terhadap nilai perusahaan bumn jasa konstruksi [J]. *Journal of International Management*, 2015, 11 (1): 1163 - 1172.

[53] Sur S, Lvina E, Magnan M. why do boards differ? because owners do: assessing ownership impact on board composition [J]. *Social Science Electronic Publishing*, 2013, 21 (4): 373 - 389.

[54] Tirole J. corporate governance [J]. *Econometrica*, 2001, 69 (1): 1 - 35.

[55] Tohru N. privatization of public firms and urban unemployment in an integrated economy [J]. *Review of urban and regional development studies*, 2013, 25 (3): 94 - 109.

[56] Wang Y, Jin P J, Yang C S. relations between the professional backgrounds of independent directors in state-owned enterprises and corporate performance [J]. *International Review of Economics & Finance*, 2016, (42): 404 - 411.

[57] Westphal J D, Milton L P. how experience and network ties affect the influence of demographic minorities on corporate boards [J]. *Administrative Science Quarterly*, 2000, 45 (2): 366 - 398.

[58] Wincent J, Anokhin S, Ortqvist D. does network board capital matters? a study of innovative performance in strategic SME networks [J]. *Journal of business research*, 2010, 63 (3): 265 –275.

[59] Wu W P. dimensions of social capital and firm competiveness improvement: the mediating role of information sharing [J]. *Journal of management studies*, 2008, (2): 122 –146.

[60] Xia F, Walker G. how much does owner type matter for firm performance? manufacturing firms in China 1998 –2007 [J]. *Strategic Management Journal*, 2015, 36 (4): 576 –585.

[61] Xia Q G, Cheng Y. ownership structure and corporate performance from the perspective of ultimate ownership: Chinese state-owned listed enterprises [J]. *International Business Research*, 2017, 10 (1): 34 –41.

[62] Yaacob H, Basiun J. Corporate governance model of a state-owned enterprise: evidence from an Asian emerging market [J]. *Corporate Governance*, 2014, 14 (4): 504 –514.

[63] Zheng Y. China's state-owned enterprise mixed ownership reform [J]. *East Asian Policy*, 2014, 6 (4): 39 –50.

[64] Zwiebel J. block investment and partial benefits of corporate control [J]. *The Review of Economic Studies*, 1995, 62 (2): 161 –185.

[65] 安锐:《我国上市公司控制权形态及其治理规则多样化研究》,载《区域金融研究》2011 年第 4 期。

[66] 白重恩、路江涌、陶志刚:《国有企业改制效果的实证研究》,载《经济研究》2006 年第 8 期。

[67] 曹廷求、孙宇光:《股权结构、公司特征与上市公司董事会规模》,载《山东大学学报》2007 年第 5 期。

[68] 陈宝明:《国有企业之路: 英国》,兰州大学出版社 1999 年版。

[69] 陈炳才、许江萍:《英国: 从凯恩斯主义到货币主义》,武汉出版社 1995 年版。

[70] 陈俊龙、汤吉军:《国有企业混合所有制分类改革与国有股最优比例——基于双寡头垄断竞争模型》,载《广东财经大学学报》2016 年第 1 期。

[71] 陈琳、林珏:《外商直接投资对中国制造业企业的溢出效应: 基于企业所有制结构的视角》,载《管理世界》2009 年第 9 期。

［72］陈名芹、刘星、辛清泉：《上市公司现金股利不平稳影响投资者行为偏好吗?》，载《经济研究》2017 年第 6 期。

［73］陈运森、谢德仁：《董事会网络、独立董事治理与高管激励》，载《金融研究》2012 年第 2 期。

［74］池国华、杨金、谷峰：《媒体关注是否提升了政府审计功能？——基于中国省级面板数据的实证研究》，载《会计研究》2018 年第 1 期。

［75］储小平、刘清兵：《心理所有权理论对职业经理职务侵占行为的一个解释》，载《管理世界》2005 年第 7 期。

［76］崔鼎昌、曾楚宏：《基于信任的家族企业控制权配置及其演化研究》，载《中央财经大学学报》2014 年第 5 期。

［77］党兴华、韩瑾、陈敏灵：《基于相互套牢的创业企业控制权最优配置研究》，载《科研管理》2015 年第 4 期。

［78］［美］道格拉斯·C. 诺思著，杭行译：《制度、制度变迁与经济绩效》，格致出版社、上海人民出版社 2008 年版。

［79］邓沛琦：《中英混合所有制经济模式比较研究》，武汉大学，2015 年。

［80］杜丁：《论 80 年代以来英国国有企业私有化浪潮的原因及发展趋势》，载《南开经济研究》1998 年第 2 期。

［81］方政、徐向艺、陆淑婧：《上市公司高管显性激励治理效应研究——基于“双向治理”研究视角的经验证据》，载《南开管理评论》2017 年第 2 期。

［82］冯果、杨梦：《国企二次改革与双层股权结构的运用》，载《法律科学（西北政法大学学报)》2014 年第 32 期。

［83］高闯、关鑫：《社会资本、网络连带与上市公司终极股东控制权——基于社会资本理论的分析框架》，载《中国工业经济》2008 年第 9 期。

［84］高闯、郭斌：《创始股东控制权威与经理人职业操守——基于社会资本的“国美电器控制权争夺”研究》，载《中国工业经济》2012 年第 7 期。

［85］高明华、杨丹、杜雯翠等：《国有企业分类改革与分类治理——基于七家国有企业的调研》，载《经济社会体制比较》2014 年第 9 期。

［86］高晓燕：《国有企业与私营企业管理模式比较研究》，载《商业

研究》2001 年第 5 期。

[87] 郭放、孙玥璠:《英国国企改革对我国“混合所有制”改革的启示》,载《经济研究参考》2015 年第 37 期。

[88] 郭军、赵息:《董事会治理、高管权力与内部控制缺陷》,载《软科学》2015 年第 4 期。

[89] 韩朝华、戴慕珍:《中国民营化的财政动因》,载《经济研究》2008 年第 2 期。

[90] 韩朝华、周晓艳:《国有企业利润的主要来源及其社会福利含义》,载《中国工业经济》2009 年第 6 期。

[91] 韩瑾、党兴华、陈敏灵、石琳:《短期与长期投资家下的创业企业控制权最优配置研究》,载《软科学》2016 年第 1 期。

[92] 郝大明:《国有企业公司制改革效率的实证分析》,载《经济研究》2006 年第 7 期。

[93] 郝书辰、陶虎、田金方:《不同股权结构的国有企业治理效率比较研究——以山东省为例》,载《中国工业经济》2011 年第 9 期。

[94] 郝晓雁、王慧娟:《国有企业再造资本结构的公司治理效应研究》,载《统计与决策》2017 年第 1 期。

[95] 郝阳、龚六堂:《国有、民营混合参股与公司绩效改进》,载《经济研究》2017 年第 3 期。

[96] 郝云宏、汪茜:《混合所有制企业股权制衡机制研究——基于“鄂武商控制权之争”的案例解析》,载《中国工业经济》2015 年第 3 期。

[97] 何强、陈松:《创新发展、董事创新偏好与研发投入——基于中国制造业上市公司的经验证据》,载《产业经济研究》2013 年第 6 期。

[98] 何雄浪、赵峰:《空间相关性、企业效益与我国地区资本流动》,载《南开经济研究》2013 年第 2 期。

[99] 侯晓红、李琦、罗炜:《大股东占款与上市公司盈利能力关系研究》,载《会计研究》2008 年第 6 期。

[100] 胡一帆、宋敏、张俊喜:《中国国有企业民营化绩效研究》,载《经济研究》2006 年第 7 期。

[101] 黄春蕾:《对西方资本主义国家从国有化到私有化的再认识》,载《当代财经》2001 年第 4 期。

[102] 黄建欢、李卓霖、尹筑嘉:《混合所有制企业的股东利益冲突、股权混合模式与公司绩效》,载《湖南大学学报(社会科学版)》

2017 年第 1 期。

[103] 黄群慧、余菁、王欣等:《新时期中国员工持股制度研究》,载《中国工业经济》2014 年第 7 期。

[104] 黄群慧、余菁:《新时期的新思路: 国有企业分类改革与治理》,载《中国工业经济》2013 年第 11 期。

[105] 黄速建:《中国国有企业混合所有制改革研究》,载《经济管理》2014 年第 7 期。

[106] 江青松、赵万一:《股份公司内部权力配置的结构性变革—以股东“同质化”假定到“异质化”现实的演进为视角》,载《现代法学》2011 年第 5 期。

[107] 焦健、刘银国、刘想:《股权制衡、董事会异质性与大股东掏空》,载《经济学动态》2017 年第 8 期。

[108] 颉茂华、王敏、果婕欣:《股权结构对企业生存能力的影响机理——基于企业生命周期视角的双案例对比研究》,载《管理案例研究与评论》2017 年第 1 期。

[109] 康丽群、刘汉民:《企业社会资本参与公司治理的机制与效能: 理论分析与实证检验》,载《南开管理评论》2015 年第 4 期。

[110] 李东升、杜恒波、唐文龙:《国有企业混合所有制改革中的利益机制重构》,载《经济学家》2015 年第 9 期。

[111] 李东升、王慧铭、苏琦:《机构投资者介入与控制权之争——基于万科控制权争夺的案例研究》,载《财会月刊》2019 年第 5 期。

[112] 李东升、杨荣:《董事会内在特征与混合所有制改革下的企业绩效——基于董事会资本与董事会独立性状态视角》,载《首都经济贸易大学学报》2020 年第 2 期。

[113] 李东升、姚娜娜、余振红:《国有企业混合所有制改造中股东间利益博弈分析》,载《经济与管理研究》2017 年第 2 期。

[114] 李济广:《国有企业混合所有制的目的、形式与治理保障》,载《社会科学》2015 年第 2 期。

[115] 李培功、沈艺峰:《媒体的公司治理作用: 中国的经验证据》,载《经济研究》2010 年第 4 期。

[116] 李姝、谢晓嫣:《民营企业的社会责任、政治关联与债务融资 - 来自中国资本市场的经验证据》,载《南开管理评论》2014 年第 6 期。

[117] 李维安、李晓林、张耀伟:《董事会社会独立性与 CEO 变更——

基于违规上市公司的研究》，载《管理科学》2017 年第 2 期。

[118] 李维安、刘振杰、高亮：《基于风险视角的董事会相对权力与产品市场竞争力关系研究》，载《管理学报》2014 年第 11 期。

[119] 李维安、孙文：《董事会治理对公司绩效累积效应的实证研究——基于中国上市公司的数据》，载《中国工业经济》2007 年第 12 期。

[120] 李跃平：《回归企业本质：国企混合所有制改革的路径选择》，载《经济理论与经济管理》2015 年第 1 期。

[121] 李增泉、孙铮、王志伟：《“掏空”与所有权安排——来自我国上市公司大股东资金占用的经验证据》，载《会计研究》2004 年第 12 期。

[122] 连燕玲、贺小刚、张远飞、周兵：《危机冲击、大股东“管家角色”与企业绩效——基于中国上市公司的实证分析》，载《管理世界》2012 年第 9 期。

[123] 梁上坤、金叶子、王宁等：《企业社会资本的断裂与重构——基于雷士照明控制权争夺案例的研究》，载《中国工业经济》2015 年第 4 期。

[124] 梁小惠：《混合所有制公司治理结构的改革与法律完善》，载《河北学刊》2015 年第 11 期。

[125] 林筠、刘伟、李随成：《企业社会资本对技术创新能力影响的实证研究》，载《科研管理》2011 年第 1 期。

[126] 林钟高、徐虹：《分工、控制权配置与内部控制效率研究》，载《会计研究》2009 年第 3 期。

[127] 刘冰、方政：《公司内部治理机制与股本融资成本——股本性质差异条件下的影响因素分析》，载《经济管理》2011 年第 12 期。

[128] 刘冰：《俄罗斯“私有化”进程评析》，载《山东大学学报(哲学社会科学版)》2001 年第 5 期。

[129] 刘诚、杨继东、周斯洁：《社会关系、独立董事任命与董事会独立性》，载《世界经济》2012 年第 12 期。

[130] 刘崇献：《混合所有制的内涵及实施路径》，载《中国流通经济》2014 年第 7 期。

[131] 刘丹：《中国民营企业家创新生态系统的成熟度评价研究》，经济科学出版社 2017 年版。

[132] 刘广生、马悦：《中国上市公司实施股权激励的效果》，载《中国软科学》2013 年第 7 期。

[133] 刘红娟、唐齐鸣：《公司内部控制权的配置状态，寻租主体及

治理机制分析》，载《南开管理评论》2004 年第 5 期。

[134] 刘磊、万迪昉：《家族企业所有者间控制权配置选择与演进》，载《中国工业经济》2006 年第 3 期。

[135] 刘瑞翔、姜彩楼：《财富、不对称信息与企业中控制权的分配》，载《南开管理评论》2009 年第 6 期。

[136] 刘薇娜：《中俄经济体制改革比较分析》，载《黑龙江对外经贸》2006 年第 12 期。

[137] 刘小玄、李利英：《企业产权变革的效率分析》，载《中国社会科学》2005 年第 3 期。

[138] 刘小玄、李寿喜：《转轨过程中混合股权公司的相对效率——中国电子电器制造业 2000 – 2004 经验数据分析》，载《世界经济文汇》2007 年第 2 期。

[139] 刘晓华：《公司治理、会计准则变迁与资源配置效率》，载《山西财经大学学报》2016 年第 11 期。

[140] 刘星、代斌、郝颖：《高管权力与公司治理效率：基于国有上市公司高管变更的视角》，载《管理工程学报》2012 年第 1 期。

[141] 卢俊、彭雪：《多维度视角全面评价国有企业效率》，载《经济与管理研究》2015 年第 6 期。

[142] 陆正飞、胡诗阳：《股东—经理代理冲突与非执行董事的治理作用——来自中国 A 股市场的经验证据》，载《管理世界》2015 年第 1 期。

[143] 逯东、孙岩、周玮等：《地方政府政绩诉求、政府控制权与公司价值研究》，载《经济研究》2014 年第 1 期。

[144] 罗党论、唐清泉：《市场环境与控股股东“掏空”行为研究》，载《会计研究》2007 年第 4 期。

[145] 罗进辉：《独立董事的明星效应：基于高管薪酬—业绩敏感性的考察》，载《南开管理评论》2014 年第 30 期。

[146] 罗巧根：《股权结构与我国国有企业改革》，西南财经大学，2004 年。

[147] 罗智波、刘海月：《中俄经济体制改革比较分析》，载《经济体制改革》2009 年第 6 期。

[148]《马克思恩格斯全集》第 1 卷，人民出版社 1956 年版。

[149]《马克思恩格斯选集》第 2 卷，人民出版社 1956 年版。

[150] 马连福、冯慧群：《董事会资本对公司治理水平的影响效应研

究》，载《南开管理评论》2014 年第 2 期。

［151］马连福、王丽丽、张琦：《混合所有制的优序选择：市场的逻辑》，载《中国工业经济》2015 年第 7 期。

［152］马荣：《中国国有企业效率研究——基于全要素生产率增长及分解因素的分析》，载《上海经济研究》2011 年第 2 期。

［153］马英娟：《政府治理模式的变革与监管机构的产生——一种历史性分析》，载《公法研究》2000 年第 00 期。

［154］［美］曼瑟·奥尔森著，李增刚译：《国家的兴衰：经济增长、滞胀和社会僵化》，上海人民出版社 2007 年版。

［155］邱海平：《积极发展混合所有制经济》，载《前线》2014 年第 4 期。

［156］曲亮、谢在阳、郝云宏等：《国有企业董事会权力配置模式研究——基于二元权力耦合演进的视角》，载《中国工业经济》2016 年第 8 期。

［157］曲庆坤：《国企混合所有制改革的地区差异——基于上市国企的实证分析》，山东大学，2016 年。

［158］沈晓梅：《英国国有企业民营化对中国国有企业改革的启示》，载《燕山大学学报（哲学社会科学版)》2001 年第 2 期。

［159］盛丹：《国企改制、竞争程度与社会福利——基于成本加成率的考察》，载《经济学》2013 年第 4 期。

［160］石琳、党兴华、韩瑾、陈敏灵：《不完全契约下风险企业控制权配置方式演化博弈》，载《系统管理学报》2016 年第 5 期。

［161］石水平：《控制权转移、股权制衡与大股东利益侵占——来自上市公司高管变更的经验证据》，载《中大管理研究》2009 年第 4 期。

［162］世界银行：《1996 年世界发展报告》，中国财政经济出版社 1996 年版。

［163］孙光国、郭睿：《CFO 内部董事有助于董事会履行监督职能吗?》，载《会计研究》2015 年第 11 期。

［164］孙光国、孙瑞琦：《控股股东委派执行董事能否提升公司治理水平》，载《南开管理评论》2018 年第 1 期。

［165］孙梦男、姚海鑫、赵利娟：《政治关联、并购战略选择与企业价值》，载《经济理论与经济管理》2017 年第 6 期。

［166］汤吉军：《不完全契约视角下国有企业发展混合所有制分析》，

载《中国工业经济》2014 年第 12 期。

[167] 汤吉军:《国有企业“在位诅咒”与市场导向的改革思路》,载《经济与管理研究》2014 年第 7 期。

[168] 唐清泉、罗党论:《现金股利与控股股东的利益输送行为研究——来自中国上市公司的经验证据》,载《财贸研究》2006 年第 8 期。

[169] 唐文龙、李东升、王琳晴:《国有名优白酒企业混合所有制改革的模式与路径选择》,载《酿酒》2016 年第 4 期。

[170] 唐妍:《从国有化到私有化: 英俄两国比较分析》,载《今日东欧中亚》1999 年第 4 期。

[171] 佟健、宋小宁:《混合所有制改革与国有企业治理》,载《广东财经大学学报》2016 年第 1 期。

[172] 童露、杨红英:《国有企业混合所有制改革中的联合重组与公司治理——基于中国建材集团的案例分析》,载《技术经济与管理研究》2015 年第 10 期。

[173] 万丛颖:《控制权结构、政府层级与公司绩效——以中国战略性新兴产业为例》,载《经济管理》2014 年第 5 期。

[174] 汪平、邹颖、兰京:《异质股东的资本成本差异研究——兼论混合所有制改革的财务基础》,载《中国工业经济》2015 年第 9 期。

[175] 王春艳、林润辉、袁庆宏等:《企业控制权的获取和维持——基于创始人视角的多案例研究》,载《中国工业经济》2016 年第 7 期。

[176] 王金存:《俄罗斯与英国国有企业私有化比较》,载《世界经济》2000 年第 3 期。

[177] 王伟光:《利益论》,中国社会科学出版社 2010 年版。

[178] 王业雯、陈林:《混合所有制改革是否促进企业创新?》,载《经济与管理研究》2017 年第 10 期。

[179] 王月欣:《从动态博弈视角看企业控制权的配置》,载《南开经济研究》2004 年第 4 期。

[180] 王跃堂、朱琳、陈世敏:《董事会独立性、股权制衡与财务信息质量》,载《会计研究》2008 年第 1 期。

[181] 王甄、胡军:《控制权转让、产权性质与公司绩效》,载《经济研究》2016 年第 4 期。

[182] 温俊萍、高子平:《俄罗斯经济转轨的利益分配效应》,载《俄罗斯研究》2004 年第 4 期。

［183］温俊萍、高子平：《俄罗斯经济转轨与利益分配的制度分析》，载《当代世界社会主义问题》2005 年第 4 期。

［184］吴敬琏：《控股股东行为与公司治理》，载《中国审计》2001 年第 8 期。

［185］吴凯强：《民营企业社会责任的认同意识和角色定位研究——以浙江为例》，浙江财经大学，2017 年。

［186］吴淑坤：《基于股权结构的董事会独立性与公司绩效的实证研究》，载《西安交通大学学报》2004 年第 1 期。

［187］吴照云、黎军民：《公司治理的核心——企业控制权配置的基础、问题和规范》，载《当代财经》2005 年第 5 期。

［188］吴照云、刘灵：《我国国有企业社会责任的层级模型和制度共生》，载《经济管理》2008 年第 19 期。

［189］武常岐、吕振艳：《民营化、外资股东和嵌入性：来自中国的证据》，载《经济管理》2011 年第 3 期。

［190］武常岐、张林：《国企改革中的所有权和控制权及企业绩效》，载《北京大学学报（哲学社会科学版）》2014 年第 5 期。

［191］武晓玲、翟明磊：《上市公司股权结构对现金股利政策的影响——基于股权分置改革的股权变化数据》，载《山西财经大学学报》2013 年第 1 期。

［192］［日］西崎健司、仓泽资成：《股票保有构成》，引自《日本银行金融市场局工作报告》2002 年。

［193］向锐：《CFO 财务执行力与企业过度投资——基于董事会视角的分析》，载《会计研究》2015 年第 7 期。

［194］肖彦、裴旭真、谢晓军：《混改前后股权构成与会计稳健性关系对比研究》，载《会计之友》2017 年第 5 期。

［195］谢淑萍、顾洪梅、刘凌波：《我国国有企业治理结构改革研究》，载《商业经济》2011 年第 9 期。

［196］熊艳、李常青、魏志华：《媒体“轰动效应”：传导机制、经济后果与声誉惩戒——基于“霸王事件”的案例研究》，载《管理世界》2011 年第 10 期。

［197］徐宁、徐向艺：《股票期权激励契约合理性及其约束性因素——基于中国上市公司的实证分析》，载《中国工业经济》2010 年第 2 期。

［198］徐细雄、刘星：《创始人权威、控制权配置与家族企业治理转

型——基于国美电器“控制权之争”的案例研究》，载《中国工业经济》2012 年第 2 期。

［199］徐细雄：《利益侵占、风险补偿与控制权私利：实验的证据》，载《经济管理》2012 年第 6 期。

［200］许为宾、周建：《董事会资本影响企业投资效率的机制——监督效应还是资源效应?》，载《经济管理》2017 年第 5 期。

［201］薛云：《从“英国模式”看规范国企改制》，载《中国改革》1998 年第 3 期。

［202］严也舟：《上市公司大股东—管理者合谋与公司治理效率研究》，华中科技大学，2010 年。

［203］晏杨：《基于 DEA 模型的我国高新技术企业效率评价研究》，浙江财经大学，2014 年。

［204］杨播：《行业竞争度、制度环境与企业社会责任履行》，浙江工商大学，2015 年。

［205］杨红英、童露：《论混合所有制改革下的国有企业公司治理》，载《宏观经济研究》2015 年第 1 期。

［206］杨煌：《英国工党战后国内政策的三次调整——围绕工党国有化政策演变的考察》，载《欧洲研究》1998 年第 4 期。

［207］杨记军、逯东、杨丹：《国有企业的政府控制权转让研究》，载《产业经济研究》2014 年第 2 期。

［208］杨洁勉：《试论西欧国有企业的私有化趋势》，载《世界经济》1987 年第 2 期。

［209］杨林：《公司股权结构、高管团队认知多样性与创业战略导向关系研究》，载《科研管理》2014 年第 5 期。

［210］杨青、朱晓洋、Burcin 等：《公司复杂性、最优董事会及其独立性选择》，载《金融研究》2012 年第 8 期。

［211］杨雪东、薛晓源：《“第三条道路”与新的理论》，社会科学文献出版社 2000 年版。

［212］姚东旻、李军林：《国有企业多元功能与运行效率：1999 - 2016》，载《改革》2016 年第 3 期。

［213］易阳、宋顺林、谢新敏、谭劲松：《创始人专用性资产、堑壕效应与公司控制权配置——基于雷士照明的案例分析》，载《会计研究》2016 年第 1 期。

［214］殷军、皮建才、杨德才：《国有企业混合所有制的内在机制和最有比例研究》，载《南开经济研究》2016 年第 1 期。

［215］于东智、池国华：《董事会规模、稳定性与公司绩效：理论与经验分析》，载《经济研究》2004 年第 4 期。

［216］于榕：《经济转轨中的国企产权改革与公司治理结构——中俄比较》，辽宁大学，2012 年。

［217］于维霈：《当代英国经济》，中国社会科学出版社 1990 年版。

［218］于维霈：《英国私有化剖析》，载《世界经济》1990 年第 12 期。

［219］余斌：《英国国有企业私有化的回顾与思考》，载《管理世界》1997 年第 2 期。

［220］余菁：《“混合所有制”的学术论争及其路径找寻》，载《改革》2014 年第 11 期。

［221］俞红海、徐龙炳：《股权集中下的控股股东侵占与公司治理综述》，载《经济管理》2011 年第 10 期。

［222］袁春生、吴永明、韩洪灵：《职业经理人会关注他们的市场声誉吗——来自中国资本市场舞弊行为的经验透视》，载《中国工业经济》2008 年第 7 期。

［223］岳云霞：《上市公司股权结构与公司治理行为：来自中国的实证研究》，对外经贸大学，2005 年。

［224］曾楚宏、林丹明、王斌：《基于资源基础观的企业控制权配置论》，载《中南财经政法大学学报》2008 年第 5 期。

［225］曾萍、邓腾智：《政治关联与企业绩效关系的 Meta 分析》，载《管理学报》2012 年第 11 期。

［226］张东明、史册：《国有企业实行混合所有制若干观念问题思考》，载《经济体制改革》2015 年第 1 期。

［227］张华、胡海川、卢颖：《公司治理模式重构与控制权争夺——基于万科“控制权之争”的案例研究》，载《管理评论》2018 年第 8 期。

［228］张立民、李琰：《持续经营审计意见、公司治理和企业价值——基于财务困境公司的经验证据》，载《审计与经济研究》2017 年第 2 期。

［229］张敏捷：《国有企业公司治理之研究》，载《经济体制改革》2013 年第 6 期。

［230］张慕濒：《机构投资者崛起、创业股东控制权博弈与公司治理——基于雷士照明的案例研究》，载《华东师范大学学报（哲学社会科

学版)》2013 年 4 期。

[231] 张维今、李凯、王淑梅:《CEO 权力的调节作用下董事会资本对公司创新的内在机制影响研究》,载《管理评论》2018 年第 4 期。

[232] 张伟、于良春:《混合所有制企业最优产权结构的选择》,载《中国工业经济》2017 年第 4 期。

[233] 张耀伟、陈士山、李维安:《董事会非正式层级的绩效效应及其影响机制研究》,载《管理世界》2015 年第 1 期。

[234] 张兆国、陈华东、郑宝红:《资本结构视角下国企混合所有制改革中几个问题的思考》,载《宏观经济研究》2016 年第 1 期。

[235] 章细贞、李乐:《董事会资本对企业风险承担影响研究》,载《财会通讯》2017 年第 3 期。

[236] 赵春雨:《混合所有制发展的历史沿革及文献述评》,载《经济体制改革》2015 年第 1 期。

[237] 赵晶、郭海:《公司实际控制权、社会资本控制链与制度环境》,载《管理世界》2014 年第 9 期。

[238] 赵晶、张书博、祝丽敏等:《个人社会资本与组织社会资本契合度对企业实际控制权的影响——基于国美电器和雷士照明的对比》,载《中国工业经济》2014 年第 3 期。

[239] 赵雪芳:《新常态下的混合所有制改革》,载《中国金融》2014 年第 12 期。

[240] 赵雪梅:《英国国有企业私有化探析》,载《经济评论》1999 年第 4 期。

[241] 赵子夜:《业务复杂度,股权制衡和独立董事行业监督力》,载《经济科学》2006 年第 5 期。

[242] 甄红线、王谨乐:《机构投资者能够缓解融资约束吗?——基于现金价值的视角》,载《会计研究》2016 年第 12 期。

[243] 郑志刚、吕秀华:《董事会独立性的交互效应和中国资本市场独立董事制度政策效果的评估》,载《管理世界》2009 年第 7 期。

[244] 郑志刚:《国企公司治理与混合所有制改革的逻辑和路径》,载《证券市场导报》2015 年第 6 期。

[245] 支晓强、童盼:《盈余管理、控制权转移与独立董事变更——兼论独立董事治理作用的发挥》,载《管理世界》2005 年第 11 期。

[246] 钟熙、宋铁波、陈伟宏:《促进或阻碍?董事会资本对企业国

际化战略的影响研究》，载《科学学与科学技术管理》2018 年第 3 期。

[247] 周嘉南、段宏、黄登仕:《投资者与创始人的争斗：冲突来源及演化路径——基于我国公司公开冲突事件的案例分析》，载《管理世界》2015 年第 6 期。

[248] 周建、罗肖伊、张双鹏:《独立董事个体有效监督的形成机理——面向董事会监督有效性的理论构建》，载《中国工业经济》2016 年第 5 期。

[249] 周建、任尚华、金媛媛:《董事会资本对企业 R&D 支出的影响研究》，载《研究与发展管理》2012 年第 1 期。

[250] 周仁俊、高开娟:《大股东控制权对股权激励效果的影响》，载《会计研究》2012 年第 5 期。

[251] 朱智文、张养志:《俄罗斯的公司治理结构》，载《俄罗斯中亚东欧研究》2003 年第 2 期。

[252] 祝继高、王春飞:《大股东能有效控制管理层吗？——基于国美电器控制权争夺的案例研究》，载《管理世界》2012 年第 4 期。

[253] 祝继高、叶康涛、陆正飞:《谁是更积极的监督者：非控股股东董事还是独立董事?》，载《经济研究》2015 年第 9 期。

[254] 邹风:《股权结构与董事会成员结构关系的实证研究》，载《清华大学学报》2006 年第 1 期。

后　记

本书是在我主持的国家社会科学基金项目“我国大型国有企业混合所有制改造中的利益机制重构及其有效治理模式研究”（14BGL051）研究报告基础上修改完成，李东升负责本书的整体构思与写作框架设计，其他十一位人员参与了课题调研、讨论及本书的撰写、修改、统稿工作，根据贡献排序如下：李伟、王立成、王宁、刘丹、唐文龙、苏琦、张娟、王慧铭、杨荣、姚娜娜、余振红。具体章节分工：前言、第1章、第8章　李东升；第2章　李东升、王立成、王宁、张娟；第3章　李东升、李伟、王宁、姚娜娜；第4章　李东升、刘丹、余振红；第5章　李东升、刘丹、杨荣；第6章　李东升、唐文龙、苏琦、王慧铭；第7章　李伟、李东升、王立成、王宁。

课题从申报到最终完成得到了众多单位领导与专家的支持与帮助，特别是郑海航教授、高闯教授、戚聿东教授、范黎波教授、陈志军教授、周立新研究员、范辉教授、毛荐其教授、姚望春博士、陈长征副院长、左扬副处长等，不能一一列举。而哥嫂、小妹无论是从经济、精神还是事业上均给予大力支持，手足情深难以忘怀。岳父和岳母在工作和生活上鼎力帮助，妻子陈黎明承担了绝大部分家务，天真、烂漫的爱女欣欣是助推我不断奋进的强大动力，感谢家人的爱与宽容，在此对所有给予关心与支持的师长亲朋和家人致以最真挚的谢意！

经济科学出版社的编辑老师对本书的出版给予了积极支持与精心编审，在此表示衷心感谢！

李东升